DAS GROSSE BUCH DER

Mundart Witze

DAS GROSSE BUCH DER

Mundart Witze

Sonderausgabe

Edition Trautwein

Text: Brigitte Binder, Roland Rischawy, Hermann K. Klink,
Kordula Gruhn, Volker Gröbe, Claus Zäldner, Horst Klatt,
Christian Mohn
Illustration: Frank Maier
Gesamtredaktion: Andrea Müh, Birgitte Blähr
Illustrationen: Frank Maier
Printed in Germany
ISBN 3-8174-5026-5
5250261

VORWORT

Ob in Berlin oder Hamburg, in Köln, Sachsen, Bayern, Schwaben, Hessen oder Franken – gelacht wird überall gerne.

Die rund 1500 originellsten und beliebtesten Mundartwitze sind in diesem Buch vereint und zeichnen ein ebenso humorvolles wie treffendes Bild von Land und Leuten. Sie erzählen von der manchmal etwas rauhen Herzlichkeit der Bayern und der frechen Berliner Schnauze, vom hintergründigen Humor der fleißigen Schwaben und schalkhaften Franken, von sächsischer Gemütlichkeit und plattdeutschem Selbstbewußtsein. Aber auch hessische Gemütlichkeit und kölsche Munterkeit kommen in diesen Witzen nicht zu kurz.

Amüsante Begebenheiten aus dem Berufs-, Ehe- und Liebesleben sind dabei ebenso vertreten wie die kleinen Tücken des Alltags oder fast sprichwörtliche Weisheiten aus dem Kindermund.

Lachen Sie mit – und freuen Sie sich auf eine heitere Reise zwischen Elbe und Isar, Neckar, Rhein und Spree!

De Schuidütn hod er mit uns ausghandld – sonst waar er gor ned erst mitkemma.

BAYRISCHE WITZE

Ein lauer Sommerabend in Giesing; die Schaffers sitzen gemütlich auf ihrem Balkon. Er raucht genüßlich eine Zigarette nach der anderen, da liest Frau Schaffer ihrem Mann laut belehrend aus der Apothekerzeitung vor: „Nikotin ist ein langsam wirkendes Gift.“ Darauf er ungehalten: „Wega dia kon i koa Arsen raucha!“

Die Huberin trifft ihre Nachbarin beim Einkaufen. Neugierig fragt sie diese aus: „Na, wia gfallt nachad Eahnam Mo de neie Stellung in da Brauarei?“ Darauf sagt die Nachbarin: „Ja mei, des kunnt i Eahna jetzad gar ned sagn, i hob'n seitdem no ned gsehgn!“

Die alten Bauersleute Bierbichler aus Ampfing feiern ihre goldene Hochzeit. Nachdem sich die Hochzeitsgesellschaft im Wirtshaus zum großen Festessen versammelt hat, drängt sie den alten Bauern, eine kleine Ansprache zu halten. Zuerst scheint dem Bierbichler nichts Rechtes einzufallen, aber plötzlich hebt er sein Weinglas, prostet seiner Frau zu und verkündet laut: „Oans gfreit mi nach de fuchzg Joahr am meistn, daß du mit mia genau a so einagsaust bist, wia i mit dia!“

In einem alten Giesinger Hinterhof ist am Kirchweihsonntag folgendes Gespräch von Balkon zu Balkon zu hören: „Des oane sag i Eahna, Frau Hierlmeia, heid hob i an sauwan Sschdreß!“ schreit die Moserin vom fünften Stock runter. „I soidad Auszogne backa, mei Mo liegt im Schderbm, und auf d' Nacht mecht i no aufn Feiawehrboi geh!“

Dem Gmeinwieser-Bene ist in der Arbeit schlecht geworden, daher ist er früher nach Hause gegangen. Im Treppenhaus begegnet ihm ein halbnackter Postbote, der überstürzt das Haus verläßt. Als ihm seine Frau die Tür öffnet, brummelt ihr der Bene entgegen: „Ma mecht's ned glaam, wia d' Post etzad schbart, grad is ma im Schdiagnhaus a Postbot in da Unddahosn entgegnkemma!"

Die Josepha wälzt sich unruhig im Bett hin und her und weckt ihren schlummernden Gatten: „O mei, Wiggal, hörst denn du de Maus ned quietschn?" Darauf brummelt er: „Soi es vielleicht schmian?"

Die Hierlmeiers erwarten ihr viertes Kind. Eines Sonntagnachmittags studiert die werdende Mutter diverse Zeitschriften. Plötzlich fängt sie an zu jammern: „O jessas, des Unglück üwaschdeh i ned!" „Was is denn?" erkundigt sich der Hierlmeier. Darauf sie: „In der Zeitung schdeht: A jeds viate Kind, dees auf d'Wöid kummt, is a Chines!"

Der Obermeier steht am Grab seiner jungen Frau. Er macht einen traurigen, aber dennoch gefaßten Eindruck. Sein bester Freund aber, der Beppe, jammert laut vor sich hin. Da legt der Obermeier seinen Arm um ihn und tröstet ihn: „Wart hoit a weng, Beppe, i heirat ja wieda!"

Der Schuster-Bauer steht fassungslos am Grab seiner Frau. Sie haben viel miteinander gestritten, doch er verzeiht ihr jetzt alles: „O mei, liabe Resi, wannst nua wieda auffakemma daadst, i vagabad da ois!" Da wölbt sich plötzlich ein Maulwurfshaufen nach oben, ausgerechnet auf dem Grab der Schuster-Bäuerin. Der Schuster-Bauer wird leichenblaß: „Awa Resi, du werst doch no an Schbaß vaschdeh!“

Die Familie Obermoser kann sich über einen reichen Kindersegen nicht beklagen. Als das achte Kind geboren wird, sagt der Obermoser sinnierend zu seiner Frau: „Awa jetzad schlaf i im Hei!“ Darauf die Obermoserin: „Wannst nachad moanst, daß des huift, nachad geh i hoid aa mit!“

Die Franziska hat endlich einen neuen Freund. Die neugierige Freundin will wisssen: „Was is a denn eigentlich?“ Darauf die Franzi: „Des hob i no ned so ganz rausbracht, entweda a Schäfa oder a Pfarra.“ Die Freundin aber insistiert: „Ja, des muaß se doch festschdöin lassn!“ Die Franzi: „Des is ja grad, wia i eahm ’sletzte Moi troffa hob, hat a gsagt: ‚Mei liawa Franzi, heid kimmst no ungschorn dava, awa s’nächst Moi muast dro glaam!’“

Auf dem Viktualienmarkt streitet sich die Frau Hirlmoser mit einem fremden Mann, der ihr soeben den schönsten Radi weggeschnappt hat: “Wann i mit Eahna vaheirat waar, daad i Eahna a Gift gebm!“ keift sie ihn an. Darauf brummt dieser nur zurück: „Und wann i mit Eahna vaheirat waar, nachad daad i ’s nehm!“

Der Huber-Franz ist wegen Amtsbeleidigung angeklagt. Am Schluß verkündet der Richter: „Der Angeklagte hat das letzte Wort.“ Triumphierend dreht sich der Franz zu seiner Frau um: „Hosd’ as g’heat, Oide?!“

Die ausgelassene Hochzeitsfeier ist zu Ende, das junge Brautpaar endlich alleine. „Wos deamma jetzt?“ fragt die junge Braut erwartungsvoll ihren schon etwas älteren Gatten. Darauf schenkt sich dieser noch einen Schoppen Wein ein und sagt: „Etzad dring ma no a bissal wos.“ Nachdem er endlich ausgetrunken hat, fragt sie erneut: „Wos deamma nachad jetzt?“ Darauf der Bräutigam: „Jetztad kannt ma no a wengal schbaziangeh, zwecks da Vadauung.“ Endlich wieder zu Hause, säuselt sie ihm verführerisch ins Ohr: „Und wos deamma jetzt?“ Darauf fällt der Gatte erschöpft in einen Lehnstuhl und seufzt: “Jetzt deamma d' Fiaß weh!“

Zwei Freundinnen sind frisch verheiratet. Nach den Flitterwochen tauschen sie am Telefon ihre ersten Eheerlebnisse aus: „Sag amoi, is da dei aa so stürmisch?“ erkundigt sich die eine. Darauf die andere: „Naa, stürmisch kannt i ned sagn, eha mehra windig!“

Der Grundbauer liegt im Sterben. Er hat seine Frau ans Sterbebett zitiert, um von ihr Abschied zu nehmen: „Gell, Rosl, wann i unda da Erd bin, nachad muaßt ned lang trauan und soist aa ned alloa bleim! An Mo brauchst du scho no! I hob ma denkt, daßd hoit an Huwa Lenze heiratst!“ Darauf entfährt es der Schluchzenden: „Ja, ja, an den hädad i aa scho denkt!“

Zwei Männer sitzen aufgeregt im Wartezimmer der Entbindungsstation einer Schwabinger Frauenklinik. Endlich kommt eine Schwester auf einen der beiden zu und gratuliert ihm zu seinem Kind. Darauf beschwert sich der andere: „Ja Greizgruzinäsn, i war doch friara do!“

Die Frau Gmeinwieser und die Frau Stangl treffen sich häufig nachmittags auf einen Kaffeeplausch und tauschen dabei Familienprobleme aus. Heute unterhalten sie sich darüber, ob es gut ist, wenn Eltern vor den Kindern streiten. Die Frau Gmeinwieserin erklärt der Stangl, sie habe erst vor kurzem auf der Psychologieseite einer Familienzeitschrift über diese ungute Situation gelesen, daß man es tunlichst vermeiden sollte, eheliche Streitereien vor den Kindern auszutragen: „Wissn S, Frau Stangl, mia schikkan unsane Kinda oiwei in Gartn naus, wann ma ins Streitn kemma!“ Da erwidert die andere: „Ja etzad woaß i, warum Eahnane Kinda oiwei so guad ausschaugn, weils so vui an der frischen Luft san!“

Der Vitus ist bei der Lissi beim „Kammerfensterln“. In ihrer Kammer ist es stockdunkel, und der Vitus ist ganz auf seinen ausgeprägten Tastsinn angewiesen: „Mei Lissi, so schee rund, so schee glatt, so gschmochig is dei Busal heid wieda!“ flüstert ihr der liebestolle Vitus zärtlich ins Ohr. „Geh weida, Vitus!“ schimpft sie. „Laß mein Kropf schdeh!“

Die Mooshubers wollen sich scheiden lassen. Beide Parteien sind vor das Vormundschaftsgericht geladen worden. Auf die Frage des Richters,wie sich der Mooshuber die Sache mit den Alimenten vorstellen, antwortet dieser großzügig: „Naa, da valang i nix!“

Dem Xaver sind schon mit dreißig fast alle Haare ausgefallen, und eine deutliche Platte ziert seinen Hinterkopf. Traurig stellt er fest, daß sich damit seine Chancen bei den Mädchen drastisch verringert haben. Die alte Leni versucht ihn zu trösten: „Mach da nix draus, Xaval, dafia kimmst du amoi glei in Himme. Scho in a Bibl schdeht: Selig, die aushaaren!“

Der Krautner-Sepp, Knecht beim Huber-Bauern, hat im Auftrag des Bauern zwei Ochsen auf dem Miesbacher Viehmarkt erstanden. Er läßt sich mit den Prachtexemplaren vom Viehhändler fotografieren. Als er ins Dorf zurückkommt, zeigt er seinen Stammtischspezln stolz das Foto und kommentiert: „Der in da Mittn, der bin i!"

Die Frau Anzengruber hat auf dem Wochenmarkt in Passau zehn neue Hennen gekauft. Nach zwei Wochen erkundigt sich die Nachbarsbäuerin, wie sie denn damit zufrieden sei: „Wia sans nachad, deine Passauer Bruadhennan?" Darauf erstere triumphierend: „In da Legalität sans ned bsundas, awa in da Brutalität, do sans guad!"

Die Theresa aus Ampfing ist zum ersten Mal im Münchner Tierpark Hellabrunn. Erstaunt betrachtet sie die exotischen Viecher. Als sie bei den Raubtiergehegen vorbeikommt und einen Leoparden erblickt, schreit sie erschreckt auf: „Jessas, Maria und Josef, a lebendiga Pöizmantl!"

Der Michl ist auf der Reeperbahn in Hamburg. Erstaunt betrachtet er das bunte Treiben im Rotlichtbezirk. Als eine dunkelhäutige Schönheit ihn zum Mitkommen animiert, sagt der Michl: „Mei Madl, was daad i denn z' Afrika?"

Die Leitner-Bäuerin aus Miesbach fährt jeden Montag auf den Viktualienmarkt, um dort ihre Kartoffeln zu verkaufen. Als eine besonders feine und hochnäsige Städterin mit spitzen Fingern die Kartoffeln begutachtet, sagt die Leitner-Bäuerin: „Wissn S, Freilein, warum insa Herrgott d'Kardoffen erschaffn hat? - Damit mia arma Leit aa wem ham, dem ma d' Haut obziagn kenna!"

Der Bauer und sein Knecht, der Matthias, bessern die Dachschindeln des Hofes aus. Plötzlich fällt die Jacke des Knechts, die er an der Dachrinne aufgehängt hat, in die Jauchgrube. Der Knecht versucht vergebens, die Jacke mit einer Latte aus der Grube zu fischen. Der Bauer schaut ihm kurze Zeit zu, meint dann aber: „Geh Hiasl, laß doch den oidn Hodan drin, oziagn konnst 'n ja doch nimma!“ Doch der Knecht läßt sich nicht irritieren und sagt: „Mir is's ja ned um d' Joppn, sondan um de Brotzeit, dee in da Taschn is!“

Der Unterberger-Schorsch trifft seinen Spezl, den Karl, und erzählt diesem ganz stolz: „Schdöi da vor, Kare, heid in da Fruha hob i scho achzg Pfenning gschbart!“ Der Karl wird neugierig: „Ja wia etzt nachad dees?“ Da erklärt ihm der Schorsch: „I hab z'Giasing d'Trambahn vasaamt und bin ihra bis zum Hauptbahnhof nachgrennt!“ Der Karl lacht und meint: „Mei, Schorsche, bist scho a dumma Hund, waarst am Taxi nachglaffa, nachad hättst da zehn Mark gschbart!“

Der Moser-Karl ist schon lange arbeitslos. Jeden Morgen fährt er aufs Arbeitsamt, um endlich einen Job zu finden. Eines Mittags kommt er heftig winkend nach Hause geradelt und ruft seiner Frau, die am Fenster lehnt, überschwenglich zu: „Annamirl, schdöi da vor, i hob a neie Schdellung gfundn!“ Darauf ruft diese empört zurück: „Du Lump, du schlechta, schaug liawa zerscht, daß d' a Arwad griagst!“

Endlich bekommt das Dorf Haselbach seinen Telefonanschluß. Nachdem alle Masten stehen und alle Kabel gezogen sind, stellen die Fernmeldearbeiter als letztes ein Transformatorenhäuschen auf. Eine alte Bäuerin erkundigt sich bei ihnen: „Wer soi denn nachad do einziagn?“ Als man ihr sagt, daß in dieses Häuschen der Transformator kommt, sagt sie abschätzig: „Mei liawa, awa Kinda derf der ned vui hom!“

Ein Städter will sich bei einer Dorfkrämerin eine Zahnbürste kaufen. Die klärt ihn auf: „S duat ma leid, awa d’ Summasaison hat no ned ogfanga, und vorher hamma so was ned!“

Beim Mühlner-Bauern ist schon zum drittenmal der Gerichtsvollzieher vorstellig geworden. Nach langem Disput fragt ihn der Gerichtsvollzieher ziemlich entnervt: „Was is etzad? Zoist freiwillig, oda soin ma di zwinga?“ Darauf entgegnet der Mühlner-Bauer gelassen: „Liawa waars ma, es daadst mi zwinga!“

Der Hunzinger-Jakob, Holzknecht und als rechter Draufgänger bekannt, muß sich in München vor Gericht wegen drei Vaterschaftsklagen verantworten. Der Richter liest laut die Anklageschrift vor. „Hunzinger-Jakob, folgende drei Frauen geben Sie als Vater ihres Kindes an: Die Stockdorfer-Annamirl aus Hundham, die Waldner-Kathi aus Ruhpolding und die Gruber-Franziska aus Egling. Alle drei Frauen geben als Tag der angeblichen Zeugung das gleiche Datum an. Wissn S, ich hab ja hier herin schon viel erlebt, aber jetzt frage ich Sie, Jakob Hunzinger, wie ist so etwas möglich?“ Der Jakob scheint nicht weiter verwundert und antwortet: „Ja mei, Herr Richter, i hab a schnöis Motorradl!“

Dem Huiser-Bauern geht es ziemlich schlecht. Man hat nach dem Dorfbader gerufen. Die Bäuerin fleht den Bader verzweifelt an: „Geh, Boada, bsinn di doch, ob da gar nix mehr eifoid, daß da

Baua ned schdirbt!“ Der Bader wiegt den Kopf hin und her und meint nach längerem Überlegen: „Ja mei, Beirin, gschröpft hob ihn scho, Ada lassn hob ihn aa scho - awa an Zahn kunnt ma eahm no ziagn!“

Der Brunnerer-Bauer ist gestorben. Die ganze Gemeinde hat sich andächtig am Grab versammelt. Doch plötzlich wird die Ruhe empfindlich gestört, der alte Schmidl hat fürchterliche Blähungen. Als ihn der Herr Pfarrer strafend anblickt, meint der Schmidl: „Ja Hochwürdn, so geht oana nach dem andan vo uns!“

Der Landtagsabgeordnete Hirangl ist gestorben. Gemäß seinem letzten Willen wird er in seinem Heimatdorf beerdigt. Das ganze Dorf ist auf den Beinen, und der Bürgermeister hält seine Gedenkrede: „Mit unsam vaehrtn Hirangl is a groBa Politika dahiganga. Leida schdirbt ned jedn Dog a soichana!“

Der Ostermair hat wieder einmal zu tief in den Maßkrug geschaut. Mit hundertzwanzig Sachen rast er über den Mittleren Ring Richtung Giesing, als er plötzlich von der Polizei gestoppt wird. Als ihn einer der Polizisten auffordert, seinen Füherschein zu zeigen, lallt der Ostermair entrüstet: „Den miaßts doch ihr ham, oda habts’n vaschlampt!“

Der Hierlmoser-Sebastian sitzt laut sinnierend im Wirtshaus: „Zementn no amoi, etzad wann i nua grad wüst, ob i drei Hoiwe Bia dringa und um zwölfe hoamgeh soidad oda ob i zwölf Hoiwe Bia dringa und um drei in da Fruah hoamgeh soit!“

Der Grundhuber trifft den Dorfpfarrer im Wirtshaus „Zum Goldenen Ochsen“. Mit großen Augen verfolgt er, wie sich der Pfarrer eine zweite Maß Bier und noch einen Schweinsbraten bestellt. „Mei liawa Hochwürdn, du hosd awa an Appetit!“ kommentiert der Grundhuber. Darauf meint der Pfarrer gelassen: „Mei Grundhuawa, des is ja no gar nix, heid hoit i mi ja direkt z'ruck. Du soidadst mi erscht moi sehgn, wann i wo eigladn bin!“

Der Kreitmair wundert sich, daß der Stanglwirt dem Herrn Pfarrer soeben eine frisch gezapfte Maß Bier anbietet, obwohl der Wirt ihm vor zehn Minuten erklärt hatte, daß er kein frisch angezapftes Faß Bier habe. Dem Kreitmair steigt der Zorn auf, und er stellt den Wirt zur Rede: „Du sag amoi, Stanglwirt, guit fürn Pfarra was andas ois wia für mi, daß du eahm a frisch ozapfte Maß vaschprichst - und mia gaabats koane?“ Darauf der Wirt mit gedämpfter Stimme: „Sei schdaad, sie is ja aa ned frisch ozapft, awa sunst mog as ned!“ Der Kreitmeir entrüstet sich: „Des is ja a Bschiiß!“ Doch der Wirt winkt ab und meint: „Des macht nix, am Samsdog muaß i eahm sowieso wieda beichtn!“

Der Wimmer-Karl leistet sich diesen Sonntag ein Essen im Wirtshaus. Als ihn der Wirt beim Bezahlen fragt: „No hat's gschmeggt?“, brummt der Wimmer-Karl: „ I hob aa scho moi bessa gessn!“ Darauf der Wirt: „Awa gwiß ned bei mia!“

Eine feine Dame aus der Münchener Vorstadt bestellt in einem Landgasthof einen Schweinsbraten. Doch der Schweinsbraten besteht hauptsächlich aus Fett und Schwarte, das Fleisch muß man mit der Lupe suchen. Da die Dame sehr zurückhaltend ist und sich nicht beschweren mag, füttert sie heimlich den Wirtshund, der unter ihrem Tisch jeden zugeschobenen Bissen mit einem dankbaren Hundeblick quittiert. Als der Wirt dies doch mitbekommt, fährt er die Dame zornig an: „Herrschaftszeitn, geem S doch dem Hundsviech ned das fette Zeig, der schbeiht ma ja rei!“

An einem heißen Sommerabend sitzen zwei Spezln im Biergarten am Chinesischen Turm. Den einen zeichnet eine weit vorgeschobene Unterlippe aus, den anderen ziert eine überhängende Oberlippe. Plötzlich kommt eine steife Brise auf, und die ersten großen Regentropfen klatschen aus drohenden Gewitterwolken auf die Biertische. Da sagt der eine mit der weit vorgeschobenen Unterlippe: „I woaß ned, daß's mia ollawei ins Mei neiregnt, wann i red!“ Darauf der mit der überhängenden Oberlippe: „Woaß aa ned, i kunnt ned klagn!“

Der Karl trifft den Lukas im Wirtshaus: „Du Kare, i soi da an scheena Gruaß vom Bertl sogn!“ Der Karl wird neugierig: „Vo wöicham Bertl denn?“ Darauf der Lukas schelmisch: „Vom Camembert!“

Der Vitus, Knecht beim Leitner-Bauern, sitzt im Beichtstuhl. Der hiesige Dorfpfarrer ermahnt ihn: „Vitus, so konn des ned weida geh mit dia und deiner Sauferei. Siehgst denn des ned ei, daß di damit ruinierst? Sei doch wenigstens oimoi so gscheid wi deine Rindviecha: Dee hörn doch aa as Saufa auf, wanns gnua ham!“ Da seufzt der Vitus laut auf: „O mei, Hochwürdn, Sie redn Eahna leicht! Beim Wassa kunnt i's aa!“

Es ist vier Uhr morgens. Auf der Wolfratshauser Landstraße radelt der Haslinger-Schorsch splitternackt und mit einem Vollrausch in Schlangenlinien dahin. Eine Polizeistreife hält den radelnden „Flitzer“ auf: „Hä, du naggada Uhu, obschdeign und an Ausweis herzoagn, awa dalli!“ Der Haslinger-Schorsch befolgt gehorsam die Anweisungen und zeigt seinen Ausweis. „San Sie vaheirat?“ fragt der Polizist. „Jawoi!“ antwortet der Schorsch. „Ham Sie nachad aa Kinda?“ forscht der Polizist in harschem Ton weiter. „Ja freile, zwöife, Herr Wachtmeista!“ gibt der Haslinger bereitwillig Auskunft. Da gibt ihm der Polizist wohlwollend seinen Ausweis zurück und meint: „Ja dann is des wos andas, dann san Sie ja im Arwatsgwand!“

Die Leitner-Bäuerin und die alte Schachtner-Bäuerin unterhalten sich übers Wallfahrten. „Du sag amoi, was i di scho lang fragn wuid, gehst nachad heia aa wieda nach Oidöding zum Wallfahrtn und laßt da an Segn erteiln?“ fragt die Schachtner-Bäuerin. Darauf die Leitnerin: „Naa, heia nimma, heia geh i auf Birkaschdoa! Woaßt, Schachtnarin, dee vo Oidöding, dee ham schwaar nachlassn!“

Ein Gast beschwert sich über die alte Semmel: „Die is ja vo gestan! I mecht awa oane vo heit!“ Darauf die Kellnerin: „Da miassn S scho morgn wieda vorbekemma!“

Der Kleemeier-Moritz will sich weiterbilden, er besucht mehrere Kurse an der Münchner Volkshochschule. Dem Schuster-Fritz, seinem besten Spezl, wird der Bildungsdrang seines Freundes allmählich unheimlich. Ständig muß er sich irgendwelche mathematischen Formeln und naturwissenschaftlichen Theorien anhören. Auch heute, beim freitäglichen Stammtisch, hält der Kleemeier einen Vortrag über die Relativitätstheorie von Einstein. Als der Schuster-Fritz zugibt, so gut wie gar nichts über dieses Thema zu wissen, setzt der Kleemeier bedeutungsvoll an: „Oiso, paß auf, wannst mit am scheena Madl auf ana Parkbank sitzt, nachad kimmt da a Schdund relativ wia oa Minutn vor, sitzt awa mitm Hintan auf ana hoaßn Ofaplattn, nachad kimmt da oa Minutn relativ wiara Schdund vor!“

Der Karl bestellt eine Maß. Die Kellnerin antwortet: „Sie, mia ham nua 2/10-Glas!“ Doch der Karl meint nur ungerührt: „Aa recht, wannst as dalaffst!“

Der Brandl-Sebastian hat heute seinen freien Tag genommen. Gut gelaunt schlendert er durch den Englischen Garten und beschließt, sich im Café an der Münchener Freiheit ein zweites Frühstück in der Mittagssonne zu gönnen und dabei in aller Ruhe die Zeitung zu lesen. Er bestellt eine Tasse Kaffee und dazu ein Croissant. Der Kaffee ist ziemlich stark, und als der Sebastian ihn ausgetrunken hat, entdeckt er einen dicken Kaffeesatz am Boden der Tasse. Wütend winkt er der Bedienung und hält ihr die Tasse mit dem Kaffeesatz unter die Nase: „Sie Freilein, soagn S amoi, was soi denn des hoaßn?“ Darauf die Bedienung: „Ja moana Sie vielleicht, i bin a Wahrsagarin?“

Der Moserwirt beobachtet schon seit geraumer Zeit einen norddeutschen Gast, der nur schlückchenweise aus seinem Maßkrug trinkt. „Warum dringans denn ned aus?“ fragt ihn der Wirt erstaunt. „Ich trinke eben, wenn es mir paßt!“ gibt der Norddeutsche zur Antwort. Darauf der Moserwirt: „Oiso, diese Preißn, grad wia ’s liawe Viech!“

Herr Kramer aus Leverkusen will Bayern per Eisenbahn durchreisen. In Hinterhaselbach, einem kleinen verschlafenen Nest, muß Herr Kramer auf einem menschenleeren Bahnsteig auf den Anschlußzug warten. Da ertönt plötzlich eine krächzende Stimme aus dem Bahnhofslautsprecher: „Bittschön ned so drängeln und a weng zruckträtn, da Zug fahrt ei!“ Herr Kramer blickt verwundert um sich und fragt den Schaffner, der soeben den Bahnsteig betritt: „Sagen Sie mal, Herr Stationsvorsteher, was soll denn diese Anweisung, außer mir befindet sich doch kein Mensch auf dem

Bahnsteig. Das ist doch lächerlich!" Doch der bayerische Schaffner lüftet würdevoll seine Mütze und erklärt: „Des is ma wurscht, i hob meine Vorschriftn!"

❀

Ein Sommerfrischler aus Berlin sonnt sich auf einer blühenden Almwiese. Unbemerkt von diesem landen zwei oberbayerische Mücken auf seinem rechten Mundwinkel. Da meint die alte Mücke zur jungen: „Siehgst as, des is oane von de berühmt-berüchtigtn ‚Berliner Klappn', woaßt scho, die, die 's Mei so weit aufreißn!" Die junge Mücke schlägt der alten einen Wettlauf vor. Ziel soll der linke Mundwinkel des Berliner Sonnenanbeters sein. Die junge Mücke startet, daß der alten Mücke Hören und Sehen vergeht, doch als sie am Ziel ankommt, sitzt dort bereits weise lächelnd die alte Mücke. „Ja wia gibt's jetzt nachad dees?" fragt die junge Mücke erstaunt. Darauf die alte: „Bei dem Mei bin i hinten rum glaffa!"

❀

Beim traditionellen Starkbieranstich auf dem Münchner Nockherberg ist eine Mordsstimmung. Ein ausgelassen zechender Münchner klopft seinem Tischnachbarn, einem preußischen Feriengast, freundschaftlich auf die Schulter und meint: „Göi, do schaun S, wia 's bei uns zünftig zuageht, so was gibt's bei eich ned, oda?" Der Preuße will das nicht auf sich sitzenlassen und prahlt: „Guter Mann, Sie müßten mal auf eines der Berliner Straßenfeste, zum Beispiel in Kreuzberg, kommen! Da könn' Se wat erleben. Det nenn ick Stimmung! Ja, ja meen Lieba, uns kann keena....!" Der Münchner, ein Verfechter der „bayerischen Gemütlichkeit" antwortet konsterniert: „Dees is bei uns ganz andas: Uns könna s' olle!"

❀

Der Gaisberger-Leonhard aus Benediktbeuern ist zum erstenmal in seinem Leben in den hohen Norden gereist: nach Hamburg. Als er sein Hotelzimmer bezogen hat, beschließt der Gaisberger, noch einen kleinen Abendspaziergang zu machen. In einem kleinen Straßencafe bestellt er sich eine Tasse Kaffee. Der Ober fragt ihn: „Tasse oder Portion? Maschine, Türkisch oder Mokka? Espresso oder Cappuccino?“ Dem Gaisberger fällt vor lauter Verwirrung zuerst mal nichts ein, dann räuspert er sich und sagt: “A geh, bringa S ma liawa a Bia!“

❁

Der Lenz, Knecht beim Schuster-Bauern, hat auf dem Waldfest ziemlich viel Bier getrunken. Als er endlich im Bett liegt, überkommt ihn noch einmal das dringende Bedürfnis, seine gefüllte Blase zu entleeren. Weil es schnell gehen muß, stellt er sich auf den Balkon des Bauernhauses und pinkelt nach unten, ohne den Bauern, der die laue Sommernacht genießt, zu bemerken. Da hört er diesen plötzlich vor sich hinbrummeln: „Mei liawa, heid regnts awa warm!“

❁

In einem Leserbrief eines bayerischen Lokalblattes wird die Frage aufgeworfen, ob es „Orphe-us“ oder „Orpheus“ heißt. Die Lokalredaktion antwortet nach interner Diskussion: „Ja freile sogt ma ‚Orpheus’, es hoaßt ja aa ‚Saupreuß’ und ned ‚Saupre-uß’!“

❁

Auf einer Jagd in Bayern wird fast die Frau von Herrn Buttke erschossen. „Sie Trottel, Sie blöder!“ herrscht er den Jäger Gsimsl an. Doch dieser antwortet seelenruhig: „’s duad ma leid! Awa revanchians Eahna hoid, do drüm schdeht mei Oide!“

❁

Der Schuster-Karl und sein Spezl, der Wimmer-Schorsch, verlassen stark schwankend den Moserwirt. In Schlangenlinien ziehen sie heimwärts. Es ist eine wunderschöne Vollmondnacht. „Do schau, Kare, a so a scheene Latern!“ lallt der Wimmer-Schorsch. „Du, i moan oiwei, des is da Mond“, entgegnet ihm der Schuster-Karl, der noch einen seiner fünf Sinne mehr zusammenzuhaben scheint. Doch der Wimmer-Schorsch läßt sich nicht so schnell überzeugen: “Schaugn ma hoid amoi, ob a Pfahl dro is oda ned!“

Nachdem die Wirtin vom „Goldenen Ochsen“ im Radio den Wetterbericht gehört hat, rennt sie geschwind in die Küche und sagt zu ihrer Köchin: „Derfst heid scho amoi a Buttaschmoiz nehma und koa Margarin. Da Radio hod gsagt, ’s Weda schlagt um, und wann nachad de preißischn Touristn ausbleibm, nachad müaß ma unsane Nudln söwa fressn!“

Der Michl-Bauer sorgt für großen Aufruhr in Kleindingharting: Er hat einen afrikanischen Buben adoptiert und ihn stolz mit in sein Dorf gebracht. Die Nachbarsbauern sind sichtlich entsetzt. Auf dem Stammtisch fragt ihn der Gschwendtner-Sepp: „Michl-Baua, wia konnst denn bloß so was macha?“ Doch der Michl-Bauer ist sich seiner Sache ganz sicher: „Ja mei, es wißts ja, daß i koane Kinda hob, und i wui an Buam für mein Hof!“ Die Nachbarn bleiben trotzdem irritiert: „Des is ja ois recht und schee, awa hod denn des unbedingt a afrikanischa Negabua sei miassn?“ fragt der Bürgermeister noch einmal nach. Doch der Michl-Bauer steht fest zu seiner Tat: „Jawoi, do bin i ma wenigstns ganz sicha, daß da Vadda koa Preiß ned war!“

Auf die Frage eines Fremden nach dem Löwenbräukeller sagt ein Münchner: „Nua oiwei gradaus, nachad hörn S es scho bruin - dee Preißn!“

Vier Münchner sitzen im Löwenbräukeller. Als ein norddeutscher Tourist anfragt, ob er sich zu ihnen an den Tisch setzen könne, antwortet ihm keiner. Doch der unwillkommene Gast setzt sich trotzdem. Trotz intensivster Bemühungen gelingt es dem Norddeutschen nicht, mit den vier Sturköpfen ein Gespräch anzufangen. Die vier hängen mit ihren Köpfen so tief über ihren Maßkrügen, daß jede Annäherung sinnlos erscheinen muß. Da betreten Mitglieder der Heilsarmee die Gaststätte, um Geld zu sammeln. Als eine Sammlerin an den besagten Tisch kommt, steckt ihr der Gast aus Norddeutschland ein Fünfmarkstück in die Büchse. Sie fragt auch die anderen vier: „Und wos is mit die Herrn?" Darauf hebt einer den Kopf und brummt: „Mia fünfe ghörn zamm!"

Herr Grüneklee aus Norddeutschland ist in seinem Bayernurlaub zu einem richtigen Fan der bayerischen Tracht geworden. Er geht in ein Trachtengeschäft am Tegernsee, kauft sich eine Original-Lederhose, einen Original-Trachtenjanker, Wadlstrümpfe, Haferschuhe und zu guter Letzt einen Original-Tegernseer-Stöpselhut mit einem riesigen Gamsbart darauf. So im Original-Bayernlook ausgestattet, geht er ins Tegernseer Bräustüberl. Da klopft ihm ein Einheimischer auf die Schulter und sagt mit mitleidiger Stimme: „Servus Preiß!" Herr Grüneklee fragt ihn erstaunt, ja enttäuscht: „Woher wissen Sie, daß ich ein Preuße bin!" Darauf der Tegernseer:„Ja woaßt'n des ned, daß ma bei uns's Hosendial vorn tragt?"

Ein Feriengast aus dem hohen Norden beobachtet im Dorfbiergarten, wie der Huber-Bauer innerhalb kürzester Zeit schon die vierte Maß in sich hineinschüttet: „Mann o Mann, das ist ja unglaublich, was Sie für einen großen Durst haben!" Doch der Huber-Bauer winkt nur ab und sagt: „Wos hosd gsagt, an Duascht? - Naa, naa mei Liawa, soweit laß i's meistens gar ned kumma!"

Am Hintersterzenbacher Stammtisch hat sich ein Preuße eingeschlichen. Der führt am Tisch das große Wort, wie zunehmend unsicher doch die südlichen Länder zum Urlaubmachen werden, es werde dort immer mehr gestohlen. Aber dafür habe er jetzt ein Patentrezept: „Also ick leje mir jetzt nachts sicherheitshalber immer uff meene Jeldbörse!“ Dem Michl-Bauer wird der nicht enden wollende Redeschwall zuviel, und er kontert: „Des kannt i ned vadrogn, weil i leida ned so hoch schlaffa konn!“

Herr Müller-Lüdenscheid aus Norddeutschland sitzt in der Münchner Oper, als ihm auffällt, daß sein Nachbar sich auf seinen Hut gesetzt hat: „Mann, Sie sitzen auf meinem Hut!“ Darauf der Sitznachbar: „Warum, woin S scho wieda hoamgehn?“

Der Huber-Bauer war in Urlaub in Frankreich gewesen. Als er nach drei Wochen zurückkommt, fragen ihn seine Stammtischspezln neugierig aus: „Hosd rechte Schwierigkeiten ghabt mit dem Französisch?“ fragt ihn der Schorsch. Darauf entgegnet der Huber-Bauer lakonisch: „I ned, aber d’ Franzosn!“

Ein Berliner will unbedingt die Zugspitze erklimmen. Er engagiert sich in Mittenwald einen Bergführer, der ihn heil hinauf- und wieder herunterbringen soll. Als sie den Gletscher überqueren, fragt ihn der Bergführer: „No, wia gfoit’s Eahna nachad do herobm?“ Da meint der Berliner: „Eijentlich sehr schön, det Janze, aba wissen Se, die vielen Fels- und Gletscherspalten sollte man mal vajipsen!“

Ein Schreinerlehrling zieht keuchend einen Handkarren mit einer schweren Kommode darauf. Als er am Giesinger Berg alle zwei

Meter anhalten muß, eilt ihm ein norddeutscher Tourist zu Hilfe: „Also mein Junge, das versteh' ich nicht, daß dich dein Meister mit so einer schweren Kommode alleine wegschickt!" Darauf der Lehrbub:„Da Moasta hod gsagt, i werd scho an Blädn findn, der ma huift!"

❀

Herr Bolle aus Frankfurt ist zur Sommerfrische in den bayerischen Bergen. Er will unbedingt die bei norddeutschen Touristen sehr begehrte Wanderplakette erhalten. Dafür muß er aber zehn Berggipfel erklimmen. Also kauft sich Herr Bolle Bundhosen, Rucksack, ein Paar Bergschuhe und eine Bergwanderkarte und hetzt von Gipfel zu Gipfel. Als er eines Tages vollkommen erschöpft und nach Luft japsend auf die Bank eines Berggasthofes niedersinkt, sagt die Bedienung lachend zu ihm: „Ja mei, Sie miassn ja grennt sei wiara gschtutzta Hund!" Der preußische Gipfelstürmer reagiert empört: „Was erlauben Sie sich eigentlich?!" Da meint die Kellnerin, sich entschuldigend: „No ja, i hab ja bloß gmoant, weil S schwitzn wiara Sau!"

❀

Ein Feriengast aus Hamburg hat sich mit dem kleinen Maxl, Sohn des Pensionswirtes, angefreundet. Neckisch sagt der Preuße zum Maxl: „Segg mol Maxl, du büst doch 'n richtigen lütten Bayer!" Doch der Maxl schweigt verbissen. „Awer du büst doch 'n lütten Bayer, oder nich?" fragt der Hamburger zum zweitenmal. Da reißt dem kleinen Maxl der Geduldsfaden: „Naa, i bin a Mensch!"

❀

Ein mit Foto- und Filmapparat bewaffneter Tourist aus Norddeutschland steht auf dem Marienplatz. Er scheint trotz Stadtplan die Orientierung verloren zu haben. Als der Sagerer-Sepp vorbeikommt, fragt er diesen: „Mein Guter, können Sie mir sagen, wo der Stachus ist?" „Ja", sagt der Sagerer-Sepp und geht weiter.

Ein norddeutscher Tourist fotografiert die zwei steinernen Löwen vor der Feldherrnhalle am Münchner Odeonsplatz. Neben ihm füttert ein alter Münchner Tauben. Der Preuße deutet auf die Löwen und fragt den Münchner: „Sagen Sie mal, wie oft füttern Sie denn die Biester?“ Darauf der Münchner ungerührt: „Jedsmoi, wanns bruins!“

Zwei ältere Herren aus Norddeutschland steigen in die U-Bahn und setzen sich zu einem Münchner auf die Bank. Bald geraten die preußischen Herren ins Gespräch und stellen fest, daß beide aus adeligem Hause stammen. Der eine stellt sich vor: „von Meersheim!“ Darauf der andere: „von Seeheim!“ Da lüftet der Müchner seinen Hut und sagt: „Von Schleißheim!“

Am Stammtisch im Bräustüberl zu Tegernsee sitzen drei Einheimische und diskutieren heftig über die Lage der bayerischen Nation. Der eine meint: „Unsa Bia werd aa ollawei deira und bittra!“ Die anderen nicken ihm zustimmend zu, und der zweite beschwert sich: „Und dee Knedl san aa bloß mehr künstlich!“ Und der dritte setzt noch eins drauf und bekundet: „Und üwahapts, unsa Regierung, dees is doch a oanziga Sauhaufa, dee dean doch üwahapts nix mehr fia uns!“ Und so geht es noch eine halbe Stunde mit dem Genörgle weiter, bis sich plötzlich ein Herr am Nachbarstisch umdreht und schimpft: „Vadammt noch mal, Männecken! Wenn es Ihnen in unserem schönen Bayernland nich jefällt, denn wandern Se doch jefälligst aus!“

Ein Kaplan aus Regensburg ist in ein niederbayerisches Dorf versetzt worden. Nun soll der Kaplan zum erstenmal die Beichte halten. Neugierig sind viele der Dorfbewohner in die Kirche gekommen, darunter auch der Simmeringer-Bauer. Dieser berichtet dem Kaplan, daß er gewildert habe. Da der Kaplan in seinem bisherigen Stadtleben mit solchen Beichtproblemen nicht in Berührung gekommen ist, bittet er den reuigen Büßer um etwas Geduld, geht in den Beichtstuhl des Dorfpfarrers und erläutert ihm den Fall: „Was soll ich einem, der ein Reh gewildert hat, geben?“ Darauf flüstert der Dorfpfarrer: „Des is ned ganz leicht, awa gib eahm auf koan Foi mehra ois drei fuchzge des Kilo!“

Ein Wilderer sitzt im Gefängnis. Der Wärter fragt ihn: „Ja, warum bringan S denn ’s Gwahr mit?“ Darauf der Wilderer: „Ja mei, do wird ma hoid d’ Zeit ned lang. I nehm’s fest in d’ Hand und denk, i sitz am Anstand!“

Der Hinterholzer-Sepp ist beim Schwammerlsuchen im Hofoldinger Forst unterwegs. Als er so dahingeht, den Blick stets nach unten auf den Waldboden gerichtet, hört er plötzlich ein Rascheln hinter sich. Er schaut sich vorsichtig um und sieht, daß eine Riesenwildsau hinter ihm herläuft. Den Hinterholzer-Sepp packt die Panik, und er rennt, so schnell er kann, davon, die Wildsau immer hinter ihm her. Dies geht eine Weile so, bis der Hinterholzer nicht mehr kann und sich erschöpft auf den Waldboden fallen läßt. Zu seinem Erstaunen läßt sich die Wildsau neben ihm nieder. Nach fünf Minuten Verschnaufens schaut ihn die Wildsau plötzlich aufmunternd an und sagt zum Sepp: „Wos is? Auf geht’s, back mas wieda!“

Die Vroni und das Lieschen überqueren eine Weide. Plötzlich bricht der Stier angesichts des roten Rockes der Vroni aus und stürmt wild hinter den beiden her. Die beiden Mädchen laufen, so schnell sie nur können, doch der Stier kommt immer näher. Da bleibt die Vroni stehen: „I ko nimma!“ Doch das Lieschen schreit: „Er kimmt ja scho!“ Darauf die Vroni: „Is ma wurscht, liawa a Kaiwe wiar an Herzkaschbal!“

Der Maxl will unbedingt einen sprechenden Pagapei haben, geht in die nächste Zoohandlung und kauft sich einen. Daheim fängt er sofort an, ihn das Sprechen zu lehren: „Etzad sag amoi: ‚Griaß di', soist sagn!“ wiederholt der Maxl streng. Doch der Papagei bleibt stumm. „Obst etzad endle ‚Griaß di' sagst!“ herrscht der Maxl ihn an und haut ihm eine auf den Deckel. Schwer enttäuscht verbannt er ihn in den Hühnerstall. Nach einiger Zeit packt den Maxl doch das schlechte Gewissen. Er schaut in den Hühnerstall und sieht, wie der Papagei einem Huhn nach dem anderen eine über den Kopf haut und rumkommandiert: „Obst etzad endle ‚Griaß di' sagst!“

❀

Zwei echte, noch freilaufende Landhühner unterhalten sich. „I leg nua Oar der Güteklassn A, dees Schtück für zwoarazwanzg Pfenning!“ sagt die eine Henne zu der anderen. „Und wia machst as du?“ Darauf die andere: „I leg nua Oar der Güteklassn B, dees Schtück für zwanzg Pfenning! Ja moanst denn du, daß i ma zwengs deene zwoa Pfenning an Hintan zreiß?“

❀

Zwei Münchner Spatzen haben sich zu einem Spazierflug durch den Englischen Garten verabredet. Sie fliegen über den Kleinhesseloher See, vorbei am Chinesischen Turm und am Monopteros, bis sie sich am Eisbach auf einer großen Weide zur Rast niederlassen. Neugierig schauen sie auf all die Nacktbadenden, die den Eisbach entlang liegen, herab. Da sagt der eine Spatz: „ Komisch ist dees nachad scho!“ Der andere wird neugierig: „Wos is nachad komisch?“ Darauf der erste: „Komisch is, daß die do drunt um die Zeit olle mitanand in da Mausa san!“

❀

Eine Regenwurmfrau trifft eine andere Regenwurmfrau: „Sie, wo is denn Eahna Mo?“ Diese antwortet nachdenklich: „Mei Mo? Ja, der is heid beim Angeln!“

Im Tierpark Hellabrunn scheint im Elefantengehege die Langeweile auszubrechen. Verdrießlich schlenkert der Elefantenbulle mit seinem Rüssel hin und her und wartet auf eine Abwechslung. Da kommt eine Spitzmaus vorbei und fragt den Elefanten: „Wos is, is da aa so langweilig? Schbuin ma a weng Fuaßboi?“ Weil ihm sonst auch nichts Besseres einfällt, macht der Elefant mit. In der Hitze des Gefechtes um das Leder tritt der Elefant der Maus auf die Zehen, daß diese nur so quietscht vor Schmerzen. Dem Elefanten ist dieses Mißgeschick furchtbar peinlich, und er entschuldigt sich ein paarmal hintereinander. Doch die Maus ist nicht nachtragend und meint nur versöhnlich: „Macht nix, dees hätt mia bei dia a bassian kenna!“

❀

Im Tierpark Hellabrunn entwickelt sich folgender Dialog: „Wer bist'n du?“ - „I, i bin a Woifshund, weil mei Vadda a Woif war und mei Muadda a Hund!“ Da fragt der Wolfshund: „Und wer bist nachad du?“ - „I bin a Ameisenbär!“ - „Geh, geh, geh, daßd di fei ned üwanimmst?“ meint darauf der Wolfshund.

❀

Der Schreinermeister Bichler muß heute in die Stadt. Vorher weist er noch seinen Gesellen und den Lehrbuben an, den angefangenen Schrank fertigzustellen. Als der Meister gegangen ist, stehen die beiden ratlos vor der Planzeichnung, ohne recht zu wissen, was sie damit anfangen sollen. Da meint der Geselle zum Lehrbuben: „Des miaß ma in da Mittn ofanga, weil ma hint und vorn koa Ahnung habn!“

❀

Frau Hitzelsberger ist mit ihrem Zwillingsbuben zu Besuch bei den Großeltern auf dem Land. Als sie dort einen Storch fliegen sehen, meint die Mutter: „Da schaut's hin, Buam, so a Schdorch hod eich aa bracht!“ Da verdreht der eine die Augen nach oben, blinzelt seinem Zwillingsbruder zu und fragt ihn: „Soin ma's ihra sagn?"

❁

Die kleine Marie ist bei der gleichaltrigen Sophie am Nachmittag beim Puppenspielen. Plötzlich fällt der Sophie ein: „Ällalätsch, i woaß scho, wia ma Kinda griagt, und du ned!" Doch die kleine Marie läßt sich nicht provozieren und kontert mit ausgestreckter Zunge: „Ällalätsch, und i woaß scho, wia ma koane griagt!"

❁

Der Bichler-Schorsch zum Schalterbeamten: „I daad gern a Rückfahrkartn wuin!" Dieser fragt zurück: „Wohi nachad?" Darauf der Schorsch: „Ja, noch do natürle!"

❁

Im Religionsunterricht hat sich heute der Dorfpfarrer vorgenommen, den Kindern den Begriff „ewig" zu erklären. Er versucht, besonders anschaulich zu sein: „Gott ist schon dagewesen, bevor es die Welt gegeben hat. Er wird auch noch dasein, wenn die Welt schon längst untergegangen ist!" Nach diesem Erklärungsversuch stellt der Pfarrer nun die entscheidende Frage an die Klasse: „Was ist er also?" Da meldet sich der Franzl: „Unsa Herrgod, dees is a ganz a Zaacha!"

❁

Unterrichtsthema ist das Energiesparen. Der Lehrer appelliert an die Kinder, dies auch daheim zu sagen. Da meint der Hansl: „Mei Schwesta schbart sowieso oiwei Strom. Wann am Abend ihra Schbeze kimmt, draht's oiwei glei's Liacht aus!"

❁

Ein Bierliebhaber sinniert vor sich hin: „Bei mia dahoam bin i nia dahoam, awa do herin im Wirtshaus, do bin i wia dahoam!"

Drei kleine Mädchen, die Vroni, die Susi und das Lieschen, stehen vor der Schaufensterauslage eines Spielwarengeschäftes, wo schöne, kindergroße Puppen ausgestellt sind. Das Lieschen deutet ins Schaufenster und meint: „Do hod mi mei Babba kafft!“ Die kleine Vroni nickt zustimmend: „Mi hod a aa do kafft!“ Die kleine Susi aber entgegnet: „ Mi ned! Mei Babba macht ois söiwa!“

Der Lehrer fragt die Kinder am ersten Schultag nach ihren Vornamen. „I hoaß Hansi!“ meldet sich der erste. Darauf der Lehrer: „Das heißt nicht Hansi, sondern Johann!“ Ein zweiter: „I hoaß Sepperl!“ Darauf der Lehrer wieder: „Das heißt Josef!“ Da meldet sich der kleine Kurt: „I hoaß Joghurt!“

Der Holzinger-Hans, seit ein paar Monaten Lehrling beim Schreinermeister Eder, soll diesem zu Mittag ein Paar Regensburger beim Metzger nebenan holen. Dem Hans läuft beim Anblick der delikaten Würste das Wasser im Mund zusammen, und sein Magen fängt an zu knurren. Auf dem Rückweg kann er schließlich seinen Gelüsten nicht mehr widerstehen, und er beißt in eine Regensburger und ißt sie schließlich auf. „Da Moasta werd’s scho ned merka“, denkt sich der Hans. Doch dieser moniert sofort die fehlende zweite Wurst: „Du Hundsbua, du elendiga! Wo is de andane Wurscht bliem!“ Der Hans zieht den Kopf ein und meint zu seiner Verteidigung: „Moasta, die is ja de andane!“

Zwei alte Schulfreundinnen treffen sich im Münchner Hofgarten zu einem Kaffee. Nachdem sie alte Geschichten ausgetauscht haben, fängt die eine an, aus dem „ehelichen Nähkästchen“ zu plaudern: „Schdöi da vor, mei Mo is impotent worn!“ Darauf die Schulfreundin: „Herzlichn Glückwunsch, is des etzad mehra wiara Owainschbektor?“

Nach einem ausgiebigen Wiesnbesuch muß die Frau Hitzelsberger ihrem schwer hin- und herschwankenden Gatten, der in seinem Zustand jede Standfestigkeit verloren hat, in die Trambahn helfen. Doch obwohl seine Frau kräftig schiebt, gelingt das Einsteigen nicht, und der Schaffner kommentiert ungeduldig: „Mit am soichan Affn kemma S ned nei!" Darauf dreht sich der Hitzelsberger zu seiner Frau um und sagt; „ Siehgst as Oide, mit dia ko ma niargands higeh!"

Nachdem der Gschwendtner die fälligen Rechnungen durchgegangen ist, sagt er wütend zu seiner Frau: „Du mit deine damischn Selbstmordversuche, de nia hihaun! 's nächstmoi konnst d'Gasrechnung söiwa zoin!"

Drei Nachbarinnen unterhalten sich über ihre Schwiegersöhne: „Da mei schreibt se vorn mit ‚von'", sagt die eine. „Dafia is meina a ‚von und zu'", entgegnet die andere. Darauf die dritte triumphierend: „Und da meine is auf und davon!"

Der Reitmair will nach dem Tod seiner Frau beim Schreiner einen Sarg bestellen. Als dieser ihm mehrere Modelle gezeigt hat und selbst das billigste Modell vom Reitmeir noch mit einem „Vui z' teia!" quittiert wird, schreit der Schreiner wütend: „Woaßt wos, bring dei Oide vorbei, nachad schraub i ihr a Paar Griff hi!"

Der Sohn vom Gschwendtner-Bauern fragt seinen Vater nach einer Taschenlampe. Als dieser wissen will wofür, antwortet der Bub: „Zum Kammafenstaln." Als der Gschwendtner darauf einwendet, daß er zu seiner Zeit für diese Angelegenheit auch ohne diesen neumodischen Schmarrn ausgekommen ist, erwidert der Sohn: „Awa gschad hätts aa ned, wannst a bissl was gsehgn hättst, schaug doch d'Muadda o!"

Zwei ehemalige Schulfreundinnen treffen sich zufällig auf dem Münchner Marienplatz und prahlen mit ihren Ehemännern: „Da meine is a ganz a Eisana, er geht fünfmoi in da Woch zum Bodybuilding!" sagt die eine. Darauf schnippisch die andere: „Da mei is fast ganz aus Metall: Goid im Mei, Suiwa im Haar und Blei im Hintan!"

Bei Kreitmaiers brennt die Wohnung. Als der Kreitmaier nach Hause kommt und seine Frau gerade dabei ist, die Sofakissen noch einmal zurechtzuzupfen und das Wohnzimmer staubzusaugen, brüllt er seine Frau wütend an: „Wos raammst denn etzad no auf, bläds Luada bläds?" Darauf die Frau: „Daß wenigstns a bissl aufgraammt is, wann d' Feiawehr glei kimmt!"

Die Frau vom Brunnerer-Schorsch ist an einer Pilzvergiftung gestorben. Doch schon bald nach der Beerdigung heiratet der Schorsch zur Verwunderung seiner Freunde erneut. Kaum ist ein Jahr vorbei, ist der Schorsch wieder Witwer geworden. Sein Freund, der Wiggerl, erkundigt sich nach dem plötzlichen Tod seiner zweiten Frau, worauf der Schorsch ihm erklärt: „Schdöi da vor, de is aa wieda an Schwammal gschdorbm!" Nach kurzer Zeit heiratet der Schorsch zum drittenmal, doch schon nach einem weiteren Jahr muß er seine dritte Frau zu Grabe tragen. Der Wiggerl vermutet erneut eine Pilzvergiftung, doch der Schorsch erklärt: „Die hod an Schädlbasisbruch ghabt, die wuit de Schwammal ned essn!"

Auf die Frage, wie es in der Liebe stünde, sagt die immer noch ledige Kathie zu ihrer Freundin: „I brauch koan Mo ned, i hob dahoam an Babagei, der fluacht, an oidn, ruaßign Ofa, der raucht, und an Koda, der de ganze Nacht rumschdrawanzn duad!“

Ein hochbetagtes Giesinger Ehepaar kommt in den Himmel. Der Petrus empfängt sie schon an der Himmelspforte und läßt sie einen Blick ins Paradies werfen. Als der Mann sich nach einer Unterkunftsmöglichkeit erkundigt, zeigt ihnen der Petrus eine wunderschöne Villa, die mit Swimmingpool und allen Schikanen ausgestattet ist. Während Petrus die Schlüssel für das neue Zuhause holt, raunzt der alte Mann wütend seine Frau an: „Da siehgstas amoi wieda, du oiwei mit deine dammischn Gsundheitswassal, deine dabbign Kneippkurn und deine greislign Knoblauchpilln, des hätt ma scho vui friara hobm kenna!“

Zwei Nachbarinnen prahlen im Stiegenhaus mit ihren Männern: „Der meinige is grad erst befördert worn, und seit neiestem hoda glei zwoa Sekretärinna“, trumpft die eine auf. Darauf die andere überlegen, ja fast mitleidig lächelnd: „Ja, und da mei erst, mei Mo hod bei da Arwad mindastns dreihundad Leit unda sich, er maahd nämle ’s Gras aufm Friedhof!“

Seitdem der Gmeinwieser auf Kneippkur in Bad Birnbach war, ist er offensichtlich fest dazu entschlossen, seinen zweiten Frühling ausleben zu wollen. Als er wieder daheim ist, scheint er sich kaum mehr für seine Frau zu interessieren, sondern vielmehr für die jungen Mädchen von Schwabing. Als sie am Sonntagnachmittag im Englischen Garten spazierengehen, platzt der Frau Gmeinwieser der Kragen: „Wannst di no oamoi nach ana junga Schicksn umschaust, nachad konnst di nach ana andan Frau umschaun!“

Der Hias ist beim Militär. Er beginnt seinen Liebesbrief an die Zenzi mit folgendem Satz: „I schreib da aa recht langsam, weil i woaß, daßd ned schnöi lesn konnst!"

Die Moserin plaudert im Stiegenhaus mit der Nachbarin von unten über ihr Eheleben: „I sag's Eahna, gestan war mei Oida so rauschig, daß a d'Hosn ins Bett glegt und sich üwan Schdui ghängt hat!"

Die Grundhuber-Anni ist wegen Mordes an ihrem Ehemann angeklagt. Als sie der Richter fragt, wie es zu der Tötung gekommen ist bzw. welche Motive sie dafür gehabt habe, antwortet diese empört: „Woher hätt i des wissn solln, daß a si grad a Fuaßboischbui vo de Bayan oschaut, i hob eahm bloß ollawei ‚Schiaß doch, schiaß doch!' schrein hörn!"

Die Frau Stanglmeier hat bei ihrem Stadtbummel ein feines, sündhaft teures Abendkleid erstanden. Besonders auffällig und damit Blickfang des Kleides ist das gewagt ausgeschnittene Dekolleté, das ihre Oberweite so recht zur Geltung bringt. Über diese Freizügigkeit des Kleides ist der Stanglmeier gar nicht begeistert, und er grummelt: „Dees oane sag i da, so gehst ma ned i d'Opa! Entweda ziagst as Gwand nauf oda an Busn owe!"

Der Max und die Burgi stehen vor dem Traualtar. Nachdem der Pfarrer ein paar persönliche Worte an das Brautpaar gerichtet hat, entläßt er sie mit den Worten: „Nun gehet hin, seid fruchtbar und mehret euch!" Darauf schreit der Max ganz entsetzt: „Awa z'erscht mechad i scho no a bissal wos essn!"

Die Vroni, weit über vierzig und noch ledig, hat in ihrer Not eine Anzeige mit dem Wortlaut „Wer bringt Licht und Wärme in mein Leben?" in die Zeitung gesetzt. Aufgeregt erzählt sie: „Guad is ganga, zwoa Zuaschriftn hob i griagt, oane vom Elektrizitätswerk und oane vom Gaswerk!"

Der Alois hat eine Frau geheiratet, die ihrer Zwillingsschwester gleicht wie ein Ei dem anderen. Seine Stammtischspezln wollen von ihm wissen, wie er denn die beiden auseinanderhält. Darauf der Alois: „Ja mei, i vasuachs gar ned!"

Der beste Freund von Bene ist frisch verheiratet. Der Bene ist zum erstenmal bei dem jungen Paar zum Essen eingeladen. Während die Frau in der Küche hantiert, fragt der Freund den Bene: „Na, wia gfoid da etzad mei Ehegschbons!" Der Bene druckst ein wenig herum, faßt sich aber doch ein Herz und gesteht: „Du, sei ma ned bäs, awa greisle is die scho." Darauf der Gatte: „Freile is sie greisle, awa woaßt, de innan Werte, wos hat!" Darauf hat der Bene einen glänzenden Einfall: „Woaßt was, laß s' doch einfach wendn!"

Ein junges Liebespaar hat sich ein Hotelzimmer gemietet. Der Liebhaber turtelt mit seiner Geliebten: „Ja so ein siaßes Popotschal! Ja so was von am goldign Popotschal! Ja wem ghört denn des siaße, runde Popotschal?" Da klopft es plötzlich an der Wand des Nachbarzimmers, und eine tiefe Stimme ertönt ziemlich ungehalten: „Ja Gruzinäsn, des muaß se doch amoi festschdöin lassn, wem der Hintan ghört!"

Die Frau Huber steht am Gemüsestand. Als sie ihren Salatkopf bezahlen will und in ihrer Handtasche nach ihrer Geldbörse kramt, kommt ein Gebiß zum Vorschein. „Ja, was is etzad nacha des?“ fragt die hinter ihr stehende Nachbarin. Darauf die Huberin: „Des is des Biß vo mein Mo, des hob i mitgnuma, damit er mi dahoam ned ’s ganze Fleisch zammfrißt!“

Die Kathi erkundigt sich bei ihrem Xaver, was er sich denn zu seinem Geburtstag wünsche. Darauf der Xaver: „An scheena Kamm daad i ma wünschn!“ Da fängt die Kathi an zu kichern: „Awa Xaval, was duast denn du mit am Kamm, dia san doch eh scho olle Haar ausgfoin!“ Aber der Xaver läßt sich nicht von seinem Wunsch abbringen: „Na und, du hosd da doch z’Weihnachtn aa an Büstnhoita vo mia gwunschn!“

Der Brunner-Sepp hat seine Frau vor die Tür gesetzt, weil er erfahren hat, daß sie heimlich einen Hausfreund hatte. Tagsüber klingelt es an der Haustür, und ein junger Bursche steht vor der Tür: „Kannt i bittschön d’ Frau Brunna schbrecha?“ Darauf der Sepp: „Naa, die is grad auszogn!“ Der ahnungslose Besucher antwortet: „Des macht gar nix, des paßt scho, wanns ihr bloß schnöi sagatn, daß da Lugge da waar!“

Den jungen Bauern hat der Blitz getroffen. Auf dem Sterbebett gibt er seiner schluchzenden Frau die letzten Anweisungen: „Wann i schdirb, nachad konnst du den Hof und des ganze Zeigl ned alloa dahoitn, du muaßt wieda heiratn!“ Darauf sie: „Naa, liawa Lenze, des werst du ned daleem!“

Die frisch verheiratete Burgl beklagt sich bei ihrer Freundin über die Wortkargheit ihres Angetrauten: „Woaßt, wenig redn is scho recht, awa so wenig, wia mei Alisi redt, des is scho a weng z'vui. Er hätt se wenigstens bei seina Hochzeit a bissal mehra zammreißn kenna. Awa es san eham hoid wia oiwei nua drei Wörtl eigfoin: Bei da Trauuung hoda ‚Ja' gsogt, bei da Hochzeitsfeia im Wirtshaus ‚Prost', und ois de Gäscht endle ganga warn ‚Etzad'!"

❀

Die Zenzi hat plötzlich ihren Melancholischen: „Laß mi schdeh. Wastl, heid bin i a weng vaschdimmt!" Darauf der Wastl: „Ja jetzt schlagt's dreizehn, hob i etzad a Frau oda a Klavier gheirat?"

❀

Der Unterberger-Toni will endlich seßhaft werden, heiraten und eine Familie gründen. Er engagiert den besten und bekanntesten Heiratsvermittler von München, der auch schon eine Woche später die Idealfrau für den Toni gefunden zu haben scheint. Er schwärmt dem Toni überschwenglich von seiner Zukünftigen vor: „I sag's Eahna, das Weiwal, des i Eahna aussagsuacht hab, des is des reinste Täuberl!" Der Toni ist schnell überzeugt, und es scheint alles gut zu klappen. Nach einem Vierteljahr jedoch wird der wutschnaubende Unterberger beim Heiratsvermittler vorstellig: „Ja du Lump, du ausgschamda, warum hosd ma des ned glei gsagt, daß a gfuits Täuberl is!"

❀

Der Simmerl schwört auf seine morgendliche Rasur und behauptet, daß er davon gleich ein ganz anderer Mensch werde. Auch an diesem Sonntagmorgen schwärmt der Simmerl beim Frühstück seiner Frau von seiner Morgenrasur vor: „I sag das, Weiwal, wann i mi in da Fruah rasier, nachad fui i mi glei um zehn Jahr jünga!" Darauf seine Frau spöttisch: „Es waar vielleicht gscheida, wannst di doch amoi auf d'Nacht rasian daadst!"

Der Karl trifft seinen alten Spezl, den Beppe, und gesteht ihm: „Glaab mas, Beppe, i bin da glücklichste Mensch, mei Oide is a Engl!“ Darauf der Karl: „Hosd as du guat, de mei lebt no!“

Ausgerechnet an seinem Schafkopfabend fühlt sich der Gaisberger unwohl. Schweren Herzens sagt er seinen Spezln ab und beschließt, für den heutigen Abend nur noch die „Kanapee-Ostwand“ zu besteigen. Plötzlich klingelt das Telefon, und die Ehefrau stürzt ins Wohnzimmer, aber ihr Mann hat bereits abgenommen. „Was war denn?“ fragt sie halb ängstlich, halb scheinheilig. „A so a Blädsinn, a bläda“, brummt der Gaisberger. „Da hat doch pfeigrad oana vo de Wedastation ogruafa und wuit wissn, ob d' Luft scho rein is!“

Die Frau Wimmer beschwert sich bei ihrem Mann am Morgen: „Etzad host scho wieda bei da Nacht gschbrocha, i mach koa Nacht mehr d'Augn zua bei deim Gred!“ Darauf rechtfertigt sich der Wimmer: „I muaß ja bei da Nacht redn, am Dog hob i ja nix zum Sagn!“

Der Dorfpfarrer beendet seine lange, ergreifende Grabrede für den Burgmair Xaverl mit den Worten: „Unsere tiefe Anteilnahme gilt der noch so jungen, dreißigjährigen Witwe!“ Da schluchzt diese durch ihren Schleier: „Neinazwanzge!“

Der schüchterne Hans begleitet die Leni stumm nach Hause. Endlich rafft er seinen ganzen Mut zusammen und gibt ihr einen Kuß: „Woaßt Leni, i konn hoit ned redn, awa so a Bussal sagt doch ois!?“ Darauf die Leni: „Mei, wiast oan du üwaredn konnst!“

Der Wimmer-Sebastian ist frisch verheiratet. Seine Frau will ihn verwöhnen und kocht ihm sein Lieblingsessen: Kartoffelsuppe. „Mei Hannerl, guad hosd as heid wieda kocht, des Suppal, wirkle guad, awa i konn ma ned höifa, a bissal föit no von dem Gschmaggl, so wias mei Muadda oiwei hibracht hat!" lobt der Sebastian seine junge Frau. Da packt diese der Ehrgeiz, immer öfter probiert und tüftelt sie an der Kartoffelsuppe rum, aber das „Gschmaggl" der seligen Schwiegermutter will und will sich nicht einstellen. Eines Tages brennt ihr vor lauter Sinnieren die Kartoffelsuppe an, worauf der Sebastian jubiliert: „Mei Hannerl, bist hoid a Engl, etzad hosd as endle drin, des Gschmaggl vo da Muadda!"

Die Burgl ist beim Beichten. Fast ist sie damit fertig, da druckst sie noch herum: „Oa Sach hätt i no, Herr Pfarra, de Gschicht mitm Wimma-Andal!" Der Pfarrer unterbricht sie: „Awa Burgl, des is ma scho bekannt, i gib da bloß den guadn Rat, den Wimma-Andal, den muaßt lassn!" Darauf die Burgl: „Ja mei, Herr Pfarra, i daadn scho gern lassn, den Andal, bloß traut a si ned, der Loamsiada, der dammische!"

Die alte Bäuerin studiert aufmerksam ihre Morgenzeitung. Als sie die Seite mit den Todesanzeigen durchliest, fällt ihr folgende Anzeige auf: „Gestern früh rief unser lieber Herrgott Herrn Doktor Maier zu sich." Darauf die alte Bäuerin ganz erstaunt: „Des hätt i mir aa ned denkt, daß da Herrgod aa amoi krank wern ko!"

Die Stallmagd Lieschen findet auf der Dorfstraße einen alten Spiegel, und wie sie so hineinschaut, sagt sie ganz schnippisch: „Des Buidl hätt i aa weggworfa!"

Zwei Bauern aus Niederbayern sind zum erstenmal in München. Neugierig schlendern sie durch die Fußgängerzone und betrachten die Auslagen der Schaufenster und vor allem die „weiblichen“ Schaufensterpuppen. Nach ausgiebiger Begutachtung sagt der eine Bauer zum anderen: „Da siehgst ma 's erst, was mia dahoam für a Zeig ham!“

❀

Der Gschwendtner-Bauer hat auf seinem Hof noch ein Dachzimmer frei, das er an einen Studenten gegen Mitarbeit bei der Heuernte vermieten will. Man ist sich schnell einig, dennoch druckst der Student noch ein wenig herum. „Gibt's sunst no ebbas?“ fragt der Gschwendtner-Bauer. „Ja, a kloans Anliegen hätt i scho no. Derfat i aufm Dachzimma ab und zu auf meiner Mandoline schbuin?“ Der Gschwendtner-Bauer überlegt kurz und sagt dann mit einer großzügigen Geste: „Nachad schdöi ma da hoid in Gotts Nam no a Bett eini!“

❀

Der alte Bauer beschwert sich am Stammtisch über seine Frau: „Je mehra Zähn mei Oide valiert, desto bissiga werds!“

❀

Auf dem Lechnerhof hat der letzte Hagel das Dach beschädigt. Der Bauer und der Knecht Matthias sind schon seit frühmorgens dabei, die beschädigten Dachziegel zu beseitigen. Als dem Knecht plötzlich ein Dachziegel auskommt und dem auf der Leiter stehenden Bauern auf den Kopf fällt, schreit dieser nach oben: „Greizgruzediakn, mirk doch a weng auf, Hias, hättst leicht an Ochsn treffa kenna!“

❀

Eine alte Bäuerin besucht ihre in München wohnende Schwester.

Sie spazieren durch den Englischen Garten. Als sie am FKK-Gelände des Eisbaches vorbeikommen, sagt die Bäuerin: „Ma mechts ja ned glaam, wiavui arme Leit daß's heitzutag no gibt!"

Der alte Huber sucht schon seit zwei Stunden seine Lieblingssocken. Als die Bäuerin diesem Drama ein Ende macht und nach kurzem gezielten Suchen die Socken aus dem Krauttopf zieht, sagt sie: „I hab's doch glei gwußt, 's Haus valiert so schnöi nix!"

Die Kathi trifft ihre Freundin, die Zenzi: „Des oane sag i dia, unsa Apotheka is a ganz a valogne Deifi!" Darauf die Zenzi: „Warum nachad, hod des Mittel, des a da geem hat, ned gwirkt?" Die Kathi schimpft weiter: „A geh, seit vier Wocha trink i etzad an Brusttee, und ned des geringste ist zum Sehgn."

Der Gschwendtner-Karl hat sich dazu entschlossen, ein paar Tage am Gardasee zu verbringen. Als er wieder daheim ist, erzählt er dem Sepp: „Mei Seppe, pfundig war da Urlaub. Muaßt aa amoi nach Innsbruck fahrn!" Als ihm der Sepp erklärt, daß Innsbruck gar nicht am Gardasee liegt, entfährt es dem Karl: „Ja, drum hab i's ollawei so weit zum Schdrand ghabt!"

Die Frau Doktor ist beim Metzger. „Was ham S denn aufm Herzn, Frau Doktor?" fragt der Metzgermeister. Darauf sie: „Zwoa Pfund Koibsbrust!"

Ein Motorradfahrer hat ein Huhn überfahren. Als er beim Bauern vorstellig wird, um seinen Schaden zu begleichen, sagt dieser:

„Laß's guat sei, des muaß an andare Raß sei, mia ham koa so flache!"

❁

Die Moser-Bäuerin leidet an einer geheimnisvollen Krankheit. Der hiesige Dorfarzt hat sie an einen Spezialisten in München überwiesen. Nach der Untersuchung holt der Internist den Ehemann in sein Sprechzimmer und erklärt ihm: „Ihre Frau hat eine Stoffwechselkrankheit!" Da streicht sich der Moser-Bauer nachdenklich über seinen Bart und sagt: „Ja, etzad geht ma a Liachtl auf, drum kaaft si mei Oide jede Woch a neis Gwand!"

❁

Als der Alois, Roßknecht seines Zeichens, beim Bauern in die gute Stube kommt, stutzt er ein wenig, schaut die Bäuerin vorwurfsvoll an und sagt: „Da riachts so komisch, habt's ebba a frische Luft einalassn!"

❁

Die Bauersleute Schmidlechner müssen beide wegen einer Grundstücksregelung aufs Amtsgericht nach München. Als sie die Eingangshalle betreten, bleibt der Schmidlechner völlig fasziniert vor dem Paternosteraufzug stehen. Als zuerst eine schon etwas ältere Sekretärin auf der einen Seite nach oben fährt und wenig später eine junge, hübsche Verwaltungsangestellte rechts wieder runter, sagt der Schmidlechner mit einem scheelen Seitenblick auf seine Frau: „Oide, da soitast du aa mitfahrn!"

❁

Der Obermoser ist von dem schlechten Zeugnis seines Sohnes gar nicht begeistert: „Dees is ma schleiahaft. Etzad stammt da Bua aus ana Vanunftehe und is trotzdem so bläd!"

In einem kleinen bayerischen Dorf macht ein Italiener mit seiner Freundin eine neue Wirtschaft auf. Als er über der Tür gerade das neue Schild mit der Aufschrift „Ristorante und Pizzeria“ befestigt, mokiert sich eine alte Bäuerin: „Und ned amoi vaheirat sans!“

❁

Der Holzknecht Alois ist bei Waldarbeiten unter einen Baum gekommen und wird ins nächste Krankenhaus gebracht. Der Alois, sonst ein recht lustiger Bursche, ist vor Angst ganz still geworden. Als ihn zwei hübsche Schwestern zuerst einmal von Kopf bis Fuß richtig waschen, sagt der Alois erleichtert: „A so a Oparation hab i mia vui schlimma vorgschdöit!“

❁

Der alte Vinzenz lebt allein und abgeschieden auf einem Bergbauernhof. Einmal im Monat kommt die Verwandtschaft, um nach dem alten Einsiedler zu sehen. Die Verwandtschaft ist entsetzt, als sie entdeckt, daß der Alte jetzt schon zusammen mit einem Geißbock in der Schlafkammer haust. „Awa da Gschtank!“ stellt die Burgl angewidert fest. Darauf der Vinzenz: „Des macht eahm nix, dem Goaßbock, der hat si scho dro gwöhnt!“

❁

Der Hierlmeier-Franz macht Urlaub in Italien. Mit seinem Italienisch ist es nicht weit her. Als er in einer Bäckerei einkauft und die Verkäuferin an der Kasse freundlich „Sessantotto“ sagt, erwidert der Franz: „Naa, i bin da Franz!“

❁

Bei der Familie Taubenberger will und will sich der Kindersegen nicht einstellen. Nach langem Überlegen tragen sie sich mit dem Gedanken, ein Kind zu adoptieren. Herr Taubenberger ist bereits wild entschlossen, allein die Taubenbergerin ist noch hin- und hergerissen und kann sich nicht so recht mit diesem Gedanken anfreunden. Sie erzählt der Nachbarin von ihrem Problem: „I sog Eahna, oans wurmt mi scho greisle: I konn mi oafach ned damit abfindn, daß i a Kind adoptian soi, des wo i vorher in meim Leem no nia gsehgn hob!“ Die Nachbarin stutzt für einen Moment und sagt dann: „Ja wiaso, Frau Taubenberger, was hätt denn do i sagn soin, i hob doch meine Kinda aa ned gsehgn, bevor i’s kriagt hob!“

Der Elternbeirat einer niederbayerischen Grundschule plädiert für die Anschaffung einer Europakarte in den ersten Klassen. Der Gemeinderat lehnt diesen Antrag mit folgender Begründung ab: „Wer woaß, ob vo insane Buam und Madl iwahaapts amopi oana ins Eiropa hintarekimmt!“

Der Schmid-Bauer lebt mit Frau und Sohn auf einem abgelegenen Bergbauernhof. Der Bub besucht die Schule imTal. Eines Tages zitiert der Lehrer den Schmid-Bauern zu sich und beschwert sich bei diesem über die grenzenlose Dummheit, das Hinterwäldlerische seines Sohnes: „Schmid-Bauer, mit deim Buam, da hats vielleicht was. Der hat ned amoi gwußt, daß da Herr Jesus vor zwoatausend Jahr gschdorm is! Mei Liawa, des is fei a rechte Schand!“ Der Schmid-Bauer versucht, sich zu rechtfertigen: „Mei, Lehra, woaßt scho, mir ham bei ins oom koa Zeidung, koan Radio und koan Fernsäha, nix oiso, wo mia hättn erfahrn kenna, daß insa Herr iwahaapts krank gwesn is!“

Die Franzi aus Dingharting ist seit ein paar Wochen Haushälterin bei einer reichen Familie in Schwabing. Sie schreibt einen Brief nach Hause: „I wohn etzad bei ana ganz christlichn Familie, do is sogar d’ Nähmaschin vom Pfaff!“

Die alte Theresa aus Draxlham hat eine Wallfahrt nach Altötting gemacht. Als sie aus der Gnadenkapelle kommt, murmelt sie vor sich hin: „Etzad konn i wieda geh, etzad konn i wieda geh...!“ Der Pfarrer fragt das alte Weiberl neugierig: „Guade Frau, is Eahna a Wunda gschehn?“ Darauf die Theresa: „Naa, Hochwürdn, ’s Radl hams ma wieda gschdoin!“

Die alte Moser-Bäuerin schüttet dem Dorfpfarrer ihr Herz aus: „D’ Leit wern aa oiwei schlechta. Wann i mei Schwesta, die Nanni triff, nachad frag i sie dauand, wias ihra geht, awa nia fragt sie mi, wias ma geht!“ Der Pfarrer nickt verständnisvoll und sagt: „Ja, Mosa-Beirin, nachad frag di hoid i, wias da geht?“ Seufzend antwortet die Moserin: „O mei, Hochwürdn, fragn S mi ned!“

Der Vitus, Knecht auf dem Bauernhof, war beim Dorfarzt, weil es in letzter Zeit in seiner Unterhose immer weiß war. Er erzählt dem alten Brunnerer-Bauern: „Da Dokta hod gmoant, dees war Zucka!“ Darauf sagt der alte Bauer nachdenklich: „Dann muaß i Zimt hom!“

Der Sepp und der Xaver, zwei alte Spezln aus Mühldorf, sind zum Oktoberfest nach München gefahren. Nachdem sie mehrere Maß Wiesnbier gestemmt haben, schlendern sie durch die Altstadt Münchens. Plötzlich fällt dem Xaver ein, daß er vom Petersturm springen will und der Sepp ihn auffangen soll. Als dieser mit weit ausgebreiteten Armen unter dem Petersturm steht, kommt eine Polizeistreife und fragt ihn: „Sie, was machen S denn da?“ Darauf erklärt der Sepp: „Da Xaval wui vom Bedasturm schbringa, und i soidad eahm auffanga!“ Der Polizist schüttelt entsetzt den Kopf: „Ja, san denn Sie wahnsinnig, der daschlagt Eahna ja!“ Doch der Sepp winkt ab: „Ja nia, i laßn ja zerscht dreimoi aufhupfa!“

Der Knecht beschwert sich beim Bauern: „Mei Dachkamma is so feicht , daß, wann i am Abnd a Mausfoin aufschdöi, in da Früah a Fisch drin schwimmt!“

❁

Nur zwei Schüler der hiesigen Dorfschule haben den Übertritt ins Gymnasium geschafft: die Kreitmair-Brüder. Der Kreitmair erzählt am Stammtisch mit stolzgeschwellter Brust von seinen beiden Söhnen: „Oiso, oans is ganz klar; meine Buam, die ham de ganze Intelligenz vo mia kriagt!“ Darauf antwortet einer seiner Spezln bissig: „Des merkt ma, i hob mei Intelligenz söiwa bhoitn!“

❁

Der Maxl erzählt seinem Freund, daß er gerade „Das Kapital“ von Karl May lese. Als der Freund ihn aufklärt, daß „Das Kapital“ von Karl Marx sei, meint der Maxl: „Ja etzad! Drum. I hab mi scho gwundat, daß in dem Buach bis jetzt koane Indiana vorkumma san!“

❁

Die Freiwillige Feuerwehr von Finsterwald sammelt für ihr neues Spritzenhaus. Auch beim Leitner-Bauern klingelt die Haustürglocke, und es wird um eine kleine Spende gebeten. Die Bäuerin kommt in die Wohnstube und sagt zum Bauern: „Du, da is oana von da Freiwillign Feiawehr zum Sammeln, was soi i eahm nachad gebm?“ Darauf der Bauer: „Gib eahm hoid an Kiwe Wassa!“

❁

Der Röhrlmoser aus Erding ist von seiner Frau zu seinem ersten Opernbesuch in München überredet worden. Zur Vorsorge gegen die staubige Luft in der Oper hat er sich heimlich eine Flasche Bier unter das Jackett gesteckt. Als die Röhrlmosers endlich ihre

Loge gefunden haben, fragt ihn der Logendiener: „Woiln S a Glasl (Fernglas)?“ Darauf der Röhrlmoser überrascht: „Naa, i sauf glei ausm Flaschl!“

Das jährliche Burschenfest im Dorf endet meist mit einer ordentlichen Schlägerei der männlichen Dorfjugend um die holde Weiblichkeit. Dem Mühlner-Schorsch ist dabei ein Auge ausgeschlagen worden. Wütend droht er seinem Kontrahenten: „Wannst des no amoi duast, nachad schaug i di nia mehr o!“

Der Brandner-Alois will dem Mief seines niederbayerischen Heimatdorfes entrinnen und sich endlich den Wind der großen, weiten Welt um die neugierige Nasenspitze wehen lassen. Also meldet er sich freiwillig bei der Marine. Als er bei der Musterung gefragt wird, ob er denn auch schwimmen könne, meint der Alois erstaunt: „Warum nachad, habts es koane Schiff?“

Auf dem Mühldorfer Wochenmarkt geht es unter den Marktfrauen meistens recht hoch her. Auch heute sind wieder einmal zwei von ihnen in Streit geraten. Als sich das Wortgefecht ins Furioso steigert, nimmt die eine einen auf dem Marktpflaster liegenden Pferdeapfel auf und bewirft damit ihre Kontrahentin. Der besagte Pferdeapfel landet in deren durch die Schimpfkanonaden weit geöffnetem Mund. Die Getroffene klappt den Mund zu und lallt mit erhobenem Zeigefinger: „Den laß i etzad drin, bis da Schutzmo kimmt!“

Der Schaffner vom Tegernseer Bahnhof geht den Zug noch einmal ab, um zu überprüfen, ob alle Türen verschlossen sind. Trotz mehrmaligem Zuschlagen springt eine Waggontür immer wieder auf. Als der Schaffner erneut wütend auf die Tür eintritt, ruft der Gschwendtner-Bauer heraus: „Des oane muaßt da mirka, solang i mein Daama drin hob, bringst du die Düar nia zua!“

Der Maxl kommt deprimiert aus der Schule. „Was hast denn Maxl?“ fragt die Mutter, die gerade aus dem Stall hereinkommt. „Mei, Muadda, heid hob i ned gwußt, wo de Pyrenäen liegn!“ Darauf die Bäuerin: „Des is doch oiwei ’s gleiche mit dia! Paß hoid ’s nächste Moi auf, wosd dei Zeigl hilegt, du gschlambbads Christkindl, du gschlambbads!“

An der Berufsschule in Rosenheim hat sich wie ein Lauffeuer verbreitet, daß eine neue junge, bildhübsche Lehrerin den Unterricht aufnehmen soll. Endlich kommt der große Moment, auf den die männliche Jugend schon sehnsüchtig wartet: Am ersten Tag kommt die junge Lehrerin mit einem weit ausgeschnittenen Dirndl in die Schule. Ein Raunen geht durch die Klasse, und besonders der Karli kann seine Augen nicht von den zwei trefflich plazierten Halbkugeln lassen. Da wird es der Lehrerin zu bunt, und sie droht dem Karli: „Wannst etzad mit deim blädn Glotzn ned aufhörst, nachad kriagst oane!“ Darauf meint der Karli begeistert: „Ja, und wer kriagt nachad de andane?“

Der Moser-Bauer hat endlich sein neues Auto bekommen. Als er auf die Autobahn München-Salzburg fährt, gibt der Verkehrsfunk folgende Meldung durch: „Achtung, Achtung, zwischen Irschenberg und Holzkirchen kommt Ihnen ein Fahrzeug auf der falschen Fahrbahn entgegen!“ Der Moser-Bauer schüttelt den Kopf und brummt: „Oana? – Hundate!“

Das alte Ehepaar Bierbichler, er 97 Jahre alt, sie 96, hat einen Trauerfall zu beklagen: Ihr dritter Sohn ist mit 80 Jahren gestorben. Als die Beerdigung vorbei ist und die zwei Alten noch ein wenig am Grab ihres Sohnes stehenbleiben, sagt die alte Frau Bierbichler: „I hab mas ja glei denkt, daß ma den ned durchbringa!“

❀

Der alte Wimmer-Alfons liegt im Sterben. Der Dorfpfarrer ist schon über drei Stunden bei ihm und betet einen Rosenkranz nach dem anderen. Endlich verstummt der Geistliche und sagt: „So Fonse, etzad bist guad vorbereitet für d’Ewigkeit!“ Darauf meint der alte Wimmer: „Lacha daad i, wann i in d’Höi kaam!“

❀

Der Sohn vom Huber-Bauern beschwert sich lautstark bei seinem Vater: „Olle in da Schui hams an Globus, bloß i ned! Geh Vadda, kaaf ma hoid aa oan!“ Aber der Huber-Bauer hat dafür kein Verständnis: „Was brauchstn du an Klobus, du gehst bei ins dahoam aufs Heisl!“

❀

Der Bummelzug von Schaftlach nach Tegernsee ist diesen Vormittag voll besetzt. Es sind viele Kurgäste, die zur Sommerfrische an den Tegernsee fahren, aber auch viele Einheimische, die auf den Gmunder Wochenmarkt wollen. Zwei Bauersfrauen fangen einen lautstarken Streit darüber an, ob das Fenster geöffnet werden soll oder nicht. „I daschtick ohne Luft!“ schreit die eine. Darauf die andere: „Und i dafrier in dera Köitn!“ Das gegenseitige Gekeife geht eine Weile so dahin, bis dem alten gemütlichen Schaffner endlich der Kragen platzt: „Wißts was, etzad laßts zerscht amoi des Fensta zua, dann daschtickt de oane. Nachad machmas auf, dann dafriat de andane. Und dann is endle a Ruah!“

Der Haslacher-Bauer trifft den Bruckn-Bauer auf dem Freisinger Kartoffelmarkt. „Servas Bruckn-Bauer, i hob ghört, daß 's bei dia am Samsdog brennt hat!" Darauf zischt der Bruckn-Bauer: „Hoit dei Mei, Depp, damischa! Bei mia brennt's erscht am Samsdog!"

Der Stelzl-Lorenz wird mit der Zeit immer dünner. Seine Spezln bringen ihn endlich dazu, einen Termin beim Arzt zu machen. Im Wartezimmer fällt dem Lorenz gleich ein junges, hübsches Mädchen auf, und er setzt sich neben sie. Da er nicht so recht weiß, wie er ein Gespräch mit ihr anfangen soll, sagt er: „Sie Frei-lein, i hob an Bandwuarm!" Darauf das junge Mädchen: „Jessas, i aa!" Der Stelzl-Lorenz wittert Morgenluft und meint: „Ja, drum hats mi so zu Eahna hizogn!"

Als der alte Bauer sich in der Stube in einem Holzzuber die Füße wäscht, fragt die Bäuerin ganz verwundert: „Ja, Lenze, warum wascht da du nachad auf oamoi deine Fiaß?" Darauf der Bauer: „Weil ma sunst d' Schuah z'kloa wern!"

Die junge Grundhuber-Anne ist durch einen tragischen Unfall ihres Mannes Witwe geworden. Der Dorfpfarrer hält am Grab eine herzzerreißende Trauerrede. Zum Schluß richtet er noch ein paar Worte an die junge Witwe: „Und nun zu dia, liabs Annal! Daßd im Glaubm recht stark bischt, des hoff ma, daßd in da Liab recht stark bischt, des wiss ma, und daßd in da Hoffnung recht stark bischt, des segn ma!"

Der Großknecht Alois hat sich am Wochenende vom Bauern das Motorrad geliehen. Er will mit seiner Liesbeth auf das Waldfest nach Schliersee fahren. Schon eine Stunde probiert der Alois, das Motorrad zum Anspringen zu bringen, aber es will und will nicht klappen. „Greizgruzefix no amoi!“ flucht er laut vor sich hin. Der Dorfpfarrer, der gerade des Weges kommt, ist tief erschüttert von den lästerlichen Flüchen des Alois: „Awa Loisl, vasündig di ned mit deine Gotteslästerungen! Du muaßtas mit Gottes Güte vasuacha! Sog einfach: Liawa Herrgod, huif ma!“ Der Alois befolgt den Rat des Geistlichen und tatsächlich, das Motorrad springt an, und der Alois braust davon. Da murmelt der Pfarrer: „Himmelsaggrament, des hätt i ma ned denkt!“

Es ist ein lauer Maiabend, und der Bauer sitzt mit seiner Frau auf der Hausbank. Der Bauer schmaucht sein Pfeifchen und sinniert vor sich hin. Plötzlich sagt er zu seiner Frau: „Woaßt Mare, was i ma denk? I denk insa Girgl hat seit neiastm a Weibsbuid!“ Die Bäuerin hält kurz beim Sockenstopfen inne und fragt: „Wia kimmst etzad do drauf?“ Darauf der Bauer: „Vorign Deansta, do hoda si a Zahnbürschtl kafft!“

Auf dem Maifest macht der Vinzenz der Emerenz zur späten Stunde folgenden Heiratsantrag: „Du waarst ma grad recht für mein Hof, Emerenz! I kenn di etzad und da Hund und dee Kia aa scho!“

Der Wiesner-Bauer ist von Niederbayern angereist, um seinen schwerkranken Bruder im Kreiskrankenhaus Bad Tölz zu besuchen. Lange sitzt er an dessen Krankenbett und spricht ihm Trost zu. Als der Wiesner sich dann von seinem Bruder verabschiedet hat, dreht er sich in der Tür noch einmal um und sagt: „Oiso pfiat di God, Xaval, zur Leicht kumma dann olle!“

Der Xare und sein Spezl, der Sepp, haben wieder einmal ziemlich einen über den Durst getrunken. Als Orientierungshilfe auf dem nächtlichen Heimweg benutzen sie die Bahngleise. Als eine S-Bahn kommt, sagt der Xare zum Sepp: „Da schaug no grad hi, was mei Oide heid wieda für Augn macht, daß i scho do bin!"

Der Vinzenz sitzt mit dem Pfarrer im Wirtsgarten zusammen. „Hochwürdn, warum is a Sünd, wann ma bei am Madl schlafft!" fragt der Vinzenz scheinheilig. Darauf der Pfarrer: „Es Bazies schlaffts ja ned!"

Der Gmeinwieser-Leonhard macht am Vormittag beim Donisl seine gewohnte Weißwurstbrotzeit. Als er genüßlich in die Weißwurst sticht, spritzt der Saft einer elegant gekleideten Frau am Nachbartisch direkt ins Gesicht. Statt sich zu entschuldigen, kommentiert der Gmeinwieser nur: „Göins, Freilein, des is a Wurscht!"

Zwei Giesinger Burschen sitzen im Hofbräuhaus und brüten vor ihrer Maß Bier. Zum Erstaunen beider setzt sich eine Klosterschwester an den Nebentisch und bestellt sich eine Maß. Nachdem beide ausführlich eine Weile auf das Kuriosum gestarrt haben, sagt plöltzlich der eine: „Du Bene, woaßt du, wos a Klostaschwester und a Maß Bier gmeinsam ham?" Der Bene schüttelt den Kopf. Da erklärt ihm der andere: „Des is ganz oafach: Alle zwoa unddaliegn dem Reinheitsgebot!"

Schorsch! Wenns'd ned aaf der Schdell na Gung mid seiner Eisnboo schbilln läßd, nimm ich die heid oomd in der Boodwanna dei Quiedsch-Endn weg!

FRÄNKISCHE WITZE

„Haben Sie Schwierigkeiten, Ihre Vereinsmitglieder zusammenzuhalten?“ fragt der Besucher aus der Großstadt den Vereinsvorsitzenden in Gumpertsreuth. „Zammholdn?“ fragt der erstaunt zurück. „Bei der ledzdn Versammlung ham mer zeh Bolizisdn gebrauchd, um sa ausnanderzerholdn.“

❦

Der Wenkers Hann, ein Frankenwald-Urgestein, feiert seinen 100. Geburtstag. Der Pressemann fragt ihn nach dem Geheimnis seines hohen Alters. Antwortet der Hann knapp und trocken: „Des kosta miech am bestn die näxd Woch froch. Ich muß erschd nuch middera Brauerei, middera Molkerei und middern Arzneimiddlkonzern verhandl.“

❦

Der Bauer kommt mit käsweißem Gesicht in die Stube. „Saustall“, flucht er mit Blick auf seine Frau, „iech bin mit'm Tregger in e Radarfoll gfohrn.“ Die Frau: „Hod's blitzt?“ Der Bauer: „Nee, ower gschebberd.“

❦

An der Tür: „Geben Sie auch etwas fürs Altenheim?“ – „Freili. Nemma S mei Schwiechermudder!“

❦

Das Ehepaar Meier betritt ein Herrenbekleidungsgeschäft in Würzburg. Sie verlangen eine Hose für den Mann. „Soll's eine mit Reißverschluß sein?“ fragt der Verkäufer. „Nee“, antwortet die Frau, „mei Monn hod e Weste mit Reißverschluß, und der klemmt ihm immer die Krawatt ei!“

„Ausgezeichnet, erste Klasse!“ gratuliert der Vorsitzende des FC Bayern Hof dem jungen Spieler. „Sie mit Ihrer herrlich breiten Brust sind unser Mann!“ „Aber kummd’s ned drauf o, wie iech spill“, wundert sich der Spieler. „Unwichtig“, winkt der Club-Chef ab. „Hauptsache, die Werbefläche stimmt.“

Der Lud kommt nach Hause und ruft: „Frieda, du werschd’s ned glaam, ower iich hob die Stell als Nachdwächder krichd!“ „Kruzidurgn“, schimpft sie, „grod erschd hob i dir a scheens poor neia Schloofanziech kaffd.“

Hannelore trifft ihre Freundin Elsa. Die schiebt einen Kinderwagen. Hanne schaut hinein und stellt entrückt fest: „Gans der Babba.“ Entgegnet Elsa: „Genau! Und mei Monn behaupt immer, der Klee hätt e Ähnlichkeit mit ihm.“

Am ersten Schultag will die Lehrerin den Kleinen was auf der Geige vorspielen. Als sie mit großer Hingabe ihr Instrument stimmt, denkt sie bei sich: „Wie andächtig doch die kleinen Seelchen lauschen!“ Da tönt von hinten plötzlich eine Stimme: „Die drehd solang rum, bis ihr der Drohd in die Freßn fliechd.“

Der Bauer gesteht seinem Nachbarn: „Iich hob a Henna mid am Babbagei kreizd.“ – „Und, hod’s hieg’haud?“ – „Des glabbs’d. Wenn die neia Henna edzerd a Ei leechd, gaggerd sa nimmer, sondern sie kummd und sächd mersch.“

Die Mary fährt zum erstenmal allein mit dem Auto in die Stadt.

Nach drei Stunden kommt sie freudestrahlend nach Hause und ruft ihrem Mann zu: „Iech hob e gude Nochrichd fir diech! Die Prämie vo der Hoftpflichtvesicherung is doch kee nausgworfens Geld!“

„Sän Sie aff Bsuch do?“ fragt der Dorf-Friseur den fremden Kunden. „Nein, zum Haareschneiden.“

Im Hofer Theater. Der Heldentenor singt wirklich nicht besonders, trotzdem jubelt ihm das Publikum nach jeder Arie frenetisch zu und fordert Zugabe um Zugabe. Der Sänger ist bereits völlig heiser und krächzt nur noch, aber die Zuschauer toben weiter. Da beugt sich ein Fremder zu seinem klatschenden Sitznachbarn und flüstert: „Sagen Sie, finden Sie den Sänger wirklich gut?“ – „Ja, woher denn. Ober heid mach mer na ferdich.“

Die Tochter hämmert schon seit zwei Stunden auf dem Klavier herum. Da läutet es an der Wohnungstür. Als die Mutter öffnet, stehen vier Polizisten davor. „Um Gotts willn. Was wolle Se denn vo uns?“ stammelt die Mutter erschrocken. Einer der Beamten erklärt: „Mir hemm e Onzeich geecher Sie. In dem Haus soll e gewisser Brahms schwer mißhondlt werd.“

„Gut, Sie kenna bei uns in der Schlosserei ofanga. Wie haaßn S denn?“ – „Kr...Kr...Kr...Krause.“ – „Sauber. Hamm S wos dergeng, wenn ich Sa einfach ‚Krause’ nenn?“

Ein Mann betritt eine Kneipe in Nürnberg. Er geht an die Theke, bestellt einen doppelten Korn, kippt ihn hinunter und läuft plötzlich an der Wand hoch, an der Decke entlang, an der anderen Wand wieder herunter und verläßt das Lokal. „Sagen Sie mal", fragt da ein Gast den Wirt, „macht er das immer so?" – „Naa. Sunsd saifter immer an Conjagg."

❦

Richter zur Angeklagten: „Ihr Name?" – „Anna Rothemund." „Und Ihr Alter?" – „Der is dahaam."

❦

Der preußische Gast in einem kleinen Frankenwald-Lokal: „Herr Ober, bringen Sie mir ein Schnitzel, aber vom Kalb, nicht zu fett und nicht zu mager. Dazu Salzkartoffeln ohne Salz, Salat aus der Kopfmitte, nicht zu grün, gut gewürzt, ohne Öl. Dazu eine halbe ungespritzte Zitrone ohne Kerne. Haben Sie alles verstanden?" – „Säa wohl, der Herr! Und welchs Mustä soll der Teller hob, wenn iech froch derf?"

❦

Frieda fragt ihre Freundin Kunigunde mit süffisantem Unterton: „Na, wie war der Urlaub aufm Bauernhof?" – „Herrlich ruhig, konn ich der sooch! Sogor im Heu hodder Bauer nur es Needigsda geblauderd."

❦

Der Dorfgastwirt zeigt der Dame aus der Stadt eines seiner Fremdenzimmer. „Und was kostet der Saustall?" fragt sie entsetzt. Antwortet er seelenruhig: „Dreißich Märkla pro Nacht und Sau!"

❦

„Du Vadder, wos issn eingdlich a Junggsell?" – „A Moo, der ned-verheierd is!" – „Und wie nennd mer an verheierdn Moo, Vadder?" – „Edzerd heer bloß auf! Solcha Ausdrigg brauchd mer in deim Older werglich noch ned zo wissn!"

❦

„Herr Ober, ein Saustall ist das: In meiner Suppe kämpfen zwei Fliegen!" – „Ja glaam S denn, Sie krieng fier zwaa Mark verzich an Stierkampf gebodn?"

❦

Stirnrunzelnd betrachtet der Gast den Teller. „Herr Ober", protestiert er, „ich hatte eine Suppe bestellt und kein Steak!" „Des hammer gern!" schimpft der Kellner. „Erschd stundnlang do rummhoggn und dann aa no rummodzn!"

❦

In einem Zwei-Sterne-Hotel in einer unterfränkischen Kleinstadt. Der Hotelgast aus dem Norden beschwert sich beim Etagenkellner, er habe am Morgen einen schwarzen und einen braunen Schuh vor seiner Tür vorgefunden. Wundert sich der Kellner: „Ja Dunnekeil! Do sän Sie ja scho der zwäd Gast mid dem Brobleem."

❦

Zwei Berliner Sommerfrischler wollen in der fränkischen Provinz volkskundliche Studien betreiben und besuchen ein Kirchweihfest. Als sie untereinander etwas zu laut kritische Bemerkungen austauschen, erheben sich zwei kräftige Gestalten von ihrer Bank und schreiten in drohender Haltung auf die Fremden zu. „Du", meint der eine Berliner zum anderen, „ick gloobe, wir verdrücken uns schnell! Die sind zu zweit, und wir beede sind janz alleene!"

❦

Die nordrhein-westfälische Familie macht Urlaub auf einem Bauernhof „im tiefsten Franken ganz oben". Obwohl es donnert und blitzt, macht sich der Bauer auf den Weg, um mit seinem zwei Kilometer entfernt wohnenden Nachbarn etwas zu besprechen. „Haben Sie bei diesem Gewitter keine Angst?“ fragt die Urlauberin. „Naa, edzerd nimmer“, antwortet der Bauer. „Noch der Stadisdig werd in dera Geengd jeds Johr nur aaner vom Blitz gedroffn, und den hod’s heier scho derwischd!“

Der Emil vom Einödhof geht auf große Reise. Am Bahnschalter verlangt er eine Fahrkarte nach Oldenburg. Fragt der Bahnbeamte: „Oldenburg in Oldenburg oder Oldenburg in Holstein?“ „Vellich wurschd“, winkt der Emil ab. „Mei Bruder huld miech suwiesuu vom Bahnhof oo!“

In einer kleinen Pension beschwert sich ein Gast beim Wirt: „Ich habe gestern abend meine Schuhe vor die Tür gestellt, und heute morgen standen sie noch genauso da, wie ich sie hingestellt habe.“ – „Do seng S amoll: Bei uns kummd hald nix weg.“

Ein Einheimischer sitzt mitten in der Gaststube und schimpft, was das Zeug hält. „Immä dia Fremdn!“ schreit er. „Sie hoggn an die bestn Diesch, sie saufn unnern bestn Wein, sie paff uns die Virginias weg, und jetzt hamm’s miech aa nuch die ledzda Kalbshax weggfressn! Ower aans ko iech diech soch, mei liebä Mühln-Wirt: Zu allererschd kummä immä nuch mir, die wos do leb!“ Der Urlauber wagt kaum zu kauen. „Wer ist denn der seltsame Mensch?“ fragt er verdutzt den Mühlen-Wirt. Der flüstert: „Dä Vorstand vo unnern Fremdenverkehrsverein.“

Der Tourist, Typ Schmetterlingsfänger, fragt den alten Schäfer:

„Wie viele Schafe haben Sie eigentlich so ungefähr, wenn ich mal fragen darf?“ – „Vierdausndzwaahunnerddreiazwanzich!“ – „Is ja nicht zu fassen! Haben Sie einen Trick beim Zählen?“ – „Ja freili. Iich zäl die Baa und dividier’s dann durch vier.“

❦

Fragt der Gast erstaunt den Ober: „Eben war Brathuhn doch auf der Karte gestrichen, wieso schreiben Sie’s jetzt wieder drauf?“ Flüstert der Kellner: „Die Herrschaften vom Neemdiesch hamm’s widder zerriggeh lossn...“

❦

„Wos häsd’n do ‚Waldweg’? ’s is doch gor kä Wold do!“ – „Ebe drumm häsd’s äsuu: weil de Wold weg is.“

❦

Im Dorf-Wirtshaus. Erster Gast: „Herr Ober, bringen Sie mir eine Forelle.“ Zweiter Gast: „Mir auch, Herr Ober. Aber recht frisch!“ Geht der Ober in die Küche und ruft: „Zwämol Forelle! Die enne vo die zwä frisch!“

❦

Der Gast ruft den Ober zu sich und wünscht zu zahlen. „Wos hamm S denn glei widder g’habd?“ fragt der vergeßliche Ober. „Das weiß nur der Koch“, brummt der Gast. „Bestellt hatte ich Gulasch.“

❦

Der Schwarzfurth-Heiner und der Kisten-Theo sitzen im Restaurant. Meint der eine zum Ober: „Mir dädn uns gern zu die zwaa Weiwer dort sedzn. Kennerdn Sa dort biddschee z’erschd abkassiern?“

Die altfränkische Touristen-Gruppe macht einen Stadtbummel in Paris. Plötzlich stehen sie vor einem Restaurant und lesen ein Schild mit folgender Aufschrift: „Hier erhalten Sie alle Speisen, die Sie sich wünschen." Um dies zu testen, betreten die Urlauber das Lokal, und jeder äußert einen völlig ausgefallenen Wunsch: Elefantensteak, Zebrakotelett, Antilopenzunge und so weiter und so fort. Nach kurzer Zeit hat der Ober alle gewünschten Speisen serviert. Da ruft ihn der Paul zu sich und fragt unter Aufbietung aller seiner Französisch-Kenntnisse: „Habe vous ned sammteims Komplikation avec so ausgefallene Wünsche extraordinär?" Der Ober erläutert in bestem Deutsch: „Doch, einmal ist das passiert. Vor etwa zehn Jahren, ich erinnere mich genau, hatten wir einen Gast, der Eunucheneier auf Toast bestellte. Aber gerade an diesem Tag war uns der Toast ausgegangen."

Der Ober nimmt die Bestellung auf und fragt nach: „Meeng S die Forelle blau essn?" „Naa", erwidert trocken der Gast, „brenga S ma erschd na Fisch und nocherd die Sauferei!"

Fräulein von Lilienstein schreibt an den Fremdenverkehrsverein des Frankenwald-Städtchens, daß sie gedenke, in diesem Jahr die Sommerfrische „in Ihrer idyllischen Gegend" zu verbringen, und bittet um die Reservierung eines Zimmers. Einige Tage später bekommt sie ein Bestätigungsschreiben, dessen Schlußsatz lautet: „Der Gemeinderat und der Fremdenverkehrsverein freuen sich schon heute auf Ihren Besuch, und wir werden bemüht sein, Ihnen zu einem freudigen Ereignis zu verhelfen."

Die Pensionswirtin wendet sich hoffnungsvoll an den abreisenden Gast: „Gell, Sie embfehln miich ower scho in Ihrm Bekanndnkreis weider?" „Jo mei", antwortet der Oberbayer sichtlich gelangweilt, „dös tat i ja gern, bloß woaß i momentan koan, gecher den i wos hätt.“

❦

Alteisenhändler Rudi, ein stadtbekannter Geizhals, führt seine Frau ausnahmsweise mal zum Essen aus. Als er die hohen Preise auf der Speisekarte gesehen hat, sagt er zu ihr: „Na, wos meggsdn essn, klaans Dickerla.“

❦

Der Urlauber fragt den Bauernbuben: „Na, Kleiner, wieviel Milch gibt den eure Kuh so jeden Tag?“ – „So um dia sechs Litä.“ – „Und wieviel davon verkauft ihr?“ – „Acht Litä.“

❦

Frau Schreiner und Frau Winterling unterhalten sich auf einer Party. „Und wos senn Sie vo Beruf, wenn ich froogn derf?“ fragt Frau Schreiner. „Iech bie Topverkäuferin in aaner gruußn Firma“, entgegnet Frau Winterling. „Jawoll – und wos fir Depf verkaafn Sie so?“

❦

„Regnet es hier bei Ihnen eigentlich immer?“ fragt ein norddeutscher Sommerurlauber den bärtigen Bauernburschen. „Naa, im Winter schneid's!“

❦

Der Sägewerksbesitzer aus Wallenfels ist von seinem japanischen Geschäftsfreund zu einem Spaziergang im Park eingeladen worden. Plötzlich trifft ihn ein gewaltiger Schlag ins Genick. Verblüfft rappelt sich unser Mann hoch. „Was war denn das?“ Der Japaner strahlt wie ein kleiner Junge: „Karate! Handkantenschlag!“

Der Wallenfelser bittet seinen Freund, ein Stück vorauszugehen. Diesmal geht der Japaner zu Boden und blickt fragend auf seinen Gastgeber: „Was war denn das?“ Strahlt der Holz-Industrielle: „Honda! Wagenheber...“

❦

Vor dem Hotel in der unterfränkischen Metropole steht auf einer Tafel zu lesen: „Hier wird Englisch, Französisch und Italienisch gesprochen!“ Der weitgereiste Gast aus England spricht den Portier in allen Sprachen an, bekommt aber keine Antwort. Schließlich fragt er in gebrochenem Deutsch: „Excuse me, wer bitte spricht hier die Sprachen, wo stehen hier?“ Antwortet der Portier: „Bloß unnera Gäst, der gnädich Herr.“

❦

„Machn Sie eingdlich Schmalfilme im Urlaub?“ – „Naa, des gedd ums Verreggn ned. Mei Fraa is dafier vill ze digg!“

❦

Der Gast aus dem Ruhrgebiet, Typ alter Landadel, zeigt sehr von oben herab mit dem Finger auf die Speisekarte, wo das falsch geschriebene Wort „Omelet“ steht, und meint knapp: „Omelett mit zwei t.“ Der Kellner verschwindet und bestellt laut und vernehmlich: „Ee Omledd, zwä Tee!“

❦

Der Gast beschwert sich: „Herr Wirt, in meinem Zimmer tropft es dauernd von der Decke. Ist das immer so?“ – „Naa, bloß wenn’s rengd!“

❦

„Herr Ober, dieser Hummer hat bloß eine Schere!“ beschwert sich der Gast in einem oberfränkischen Kurhotel. „Meechlich, daß er sa im Kampf verlorn hod“, antwortet der Kellner schlagfertig. „Gut“, meint der Gast, „dann bringen Sie mir doch bitte den Sieger!“

In dem kleinen Jagdmuseum im Fichtelgebirge ist in der Abteilung „Rotwild“ der ausgestopfte Kopf eines stattlichen Zwölfenders ausgestellt. Auf einer Tafel darunter wird der Hirsch beschrieben. Daneben sieht man einen zweiten Hirschkopf mit einem kleineren Geweih – allerdings ohne Aufschrift. Ein Fremder erkundigte sich beim Führer: „Und wem gehörte dieser hier daneben?“ Der Fremdenführer: „Aa dem großn Hirsch, bloß stammd der Kopf aus der Zeid, wo der Hirsch noch a Jungdier wor.“

Der Heiner reist mit Frau und drei Töchtern nach Paris. Der Empfangschef füllt die Anmeldung aus und fragt: „Wo ist Ihre Bagage?“ – „Scho droom, die machnsi frisch.“

Im Gasthof „Zum weißen Lamm“. Der Kellner beobachtet kopfschüttelnd einen Gast, der sich mit großem Eifer bemüht, den letzten Rest Suppe aus dem Teller zu löffeln. Der Ober geht zum Tisch des Gastes und fragt hilfreich: „Braung S villeichd a weng a Löschbabier?“

Die alleinstehende Dame aus dem außerfränkischen Restdeutschland macht zum erstenmal Urlaub in der unterfränkischen Wein-Region. Voller Enttäuschung beschwert sie sich bei ihrem Vermieter: „Sie haben mir geschrieben, daß ich vom Fenster des Zimmers einen kilometerweiten Ausblick hätte. Und jetzt sehe ich auf einen tristen Hinterhof!“ Sagt der Wirt: „Tja, wenn Se grodaus guck! Nach obe müsse Se guck, nach obe!“

„Was, Sie verlangen fünfundvierzig Mark für ein Zimmer mit Frühstück? Und mir haben Sie geschrieben, Sie hätten Zimmer zu zwanzig und fünfundzwanzig Mark frei!“ – „Na und, wivill is denn zwanzich und fümfazwanzich?“

❦

Banküberfall in einer mittelfränkischen Gemeinde. „Auszieng und hieleng, Gsichd nach untn!“ befehlen die Räuber den Angestellten. Traudl, die Kassiererin, legt sich aber mit dem Rücken auf die Erde. Brüllt einer der Bankräuber: „He, umdrehn, des is a Überfall und ka Bedriebsfesd!“

❦

„Hick, hosd du scho amoll vor aaner großn Versammlung a Red gholdn?“ fragt Max seinen Freund Edgar. „Kloar!“ rülpst Edgar. „Wos hosd'n do hupps – gsoochd?“ – „Iich hohohob gsoochd: Iich bie unschuldig, hohes Gerichd!“

❦

Fragt der Richter die Zeugin: „Sie hatten also geschlechtliche Beziehungen zu dem Angeklagten? Wie lange?“ – „Meisdns so a gude Stund!“

❦

Diebstahls-Prozeß vor dem Einzelrichter. „Angeklagter, wie kamen Sie dazu, ein Huhn zu stehlen?“ – „Iich hob a Kochbuch gleesn, Herr Richder, und do is drin gstandn: ‚Man nehme ein Huhn...‘“

❦

Rechtsanwalt Leininger kommt auf die Beerdigung. „Du kummsd z'schbäd“, flüstert ihm ein Kollege zu. „Der Basdor hod scho midder Verdeidichung ogfangd.“

Der Richter verlangt von dem Zeugen ein klares Ja oder Nein. „Des konn i ned“, sagt der Zeuge. „Es gibbd Sachn, die si ned so leichd beandwordn lossn.“ – „Zum Beispiel?“ – „Senger S, Herr Richder, wenn iech Sie frong däd: ‚Prügeln Sie Ihre Frau immer noch?‘, dädn S mir nocherd mid ‚ja‘ oder mid ‚nein‘ andwordn?“

❦

Kurz nach Mitternacht. Der Einbrecher steigt ein, der Mieter wacht auf. „Kan Muggser“, stößt der Einbrecher hervor. „Iech such bloß Geld.“ – „A gude Idee!“ sagt der Hausherr. „Iech such mid.“

❦

Der Richter zum Zeugen: „Erzählen Sie mal, was der Angeklagte meinte!“ Zeuge: „Er hod gsoochd, er hod des Audo gschdohln.“ – „Sprach er dabei in der dritten Person?“ – „Naa, Herr Richder, mir worn allaans.“ – „Sie verstehen mich falsch. Ich meine, ob er etwa sagte: ‚Ich habe das Auto gestohlen.‘“ – „Naa, Herr Richder, vo Ihna wor ned die Red.“

❦

Zwei Unternehmer unterhalten sich. „Sie hamm doch a Anzeich aufgeem, daß Sie an Nachdwächder für Ihrn Betrieb suung. Hamm Sa mit dem Inserat Erfolg ghabd?“ – „Und ob! Noch am selbn Toch hamm sa bei mir eigebrochn.“

❦

„Und Sie wollen mir erzählen, daß Sie den Einbruch ganz ohne Helfer ausgeführt haben?“ sagt der Untersuchungsrichter vorwurfsvoll. Der Beschuldigte: „Freili, Herr Richder. Schaun S, es is ja heindzudooch suu schwer, an ehrlinga Kombanjong zo findn!“

„Sie behaupten, daß der Angeklagte Ihnen Geld aus dem Strumpfband gestohlen hat?“ fragt der Richter des Hofer Amtsgerichts die Zeugin. „Ho, des stimmd.“ „Und warum haben Sie sich nicht gewehrt?“ will der Richter wissen. Da errötet die junge Dame und sagt: „Iech kunnd doch ned wissn, daß er meina Spenunzn gwolld hod, Herr Richder!“

Der Direktor der Porzellanfabrik hat die Scheidung eingereicht. Die Verhandlung ist in der kleinen Stadt eine Sensation. Die Frau des Direktors weist jegliches Scheidungsansinnen mit großer Sicherheit zurück. Da beginnt der Anwalt des Mannes: „Was sagen Sie aber zu der Anschuldigung, daß Sie am 20. September in der Stadt erkannt wurden, wie Sie sich auf unzüchtige Weise hinter dem Kirchenportal mit einem Liliputaner zu schaffen machten?“ Empört sich Frau Direktor: „Wann, behauptn S, soll des gweesn saa?“

JVA Bayreuth. Der Gefängnisaufseher faucht den Häftling an: „Bis morng frieh um achda is dei Zelln blitzblank! Do kummd der Ministerpräsidend zu Besuch.“ Staunt der Häftling: „Wos, hamm's des Schlitzohr aa endlich derwischd?“

Der Personalchef fragt den Bewerber: „Wie lange waren Sie an Ihrer letzten Arbeitsstelle beschäftigt?“ – „Verza Johr.“ – „Und warum haben Sie die Firma nach so langer Zeit verlassen?“ – „Die hamm miich begnodichd.“

Der justizbekannte Einbrecher steht wieder einmal vor Gericht. „Angeklagter“, sagt der Richter, „erzählen Sie uns mal, wie Sie in das gutgesicherte Haus einbrechen konnten!“ – „Unmeechlich, Herr Richdä, auf die Zuschauerbänk sidzd die gans Konkurrenz.“

❦

In einer dunklen Gasse in Würzburg fragt der Ganove einen Passanten: „Hemm Sie enn Bolizisdn gsäh?“ – „Nee!“ – „Na, dann emoll raus midder Briefdasch!“

❦

Beim Examen an der Nürnberger Uni wird der Jurist gefragt: „Was ist die Höchststrafe für Bigamie?“ Erwidert er: „Zwaa Schwiechermidder!“

❦

Der Ziegen-Johann hat Sorgen mit seinem Sohn. Zum viertenmal schon muß sich der Bengel vor dem Jugendgericht verantworten. Der Richter wendet sich vorwurfsvoll an den Vater: „Sagen S: Haben Sie denn gar keinen Einfluß auf Ihren Sohn?“ „Ja, wissn S, Herr Richder“, verteidigt sich der Ziegen-Johann, „mei Buu woar frieher a gans nedder Mensch. Ower dann hodder an Unfall baud und a Bludiebertroochung krichd. Und do hamm’s ihm es Blud vonam Breißn geem, und seiddeem is der Buu wie gschdeerd.“

❦

Frau Meyer fragt ihre Nachbarin: „Wiesuu, fohrnd’n Sie eingdlich aff Frankfurt?“ – „Wal mersch zum Laafn zer weid is.“ – „Naa, Sie hamm miech falsch verschdanna: Mit wellerm Motiv fohrn Sie aff Frankfurt?“ – „Mider Loggomodief nadierlich.“

❦

Der Lehrer fragt: „Hans-Jürgen, was ist die Zukunftsform von ‚ich stehle’?“ „Iech kumm ins Gfängnis!“

Der junge Mann fleht Frau Jahreis auf der Straße an: „Iich bitt Se, gnädiche Frau, senn Se holt so barmherzich und schenk Se mir e Mark. Iich möcht so gern zu meinä Fomilie!“ – „Also gut, do hamm S e Mark, guter Mann. Wo is denn Ihr Fomilie?“ – „Im Kino.“

Der Lehrer schimpft: „Aber, Hans-Georg! Auch wenn es dir auf eurem Bauernhof hinterherläuft; du kannst dieses Schweinchen trotzdem nicht mit in die Schule bringen. Denke doch nur an den Geruch!“ – „Ach, es werd si scho dro gweena!“

Der junge Familienvater möchte in der Tierhandlung eine kleine Dogge kaufen. Nach der eingehenden Besichtigung des Hundes sagt er: „Er gfelld mer ausgezeingd. Edzd soong S mer nuch, ob so a Doggng aa klaane Kinner mooch.“ „Iech glaab scho“, meint der Verkäufer, „ower a normols Hundefudder is ämend billicher.“

Der Johann vom Einödhof, im Kopf leicht gestört, spricht den fremden Mann auf der Straße an: „Scheener Moo, dädn S mir 10000 Mark borng?“ – „Aber ich kenn’ Sie doch berhaupt nicht!“ – „Au, klasse! Wal, wer miech kennd, däd mer nie a Geld borng!“

Der Fußballtrainer spricht mit dem schlechtesten Mann der Mannschaft. „Gerch, du wexlsd näxda Wochn zum FC Großkoddignbiberach. Mir hamm midna dordichn Vorschdand a Dauschgschäfd ausgemachd!“ – „So, und wer kummd nocherd fir miech zo uns?“ – „A boor gebrauchda Tornetze!“

Klein-Heiner führt sich beim Zahnarzt wieder mal auf wie die Axt im Wald. Fleht die besorgte Mutter ihren Sprößling an: „Heinerla, bie a brover Buu, und mach dein Mund auf! Machna weid auf, damid der Herr Doggder endlich seina Finger rauszieng koo!"

❦

Die Familie aus Norddeutschland will mal Urlaub auf dem Bauernhof in Franken ausprobieren. „Was kostet denn eine Übernachtung bei Ihnen?" fragt der Familienvater. „Des kummd drauf oo", antwortet die Bäuerin. „Zee Mark, wenn Sa sich es Bedd selwer machng, ansunsdn berechng iech hunnerdzwanzich Mark!" – „Dann machen wir uns das Bett selbst!" – „Aa rechd. Genga Sa hinder inna Schdoll, dord finna Sa Holz, Hammer und Neechl!"

❦

„Haben Sie denn nicht an Ihre arme alte Mutter gedacht, als Sie den Einbruch verübten?" sagt der Richter zum Angeklagten. „Jo freili, Herr Richdder, ower es is hald fier mei Mudder nix Bassnds dabeigween!"

❦

Der Schorsch steht wieder einmal vor dem Verkehrsrichter. Der knurrt verärgert: „Ich hab' Ihnen doch schon beim letztenmal gesagt, daß ich Sie hier nie wieder sehen will!"– „Des hob iech dem Bolizisdn, däa wos miech gschdobbd hod, aa gsächd, ower däa wolld's mer einfach ned glaub!"

❦

„Du, Gustav, wie is'n dei neier Zohnorzd?" – „Eins aa! Die ganzn Füllungen, die wo er mer gmachd hod, senn zo meiner vollsdn Zofriednheid ausgfolln."

„Schatz, wos moochsd'n liewer: a scheena Fraa oder a kluga Fraa?" – „Weder noch, Mausila. Du waßd doch, daß iech bloß dich mooch!"

❦

Alois, der alte Geizhals, fährt nach Jahrzehnten tatsächlich endlich einmal in Urlaub und erkundigt sich im Hotel „Blauer Schwan" nach den Preisen. „Im ersten Stock kostet ein Zimmer 60 Mark", erklärt der Hotelbesitzer. „Im zweiten 50 Mark, im dritten 40 Mark, und im vierten Stock kostet das Zimmer 30 Mark." Der Alois schüttelt den Kopf. „Naa, des is nix fir miech." – „Sind Ihnen die Preise zu hoch?" – „Naa, Ihr Hodel is zo niedrich!"

❦

„Du, dei Dochder nimmd doch Geingschdundn. Hamm die sich scho gelohnd?" fragt Frau Müller ihre Freundin. Die antwortet voller Stolz: „Mordsmeeßich, ko iech der soong. Mir konndn die Heiser vo unnera Nachborn lings und rechds dodal ginsdig kaafn!"

❦

Der berühmte Sänger tritt in dem kleinen Frankenwald-Dorf auf. Nach dem Konzert beglückwünscht ihn der Bürgermeister mit den Worten: „Also, iech muß sooch, bessä häddn däa Schiller und däa Goethe aa nia sing könn!"

❦

„So, mei Engala, walsd heind asuu brov gween bisd, kriggsd a noglneis, blidsblanks Märkla!" – „Ower Omilein! A older zerknidderder Schein däds doch aa."

„Mamma, Mamma! Die Oma saifd aus der Blummawoosn und beißd in die Servieddn nei!“ – „Schau bloß, daßd’ ihr die Brilln zerrigg gibsd, Hundsgunger, drauricher!“

Herr Rothemund sitzt zeitunglesend im Wohnzimmer und ruft seiner Frau in der Küche zu: „Schädzla, mach doch die Dier zuu! Iech koo’s einfach nimmer mied ooschaua, wiesd dich abraggersd!“

„Jetzt passen S doch auf!“ ermahnt der Baron ein Mitglied seiner Jagdgesellschaft. „Sie haben ja ganz knapp an meiner Frau vorbeigeschossen!“ – „Dud mer leid, Herr Baron, soll iich’s villeichd nuch amoll versuung?“

Müllabfuhr-Tag. Die Männer schwingen sich bereits wieder auf ihre Trittstufen, da kommt Frau Huber winkend mit einer Tüte aus dem Haus gelaufen. „Bin i scho z’speed fier die Millabfuhr?“ ruft sie den Männern zu. „A woher denn“, sagt einer der Müllmänner, „springa S einfach rei!“

Frau Sommer beschwert sich bei ihrer Nachbarin: „Ihr Sohn hod zo mir ‚olda Ziech’ gsoochd! Des iss ja des Ledzda!“ – „Werglich? Iech wer den Gunga kernich zammscheißn. Iech hobna scho hunnerdmoll gsoochd, dasser annera Leid ned nooch na Aißerlichng beurdaaln soll.“

Der Hausarzt hat dem Lud geraten, er solle jeden Tag zehn Kilometer joggen und sich nach drei Wochen wieder melden. Genau einundzwanzig Tage später ruft der Lud beim Doktor an. „Na, wie geht's Ihnen jetzt?" erkundigt sich der Arzt. „Rein kerperlich goar ned so schlechd, ower iech deed scho gern widder amoll in meim Bedd schloofn." – „Warum schlafen Sie denn nicht zu Hause?" – „Ower Herr Doggder! Iech bie doch edzerd genau zwaahunnerd Kilomeder vo dahamm endfernd!"

❦

„Sooch amoll, Paul, warum grießd'n du miech ned?!" – „Dud mer leid, Sie senn mer vellich unbekannd." – „Ower Paule, mei Biebla, iech bie doch dei Mudder. Iech hob mich lifdn lossn." – „Ach Goddla! Und wer is der klaana Gunga an deiner Händ?" – „Des is dei Vadder, denn homm sa versaud!"

❦

Sagt der Vater dreier Kinder zum Nachbarn: „Also nix geecher meina Kinner. Ower zum Eldernomd gäi iech grundsedzlich under folschn Noomer."

❦

Susi liegt in der Entbindungsstation. Kommt die Krankenschwester herein und sagt: „Gerade ist der frischgebackene Vater gekommen." – „Klasse", freut sich Susi, „hoffndlich hamm Sa sein Nooma und sei Adreß nodierd."

❦

„Schämen Sie sich nicht, in Ihrem hohen Alter noch einen Fernsehapparat zu stehlen!" fährt der Richter den angeklagten Greis an. – „Sie missn scho endschuldinga, Herr Richder, ower in meiner Juchndzeid hod's noch kaana geem."

❦

Unterhalten sich zwei Freundinnen: „Dei Moo sichd ja schregglich aus." – „Der erberd aa in aaner Baufirma, die wos Ferdichhäiser herstelld." – „Na und?" – „Jedn zweidn Dooch hoder Richdfesd."

❦

Der Staaklopfer-Eugen betritt das Hotel und fragt: „Wos kosd'n bei Inna a Iebernachdung?" – „Das kommt auf die Lage an, mein Herr." – „Asuu. Iech schloof massdns aufna Riggng."

❦

Der Paul und seine Frau haben sich wieder einmal gestritten, in aller Öffentlichkeit. Wütend springt der Paul vom Stuhl auf und verläßt lautstark schimpfend das Restaurant. Fragt der Tischnachbar die Frau: „Ist das Ihr Gatte?" – „Nadierlich. Oder glaam Sie villeichd, iech hädd mid so am Typ'n a Verheldniss?"

❦

Der Abc-Schütze kommt aus der Schule. Fragt ihn der Vater: „Na, wie findsda dia neua Lehrerin?" – „Echt klasse, Vaddä. Wenn bluuß däa Oldersunnerschied nia wär."

❦

„Du, Vadder. Wos is'n eichndlich schneller: a Rennpfeer oder a Briefdaub?" – „Des koo iech der scho soong: in der Lufd die Daub und affna Buudn es Pfeer."

❦

Ein Spaziergänger fragt den Waldarbeiter im Coburger Land: „Gibt es in dieser Gegend Waldmeister?" – „Kee Ahnung. Iech kenn bloß en Förstä."

„Wos hod'n dei Fraa gsoochd, wies'd es ledzda Mol so speed hamm kumma bisd?" – „Och, eichndlich nix. Und die zwaa Zeh do vorn wolld iech mer sowieso zieng lossn."

Der Lud steht wegen Einbruchs vor Gericht. Nachdem der Staatsanwalt die Anklageschrift vorgelesen hat, sagt der Richter zum Angeklagten: „Sie haben eben den Staatsanwalt gehört. Hat sich der Einbruch so abgespielt, wie er ihn geschildert hat?" – „Nee, Herr Richdä, ower iech muß dem Herrn Stoodsonwold e Kombliment mach: Sei Idee is aa ned schlecht!"

Der Kurt wird in Bayreuth gemustert. „Lesn S amoll laud vor, wos aff der Dofl do stett", befiehlt der Stabsarzt. „Dud mer leid, ower iech siech ka Dofl", wundert sich Kurt. „Sehr guud", meint da der Arzt, „es is a kaana do – tauglich!"

Egon läßt sich mit seiner achtköpfigen Familie erschöpft im Wirtshaus nieder, alle beißen in die mitgebrachten Butterbrote. „Also, so gedd's ned", schimpft die erstaunte Wirtin. „Sie missn scho wos bschdelln!" Sagt Egon: „Nocherd beschdelln S na Wert an scheena Gruß, und er soll awengla die Musigg schbilln lossn."

Gudrun reicht auf ihrer Party ein Foto herum, das sie als Baby auf dem Arm ihrer Mutter zeigt. „So hob iech vor iewer dreißich Johrna ausgseeng", erklärt sie scherzhaft. Fragt einer der Gäste: „Und wer is des Bäbi auf dei'm Arm?"

Grundausbildung bei der Bundeswehr. Der Hauptmann fragt: „Schütze Zapf, was machen Sie, wenn sich nachts eine Gestalt kriechend der Kaserne nähert?“ Der Rekrut überlegt keine Sekunde und antwortet: „Iech bring Herrn Haubdmann unauffellich in sei Quardier!“

❦

„An Ihrm Loodn schdäid ‚An- und Verkauf'. Wos kaffn S denn?“ – „Alles meechlicha Glumb!“ – „Und wos verkaffn S?“ – „Andiquidädn!“

❦

Es klingelt. Als es Heinerla öffnet, steht ein Polizist vor der Tür. „Is dei Vadder dahamm?“ – „Naa.“ – „Und dei Mudder?“ – „Die hod sich aa verschdeggd!“

❦

Der kleine Oliver kommt wieder mit klatschnassen Haaren ins Wohnzimmer. Schimpft sein Vater: „Mensch Olli, older Seffdl, mußd du na Goldfisch werglich jedn Omd an Gudnachdkuß geem!?“

❦

Die kleine Nina kommt im Kaufhaus zum Informationsstand und sagt: „Wenn a Fraa kummd, die ferchderlich aufgreechd is und soochd, sie hod ihr Kind verlorn, nocherd soong Sa ihr, iech bie in der Schbillwornabdeilung.“

❦

Frau Reißig sagt zum Arzt: „Soweid gedd's mer guud. Bloß es Atmen machd mer noch Beschwerdn.“ „Ka Angst, Frau Reißig“, erwidert der Doktor. „Des krieng mer aa noch weg.“

Der Ochsen-Sepp gönnt sich zum erstenmal in seinem Leben den Luxus eines Kino-Besuchs. Er geht an die Kasse und kauft eine Karte. Nach einer Minute ist er schon wieder an der Kasse und kauft noch eine Karte. Und so geht das fünfmal. Beim fünftenmal fragt das Fräulein an der Kasse verwundert: „Sagen Sie mal, wozu brauchen Sie so viele Karten?“ „Wal an däa Tür so ä unverschämdä Mensch schtett“, gibt der Sepp zur Antwort, „der miech meina Kartn immä zerreißt!”

„Maasder, des ganza Bier leffd ausna Faß!“ brüllt der Azubi. „Jessesna!! Wie lang denn scho?“ – „Seid iech die Breisschilder naufgnoogld hob!“

„Herr Professor“, klagt die Mutter dem Psychiater ihr Leid, „unner Gerchla häld sich fier na beesn Wolf. Wos solln mer bloß machng?“ „Passen Sie vor allem auf“, sagt der Professor nach kurzem Nachdenken, „daß die Großmutter nicht auf Besuch kommt!“

Der Heiner vom Einödhof, ein leicht weltfremder Mensch, hat nun schon zum drittenmal das Getriebe seines nagelneuen Autos zuschanden gefahren. Der Kfz-Meister nimmt den Pechvogel zur Seite und fragt: „Mal ganz im Vertrauen: Wir tauschen natürlich das Getriebe wieder auf Garantie aus. Aber wie machen Sie das eigentlich?“ Mit Unschuldsmiene schildert der Heiner den Hergang der Schadensfälle: „Iech fohr des Audo ganz normol: Erschder Gang bis zwanzich, zweider Gang bis fuchzich, dridder bis achzich und verder Gang bis hunnerddreißich Stundnkilomeder – nocherd schald ich auf ‚R’, in na Rallyegang!“

Der Emil, wieder einmal sturzbetrunken, wird auf dem nächtlichen Heimweg vom Wirtshaus von einem Auto über den Haufen gefahren. Als er nicht aus seiner Bewußtlosigkeit erwacht, holt man einen Priester, der ihm die Letzte Ölung gibt. Da schlägt der Emil die Augen auf und protestiert: „Um Himmls willn, edzerd bloß nix Feddigs."

Die Fahrschülerin fährt in der ersten Fahrstunde recht gefährlich. Fragt der Fahrlehrer besorgt: „Senn Sie aweng kurzsichdich?" – „Ja, woher denn." – „Kenna Sie die Nummer vo dem Audo lesn, des vor uns fährd?" – „Wo senga Sie denn a Audo?"

Unfall auf der A 9. Der Autofahrer, der mit seinem Wagen in die Leitplanke gedonnert ist, kommt wieder zu sich und fragt verwirrt: „Wos is'nn bassierd?" – „Sie hatten einen Unfall." – „Und wieso hobi noch es Lenkrod in der Händ?" – „Das ist kein Lenkrad, das ist eine Harfe", antwortet der Engel.

An einem Sommertag im Waldbad Schiedateich in Schwarzenbach an der Saale. Ein Mann rennt über die Liegewiese, was die Beine hergeben. Die Bikini-Schönheit, die ihn verfolgt, ruft den Badegästen zu: „Halten Sie ihn! Der Flegel wollte mir etwas antun!" Ertönt eine Männerstimme von rechts aus Richtung Badesee: „Wer werd denn gleich greina! Es gibbd doch nuch mehr Männer!"

Die Ziegen-Olga aus dem Unterfränkischen macht zum erstenmal in ihrem Leben eine Flugreise. Als sie zur Toilette muß, landet sie glatt in der Pilotenkanzel, wo die Besatzung vor ihren Instrumenten sitzt. Entrüstet beschwert sie sich bei der Stewardeß: „In der Damentoiledd sitze drei Mannsbildä vor äm Fernsehjä!“

❦

„Du, Vadder, wiesuu sennd’n die sibirischen Windhund asuu schnell?“ – „No, ganz einfach, wal dort die Baamer su weid auseinanderschdenga.“

❦

„Na, wie schmeckt Ihnen die Suppe?“ fragt der Ober den Gast. – „Also, es Salz is erschdklassich, ’s is bluß ner zerweng Suppn drinna!“

❦

Der Luggi fährt nach Paris. Als er im Hotel ankommt, findet er im Schrank ein bezauberndes Negligé. Da klingelt er nach dem Pagen, gibt ihm das Hemdchen und sagt: „Zum Portier nunder, fülln lossn!“

❦

„Was soll denn das?“ beschwert sich der Gast beim Pensionsbesitzer. „Hier auf der Rechnung steht: ‚Zuschlag für den Fernseher’. Dabei habe ich im ganzen Haus keinen entdeckt!“ – „Des isses ja. Vo dem Geld wolle mer uns en oschaff.“

❦

Der Reisende, ein preußischer Pedant, am Fahrkartenschalter in Nürnberg: „München zwoter Klasse, mit Platzkarte. Aber einen Eckplatz in Fahrtrichtung. Nichtraucher und bitte nicht über den Rädern, aber in der Nähe der Toilette.“ „Moll a Zwischnfrooch“, unterbricht der Beamte. „Wo derfmer die Nodbrems blaziern? In Hüftheeh oder in Kopfheeh?“

Vor der geschlossenen Bahnschranke hat sich eine kilometerlange Autoschlange gebildet. Schließlich kommt der Schrankenwärter angelaufen: „Meina Herrschafdn, machn Sa sich auf a längera Wardezeid gfaßd. Grod hammsa durchgeem, daß der Zuch heid a Stund Verschbeedung hod!“

Zwei Buben unterhalten sich auf dem Spielplatz. Fragt der eine: „Wie old bisdn du?“ – „Siema.“ – „Rauchsda?“ – „Naa.“ – „Scho Weiwer?“ – „Naa.“ – „Dann bisd aa noch kanna siema!“

In Unterschweigenfurt bringt ein Skatbruder einen Bekannten mit. Der sagt: „’nAbend“, setzt sich, und dann fällt kein überflüssiges Wort mehr. Lange nach Mitternacht erhebt sich der Neuling, sagt: „Tja, ich muß wohl“ – und geht. „Den brauchsd nimmer midzobrenga“, sagen die anderen, „der red zovill.“

Auf der Polizeistation, Mordkommission: „Sie behaubdn also, Ihr Mann hoad si affghängd, Frau Wunderlich. Woher kumma ower die Haufn Beuln aff seim Kuubf?” – „Er hoad a Gummiband gnummer, Herr Kommissar.“

Die frischgebackene Ehefrau beklagt sich bei ihrer Freundin: „Wos glabbsd: I hob a neis Kochrezepd ausbrobierd, und do soochd mei Older, ich sollerds erschd unnerm Hund vursedzn! Is des ned hundsgemein und brudol?“ „No scho, des kommer wohl soong!“ meint die Freundin. „Und dabei dud er immer asoo, als ob er den Hund so gern hädd!“

Am Badestrand im Neuen Fränkischen Seenland. Aufgeregt stößt Frau Weißgerber ihrem Mann den Ellbogen in die Rippen: „Schnell Rudi, schau amoll, do driem leffd der Mo, der miech gesdern vor na Erdringn geredd hod!“ Ihr Mann winkt gleichgültig ab: „Kenn iech, der hod si scho bei mir endschuldichd...!“

❦

Der Paul gibt auf einer Party mal wieder so richtig an. „Weddn, daß iech jeds Gedränk mit verbundna Aang erkenn?“ brüstet er sich. Der Test beginnt sofort. „Pfui Teifl, des is ja Benzin!“ schimpft er schon beim ersten Glas. „Stimmd genau“, räumt der Gastgeber ein, „ower wos fier Markn?“

❦

„Warum zeigen die beiden Uhren auf dem Kirchturm denn verschiedene Zeiten an?“ fragt der Feriengast den Zeilner-Bauern in Hammelburg. „Des is e gonz saudumme Froch“, brummt der. „Wenn olle zwä die selb Zeit ozeich däd, dann wär ja die eene vo die zwä überflüssig!“

❦

„Wos schbilld'n ihr do, Kinner?“ – „Vadder und Mudder!“ – „Und wo isses klaa Mäxla?“ – „Der liechd underm Sofa und wart, bis er aff die Weld kummd!“

❦

„Warum schbilld'n Ihr Fraa eingdlich Klavier? Sie is doch vellich unmusikolisch!“ – „Des schdimmd zwoar, ower wenn sa schbilld, kochd sa wengsdns ned!“

❦

Der Heimatschriftsteller fährt am Neujahrsmorgen in Schlangenlinien nach Hause und wird von einem Polizisten angehalten. „Mann, Sie senn ja dodal bedrunkn!“ – „Da befind ich mich in bester Gesellschaft, Herr Wachtmeister. Dostojewski, Edgar Allan Poe, Hemingway und Hans Fallada haben auch sehr, sehr viel getrunken!“ Der Polizist rennt zum Funkgerät. „Männer, riegld die ganza Gechnd ab! Es sichd so aus, als wenn nuch a ganza Menge Suffkebf unterwegs wärn!“

❦

Die Stammtischrunde hat wieder bis weit nach Mitternacht getagt. Als sich die sechs Freunde in den kleinen Fiat zwängen, schreit der Fahrzeugbesitzer: „Foahr du, Heiner, du bisd zo besoffn zum Midsinga!“

❦

„Sooch amoll, wolldsd du ned noch England foahrn?“ – „Do is nix draus gworn. Der bleede Linksverkehr dort! Iech hob des amoll zwischn Närmberch und Münchn ausbrobierd – nix fier miech!“

❦

Der Schorsch, die alte Schnapsdrossel, ist mit seinem Auto in eine Polizeikontrolle geraten. Auf dem Revier fordert ihn der Beamte auf: „Gehn S amoll auf dem Strich entlang!“ Fragt der Schorsch: „Aufna rechtn oder aufna linkn?“

❦

„Bremsn! Bremsn...!“ brüllt der Ehemann, doch seine Frau gibt Vollgas. Nachdem beide aus dem Wrack herausgekrabbelt sind, fragt er: „Warum hosd’n ned bremsd, bläide Kou?“ Darauf sie: „Wal i miech vo dir ned oobrülln loss!“

Führerscheinprüfung. Der Prüfer fragt: „Wann hat der Fußgänger Vortritt?“ Der Prüfling antwortet: „Wenner am Schdeier hoggd.“

❦

Der Polizist kommt auf der Bundesstraße an einem Auto vorbei, das auf dem Dach liegt. Fragt der Beamte den Autofahrer: „Hamm Sie an Unfall ghabd?“ „Naa!“ gibt der Autofahrer leicht gequält zurück. „Iech hob mei Audo bloßner amoll umgekibbd, damid iech siech, ob sich die Reeder noch dreah!“

❦

Die aufgetakelte Dame, Typ „Schreckschraube“, putzt die Politesse herunter, die ihr soeben einen Strafzettel hinter die Wischerblätter geklemmt hat. „In Zukunft werd ich nur noch mit'm Bolizeibräsidendn berseenlich verhandln! Als Offiziersgattin hab ichs ieberhaupt nicht neetich, mich mit den unteren Organen eines Bolizisdn zu befassn!“

❦

„Haben Sie denn nicht gesehen, daß das hier eine Einbahnstraße ist? Hier darf man nur in eine Richtung fahren?“ stellt der Polizist den Verkehrsünder zur Rede. „Na und?“ kontert der Autofahrer pikiert. „Bin iech denn ebberd in zwaa Richdunga g'foahrn?“

❦

„Warum wolln S si denn scheidn lossn?“ – „Mei Moo is so einsilbich. In fimbf Ehejoahr hodder blouß fimbfmol mid mir gred.“ „Dann hamm S wohl aa kanne Kinner?“ – „Doch, scho – fimbf!“

❦

„Herr Doggder, helfn S mer. Mei Fraa is vellich verriggd-“ –

„Und wieso denn?" – „Sie hält si sechzig Katzn in unnerer Wohnung. Und es Schlimmsde, Herr Doggder, is der Gschdanng, wal alle Fenster zubfrobft senn." – „Dann öffnen Sie sie doch einfach." – „Aafmachng? Damid meine hundert Daubm, davonflieng?"

❦

Ein Tourist ist in einem Gasthof in einer mainfränkischen Kleinstadt abgestiegen. „Wann möcht Sie geweckt werd?" fragt ihn der Wirt höflich. „Nicht nötig. Ich stehe täglich um halb sechs Uhr auf", erwidert der Gast. „Großartich! Dann derf ich Se drum bitt, es Zimmermädchä zu weck!"

❦

Eine Polizeistreife stoppt den Raser im Zentrum von Coburg. „Wesholb rosn S denn mit Ihrm Auto wie e Verrückter durch die Stadt?" – „Weil mei Brems defekt is." – „Und?" – „Und do mecht iech hemm, bevor e Unglück passiert."

❦

Der romantische junge Mann gesteht dem süßen Geschöpf in glühenden Worten seine Liebe. Doch es seufzt bedauernd: „Leider wohnt scho e annerer in mei'm Herzn drinn!" Als die Schöne jedoch das enttäuschte Gesicht des jungen Mannes sieht, flüstert sie: „Ower er is ned immä dehemm."

❦

„Nachdem Sie mit dem Kläger im Wartesaal einen heftigen Streit ausgefochten hatten, kamen Sie bald darauf noch einmal zurück und begannen aufs neue – warum, Angeklagter?" – „Wal mei Zuuch Verschbeedung ghabd houd, Herr Richder!"

Anruf bei der „Frankenpost“ in Hof: „Iech hob grod in Ihra Zeitung gleesn, daß die Bolizei an middlgroßn, kräfdich gebaudn Moo sucht, der in der Dunglheid olda Weiwer ieberfälld. Wie huuch is’n do des Gehalt, wenn iech frong derf?“

Auf dem Nürnberger Christkindlesmarkt kauft der Opa seinem Enkel ein Lebkuchenherz. Stolz hängt sich der Kleine das viel zu große Souvenir um. Als er auf dem Heimweg einmal muß, bekommt das Lebkuchenherz ein paar Spritzer ab. „Allmächd, Opa, edz is naß worn“, greint der Dreikäsehoch. Tröstet ihn der Opa: „Macht nix, mei Buu, ich kaaf dir a Nei’s. Des dou nemma der Oma mid haam, die dunkd’s suwiesu in Kaffee nei.“

Ein Forstmeister aus dem Fichtelgebirge erzählt am Stammtisch einen Witz nach dem anderen. Alles biegt sich vor Lachen. Nur ein alter Holzhacker sitzt stur vor seinem Bier und pafft seine Pfeife, ohne eine Miene zu verziehen. „Ich mooch den Kerl ned“, brummt er, als ihn der Schorsch fragt, warum er so bierernst rumhockt. „Ich lach erschd, wenn er ganga is.“

Auch der Prinzregent Luitpold hat einmal dem Nürnberger Christkindlesmarkt einen Besuch abgestattet. Eine Marktfrau, die Hutzlbrot anbot, reichte dem hohen Gast „a Versoucherla“ mit den Worten: „Derfsd scho fressn, Königliche Hoheit – mei Woar is goud.“

Unterricht in der vierten Klasse einer fränkischen Grundschule. Der Lehrer: „Jetzt bilden wir alle mal Sätze mit dem Wort ‚Galopp‘.“ Erster Schüler: „Der Reiter reitet Galopp.“ – „Gut.“ –

Zweiter Schüler: „Der Gaul springt im Galopp durch die Straßen." – „Auch gut." – Dritter Schüler: „Galopp ist schneller als Trab." – „Sehr gut! Wer weiß noch einen Satz mit Galopp?" – Es Fritzla hebt 'n Finger: „Galobb sei Jesus Christus."

Der Lehrer: „Werner bilde einen Satz!" Werner: „Mei Voddä dud schreibm." Lehrer: „Falsch! Es muß heißen: Mein Vater schreibt. Bilde noch einen Satz!" Werner: „Mei Bauch wehd."

Der Firmenchef erwischt seinen Buchhalter schlafend am Schreibtisch. Der entschuldigt sich damit, daß ihn sein kleiner Sohn die ganze Nacht wach gehalten habe. „Sauber die Hoar g'schniddn", kontert der Chef. „Kenna S den Buum ned mit ins Büro brenga?"

Vorstellungsgespräch bei Meier & Co.: „Tut mir leid, wir können Sie nicht einstellen. Wir haben keine Arbeit für Sie", sagt der Personalchef zu dem hoffnungsvollen Bewerber. Der entgegnet schlagfertig: „Ach, wissen S, des däd mi wärgli ned schdeern."

Der Geschäftsbrief war hundsmiserabel und undeutlich abgefaßt. Der Chef ruft den Schreiber zu sich und fährt ihn an: „Ein Mensch, der sich nicht verständlich machen kann, ist ein Idiot. Verstehen Sie mich?" Gibt der Zamm'budzde trocken zurück: „Naa!"

Der Karl und der Gerch palavern über Fußball. „Ich geh am libbsdn zum Damenfußball", gesteht der Gerch. „Warum denn dess, wenn ich frong derf?" – „Wal's immer so aufrengd is, wenn sa noch na Schbill ihra Trikots tauschn."

An der französisch-deutschen Grenze findet der Zöllner im Auto vom Ludings Hann eine dicke Flasche. „Und was ist da drin", fragt er. „Lourdes-Wasser", antwortet der Hann treuherzig. Der mißtrauische Zöllner öffnet die Flasche und riecht daran – sie enthält Cognac. Auf den Vorwurf des Beamten ruft der Hann freudig aus: „Iech kos kaum glaab! Scho widder e Wunner!"

Die Frau vom Zeitler Johann ist soeben von ihrem neunten Kind entbunden worden. Diskret, aber bestimmt nimmt der Doktor den Ehemann zur Seite und rät ihm: „Johann, wenn's dich das nächstemal wieder überkommt, überleg dir genau, ob du überhaupt ein weiteres Kind ernähren kannst." – „Des soong Sie so leichd, Herr Dokder, obber des hilfd bei mir nix. Wenn iech in dera Stimmung bin, hob iech des G'fühl, als kennerd iech ganz Deidschland ernährn."

Der Minister besichtigt eine Strafanstalt in Würzburg. „Dürfen die Gefangenen am Abend auch fernsehen", fragt er den Wärter. Der antwortet verwundert: „Dürfe? Die müsse guck! Des is e gonz wichtigä Teil von der Strof."

Der Seiferts Max geht aufs Finanzamt und fragt den Beamten: „Soong S amoll, iech brauch im August Urlaub, damit iech mein Seeglschein machng ko." – „Aber ich bitt Sie, Sie sind doch gar nicht bei uns angestellt." – „Naa, ned direggd, ower iech ärber doch braggdisch nur fier Sie!"

Im Reisebüro. „Froilein, iech meecherd fier miech und mei Fraa aweng a Kreizfohrd buung.“ – „Getrennte Betten? Getrennte Kabinen?“ – „Naa! Gedrennda Schiff, wenn iech biddn derf.“

Die Wasserschutzpolizei stoppt einen Mann mitten auf dem Main. Der Mann und die Polizisten diskutieren minutenlang, dann wird es einem der Beamten zu bunt. Außer sich vor Wut brüllt er den uneinsichtigen Menschen an: „Es is mir scheißegol, wie Ihr Voddä häßt. Ower ohne Erlaubnis vo der Behörde kenna S hier ned mit äm Holzkreuz rumspazier.“

„Wenn das Licht nicht funktioniert, dann müssen Sie absteigen“, ermahnt der Polizist den Radler, den er in der Dunkelheit auf der Straße angehalten hat. „Hob iech scho brobierd“, antwortet der, „ower es hod drodzdem ned fungdzionierd.“

Sportunterricht in der Klasse 11a. Alle liegen auf dem Rücken und „fahren Rad“. „He, Karl-Heinz, warum machst du nicht mit? Du liegst ja ganz ruhig da!“ schimpft der Lehrer. Erwidert Karl-Heinz: „Senga S denn ned, daß iech grod berchab fohr!“

Der Scheidungsanwalt fragt die junge Frau: „Wann hamm S’n das erstemal Ärger mit Ihrem Mann ghabt?“ „Wäi er ned affs Hochzeidsfoddo mid naufgwolld hod.“

Naturkundeunterricht. Die Lehrerin ist bemüht, ihren Schülern die Weite des Weltraums zu erklären. „Wenn ihr mit einem Auto

80 Kilometer pro Stunde fahren würdet, ohne auch nur einmal anzuhalten, würdet ihr in 213 Jahren die Sonne erreichen", sagt sie. In der Klasse herrscht eine Weile ehrfürchtiges Schweigen, dann meldet sich der Alfred aus der letzten Reihe: „Und wie lang däd's dauern, wemmä mid äm Fohrrod middera Zehgongschaldung undäwegs wär?"

❦

Der Heiner macht mit seiner Frau Urlaub auf Teneriffa. „Buenos dias!" ruft ihnen freundlich ein Spanier zu. „Naa, ka Bedarf", winkt der Heiner ab. „Iech fodografier selwer!"

❦

„Warum wolln S denn in Ihrm Older nuch es Schwimma lerna, Fraa Höllerich?" – „Wissn S, Fraa Rothemund, iech hob erschd kerzlich mid meim Schwiechersohn a Seeglbardie gmachd, und do hod er miech so komisch oogschaud."

❦

Die Oma aus dem Frankenwald ist mit ihren beiden Enkelkindern im Zoo. Bei den Störchen sagt sie: „Und des doa senn dia butzinga, fleißinga Vögl, wu die klann Kinnä auf die Weld bring." Da schubst der Bruder seine Schwester an und raunt: „Woll mer sa aufklär, oder woll mer sa dumm sterb laß?"

❦

Klein-Otto unternimmt mit seinem Vater eine Radtour auf einem Tandem. Der Bub sitzt hinten. Auf ihrem Weg haben sie einen recht steilen Berg zu überwinden. Oben angekommen, steigen sie ab, der Vater wischt sich fix und fertig den Schweiß von der Stirn. „Mensch, mei Buu, des wor a ganz scheena Steichung!" schnauft er. – „Und wos glabbsd, Babba, wenn i ned dauernd bremsd häd, wärn mer widder riggwärds en Berch nundergrudschd."

Fernfahrer Lugi wartet in einer Autobahnraststätte auf sein Getränk. Sein Beifahrer Georg ist mal kurz nach draußen gegangen. Aufgeregt kommt er zurück und ruft: „Lugi, die hamm unnern Lasder geklaud!“ Da winkt der Lugi die Serviererin herbei und sagt: „Doch ka Wasser, biddschee, brenga S mer an Korn – an dobbldn!“

„Herrschaffdszeidn, warum fohrn S denn mid dem Baby aufna Fohrrod dorch die Stadt. Des brilld ja wie am Schbieß!“ – „Grod desweeng. Mei Klingl is neemlich im Aamer.“

Der Birkenhof-Bauer führt eine Kuh am Strick über eine schmale Brücke. Da kommt ein Polizist und hält ihn an: „Des kenna S fei ned machng! Die Briggn is doch bloß fier Fußgänger erlaubt!“ „Na und“, brummt der Birkenhof-Bauer, „feehrd mei Kuu ebberd affm Dragdor?“

Auf einer einsamen Landstraße im Fichtelgebirge streikt der Motor des Autos. Die Urlauber-Familie ist verzweifelt. Plötzlich kommt ein Schimmel angetrabt, tritt gegen den Wagen – und die Maschine springt wieder an. Ein paar Minuten später erzählt der Mann in einem Dorfwirtshaus sein Erlebnis. Meint der Wirt: „Do hamm S ower nuch a Saugligg ghabd. In dera Geechnd leffd neemlich aa a Brauner rum, der vo Modorn ieberhabbsd ka Ahnung hod.“

Der Chef ist sauer. In der Spesenabrechnung seines Vertreters taucht auch der Posten „Taxifahrt von Schauenstein nach Konradsreuth – 35 Mark“ auf. „Warum sind Sie denn nicht mit dem Zug gefahren?“ will er wissen. „Wal iech mer gedachd hob, daß a Taxifohrd billicher kummd, als wenn mer a Eisenbohstreggng vo Schauastaa noch Konnerschreith baua deed!“

Noi, Frau Huber, wenn Se da Richtige bei ons fendet, nemma mr Ihrn Alta net en Zahlung!

SCHWÄBISCHE WITZE

Ein Weinberg ist lange vernachlässigt worden und sieht dementsprechend heruntergekommen aus. Aber schließlich hat ihn der Wengerter, dem er gehört, wieder in Ordnung gebracht. Der gerade vorbeigehende Pfarrer sagt wohlgefällig zu dem schwer arbeitenden und schwitzenden Weingärtner: „Da kann man sehen, was mit des Menschen und Gottes Hilfe zustande kommt." Schwer atmend richtet sich der Weingärtner auf, stützt sich auf seine Hacke und sagt: „Do hättet Se amol des Schtickle säha solla, wo's onser Herrgott no alloi bewirtschaftet hot!"

*

Im Stuttgarter Staatstheater gibt der langjährige Tenor, nachdem er mit einem neuen Vertrag nach Nürnberg verpflichtet ist, seine Abschiedsvorstellung. Im Kreise der Kollegen meint er danach schwermütig: „Hend'r den Beifall ghert? Do fällt oim 's Wegganga scho schwer. Zwoi hend sogar gschria: Hierbleiben, hierbleiben!" Darauf eine Kollegin spitz: „Ja, des waret zwoi Nirnberger!"

*

Ein schwäbischer Ehemann, der unvermutet nach Hause kommt, findet seine Frau nackt, schwer atmend und aufs höchste erregt im Bett vor. Er öffnet den Kleiderschrank, wo die beruhigenden Baldriantropfen stehen, und sieht sich seinem besten Freund im Adamskostüm gegenüber. Vorwurfsvoll meint er: „Du bisch mr en scheener Fraind – sich em Kaschda verschtecka, om d'Kender zu verschrecka, wo mei Frau en Herza'fall hot!"

*

Drei Söhne sitzen mit ihrem Vater beim Essen. Der erste: „Vadder, du hosch a Hoar am Riaßl." Der zweite: „Secht mr au zom Vadder sei'ra Gosch Riaßl?" Der dritte: „Vadder, wenn dr dees gfalla läscht, bisch's graischt Rendviech!"

Ein Schweizer, ein Schwabe und ein Berliner sitzen im Zug von Zürich nach Stuttgart. Der Züricher zum Berliner: „Send Sia au z'Züri gsi?" – „Wie bitte?" – „Send Sia au z'Züri gsi?" Der Berliner sieht den Schwaben hilfesuchend an. Der übersetzt: „Er moint gwäa!"

*

Zwei Schwaben sehen eine eklige Kröte. Der eine macht dem anderen ein Angebot: „I geb dir zäah Mark, wenn du dui Krott frißsch." Der andere würgt sie hinunter. Als ihnen eine zweite Kröte über den Weg läuft, macht der andere dem einen das Angebot: „I geb dir deine zäah Mark wieder, wenn du sella Krott frißsch!" Der Schwabe will sein Geld wieder zurück und erfüllt angewidert die Forderung. Schweigend setzen sie ihren Weg fort. Nach einer Weile sagt der eine zum anderen: „Zu was hend mir zwoi Bachl jetzt eigentlich boide a Krott gfressa?"

*

In der Eisenbahn. Ein Freund fragt den anderen: „Fahre mr denn scho?" Der andere antwortet: „Ha jo, oder moinsch, mr däät wega so'ma Dackel wia dir d'Häuser a'schuckla?"

*

Die Mutter hält ihrem fast erwachsenen Sohn eine Standpauke: „Also Bua, i vrstand die net, jetzt bisch doch scho über fenf Johr mit dr Marianne verlobt, glaubscht net, daß 's an dr Zeit war, daß ihr zwoi endlich heiratet?" Da läßt der Vater die Zeitung sinken und sagt lächelnd: „Jetzt laß doch den Bua no a Weile glicklich sei!"

*

Ein schwäbischer Bräutigam kommt am Hochzeitstag mit ganzen vier Worten aus. Wenn er der Braut auf die Schuhe tritt, sagt er:

„Hoppala!“ Vor dem Altar ein gedehntes: „Jo.“ Angesichts des Festessens händereibend: „Sodele!“ Und wenn er dann am Abend die Hosenträger abstreift: „Jetzetle!“

*

Die Schwaben sind alles gescheite Leute. Jedenfalls wollte das der Hermann seiner Frau weismachen. „Dr Schiller ond dr Hegel send Schwoba gwäa, dr Heuß ond dr Graf Zeppelin war oiner, dr Daimler, dr Bosch, dr Kepler ond dr Albert Einstein au!“ Die Frau hat dieser Angeberei mit wachsendem Ärger zugehört. Schließlich reißt ihr der Geduldsfaden: „No mecht i bloß wissa, worom aus dir eigentlich nix worda isch!“

*

Nach einem Wolkenbruch kommt der Karle an den Hochwasser führenden Zipfelbach. Der schmale, wacklige Steg ist fast völlig überflutet. Der Karle betet laut: „Herrgott, hilf mr, om was de bitt! Laß me guat nomkomma!“ Wie er noch zwei Schritt vom anderen Ufer entfernt ist, meint er halblaut: „Ha, ’s wär au ohne ganga“, rutscht auf dem Steg aus und liegt im Wasser. Mit Müh und Not schafft er sich an einem überhängenden Weidenast heraus und sagt: „O du liaber Herrgott, du ka’sch au gar koin Schpaß vertra!“

*

Der Fritz geht wegen seiner rotblauen Nase zum Arzt. Nach einer eingehenden Untersuchung fragt der Mediziner den Patienten, ob er denn wisse, woher seine gefärbte Nase komme. Da antwortet Fritz: „Ha klar, Herr Doktor, des kommt von dr Sonn!“ „So, so“, antwortet der Arzt mit süffisantem Lächeln, „von dr Sonn. Aber i glaub, i han Sie au scho a baarmol en d’Krona ond en Löwa neiganga säha!“

*

Ein Schwabe betritt die Meldestelle: „I möcht mein Nama ändra!“

Der verwunderte Beamte: „Aber warum denn bloß?“ Der Schwabe: „I han uff dr Schtroß grad a Päckle Visitakarta gfonda!“

*

Uwe fährt mit dem Zug zur Arbeit. Es gelingt ihm auch, den letzten Sitzplatz zu ergattern, als sein Blick auf eine Dame mittleren Alters fällt, die stehen muß. Galant bietet er ihr seinen Platz an. Überschwenglich bedankt sie sich und nimmt Platz. „Ach, wisset Se“, redet Uwe gedankenlos weiter, „de meischte bietet jo bloß jonge ond hübsche Mädla en Platz a, aber i mach do koi Ausnahm!“

*

Eine Tür des Straßenbahnwaggons klemmt und läßt sich nicht schließen. Die Straßenbahn ist eben angefahren, da ruft eine Frau außer sich: „Herr Schaffner, ein Mann ist gerade eben aus dem Wagen gefallen!“ Der Schaffner schaut kurz hinaus und sagt: „Den han i scho kontrolliert!“

*

Onkel Herbert, der als geizig bekannt ist, macht sonntags kurz vor zwölf einen Besuch bei Verwandten. Man redet und redet, aber die Hausfrau macht keine Anstalten, das Mittagessen auf den Tisch zu bringen. Schließlich nutzt Herbert die Gelegenheit, als er mit der kleinen Sibylle allein im Zimmer ist, zu fragen, wann denn üblicherweise hier sonntags zu Mittag gegessen werde. „Normal so om Zwelfe rom“, piepst die Kleine, „aber wenn Bsuach do isch, warta mr, bis ’r ganga isch!“

*

Wann die beste Zeit zum Heiraten sei, wurde ein alter Junggeselle gefragt. „Des ka i dir ganz genau saga: bis vierzga no net ond noch vierzga nemme!“

Ein verkannter Mundartdichter meint zu seinem Verleger: „Meine Biachla dia wird mr amol no lesa, we mr dr Schiller ond dr Goethe scho längscht vergessa hot.“ „Freilich“, ist die Antwort, „aber au koin Daag früher!“

✳

„Bua“, spricht der Vater zu seinem Sohn, „morga wird dr schönschte Daag en deim Leba sei!“ „Ha noi, Babba“, antwortet der Sohn verwundert, „i heirat doch erscht übermorga!“ Da nickt der Vater weise und sagt: „Grad deswega!“

✳

Ein Friseur hat nach einer langen, durchzechten Nacht noch etwas unsichere Hände und schneidet seinen ersten Kunden mehrmals beim Rasieren. Stöhnend verlangt dieser plötzlich nach einem Glas Wasser. Entsetzt fragt ihn der Meister: „Wird's Ihnen schlecht?“ Da antwortet der Kunde mit gequältem Lächeln: „Noi, i will bloß säha, ob mei Hals no dicht isch!“

✳

Jens brütet über seinen Hausaufgaben, während der Vater gemächlich in seiner Zeitung blättert. Plötzlich tippt der Kleine seinen Vater an und sagt: „Du Babba, i brauch en Satz en Befehlsform, was soll i do schreiba?“ Da lächelt der Gefragte und antwortet leise: „Jetzt wartescht, bis d'Mamma kommt ond des, was se no sagt, des schreibsch auf!“

✳

Die Schwiegermutter vom Gottfried ist gestorben. Mit dem Leichenbestatter klärt er die Einzelheiten: „Normals Begräbnis oder Einäscherung?“ – „Boides! I muaß sicherganga!“

In der Zeit vor dem Ersten Weltkrieg ging's bei den Soldaten härter zu als heute. Da passiert es, daß bei einer Schießübung ein Rekrut immer wieder daneben trifft. Der Leutnant ruft ihn zu sich, läßt ihn stramm stehen und scheißt ihn zusammen. Zum Schluß gipfelt sein Anpfiff in dem Satz: „Am besten wäre es, Sie würden sich selbst erschießen!" – „Zu Befähl, Herr Leitnant!" Der Rekrut macht kehrt, trabt im Laufschritt hinter die nächste Baracke, und schon ertönt ein Schuß. Alles erschrickt, doch bevor der nächste den „Selbstmordkandidaten" erreicht, kommt der schon wieder seelenruhig hinter der Baracke hervor, marschiert zum Leutnant, schlägt die Hacken zusammen und sagt: „Befähl ausg'führt, Herr Leitnant, scho wieder dr'näba!"

*

Ein Bauernknecht kündigt seinen Dienst auf. In der Wirtschaft fragt man ihn anschließend nach dem Grund. Der Knecht: „Des isch so gwäa: Z'erscht isch d'Kuah verreckt, no hot's zäah Wocha lang Rendfloisch gäa, no isch d'Sau druffganga, no hot's vier Wocha Schweinerns gäa, dr'noch isch d'Goiß krepiert, no hot's vierzäah Dag nix wia Goißafloisch gäa. Wia no z'guater Letscht d' Großmuater g'schtorba isch, no han i denkt, jetzt isch Zeit, daß d' gohsch!"

*

Werner und Ingrid streiten sich. „Ond di hätt i jo sowieso net gheiratet, wenn du mir domols net emmer Kußhänd zuagschmissa hättsch!" kreischt die Ingrid. Da brummt Werner mißmutig zurück: „Was hoißt do Kußhänd? I han domols Pflauma gessa ond d'Schtoi fortgschmissa!"

*

Als Kolumbus zum erstenmal Amerikas Boden betrat, wandte sich ein ihn begleitender Matrose aus Stuttgart an einen gaffenden Indianer und meinte gutgelaunt: „Gell, Indianerle, du bisch au net von Schtuegert!“ Da machte der Indianer den Mund auf und sagte: „Noi, aber von Biberach!“

*

Der kleine Florian steht am Straßenrand und raucht eine Zigarette. Kommt eine vornehme ältere Dame vorbei und meint: „Du, Kleiner, weiß denn dein Vater, daß du rauchst?“ Drauf der Florian frech: „Woiß denn dei Alter, daß du uff dr Schtroß fremde Männer aschprichsch?“

*

„Du Schätzle!“ flötet Marianne mit einem betörenden Augenaufschlag ihrem Heinz ins Ohr. „Was däätsch denn du zu so ma neia Nerzmäntele sa?“ „Gar nix!“ brummt er zurück. „I onderhalt mi doch net mit dode Dierla!“

*

Ein Mann sieht, wie ein kleiner Bub auf den Zehenspitzen stehend versucht, den obersten Klingelknopf an einem Mietshaus zu erreichen. Hilfsbereit klingelt er für den Kleinen. Der ruft ihm im Weglaufen zu: „Jetzt miaßet Se aber sausa, sonscht werdet Se no verwischt!“

*

Eine Frau zu ihrem Mann: „Du, se saget, ’s Hubers Ursel däät a Kend kriaga.“ – „Des isch ihr Sach.“ – „Se saget aber, des Kend sei von dir.“ – „Des isch mei Sach!“ – „Wenn des wohr isch, schpreng i en Neckr!“ – „Des isch dei Sach!“

*

„Prima, Jochen!“ lobt der Chef seinen Lehrling. „Wie machst du das bloß, daß der Kaffee nie verschüttet ist, wenn du ihn mir bringst?“ „Ganz oifach“, strahlt da der Jochen, „i nemm sofort an dr Kaffeemaschee an Schluck, ond den lass i erscht kurz vor Ihra Bürodür wieder nai!“

*

Als der liebe Gott einmal spazierenging, sah er am Wegrand einen weinenden Mann sitzen. „Worom heulsch?“ fragte er den Bekümmerten. „Weil i a Schwob be“, wehklagte dieser. „Do kann i dir au net helfa!“ antwortete bedauernd der Allmächtige.

*

In einer Tanzkapelle, deren Mitglieder Oldies sind, ist der Schlagzeuger blind und der Gitarrist taub. Irgendwie hat das Tanzvergnügen schon angefangen, und so fragt der Schlagzeuger: „Danzet se scho?“ Worauf der Gitarrist wissen will: „Schpiela mr scho?“

*

Ein junges Elternpaar kommt verzweifelt und völlig übermüdet zum Kinderarzt und fragt um Rat wegen ihres ständig weinenden Babys. Der Arzt: „Senget Se dem Kend doch oifach mol äbbes vor, vielleicht hilft des?“ Worauf ihn die junge Mutter erschrocken fragt: „Ja, sollet’s mr net amol zerscht em Guada probiera?“

*

Hildegard kommt vom Einkaufen aus Stuttgart zurück und berichtet ihrem Mann: „Am Bah’hof han e dem blende alte Ma fuffzich Pfennich gäa!“ Ihr Mann: „Den kenn’e scho länger. Glaub bloß net, daß der blend isch!“ – „Aber Fritz! Er hot mi a’gschprocha: Bitte um a milde Gabe, schönes Fräulein!“ – „Jetzt glaub e’s, daß er blend isch!“

„Ja Mäxle, sag amol, jetzt hosch du da ganze Schogglad alloi gessa!“ schimpft die Mutter ihren Sprößling. „Hosch denn ieberhaupt et an dei Briaderle denkt?“ „Freilich Mamma“, nickt da der Kleine eifrig, „de ganz Zeit han’e denkt, hoffentlich kommt der et z’s bald zor Diir rei!“

✳

Der Lehrer: „Was geschah 1759?“ Fritzle: „Do isch onser Schiller gebora worda.“ – „Gut. Und 1762?“ Fritzle: „Do isch’r drei Johr alt gwäa!“

✳

Der kleine Gustav sieht interessiert dem Herrn Pfarrer zu, wie er seinen Zaun repariert und sich dabei mit dem Hammer gottsallmächtig auf den Daumen schlägt. „Gell, Herr Pfarrer, jetz sott mr fluacha derfa!“

✳

Der Gustl, ein Schwabe, hat die Wiebke, eine Nicht-Schwäbin, geheiratet. In der Hochzeitsnacht küßt er seine Frau auf die Stirn, dreht sich um und schläft ein. In der folgenden Nacht küßt er sie auf den Hals – und schläft ein. In der dritten Nacht knabbert er an ihrem Ohrläppchen. Als sich Wiebke über diesen leidenschaftlichen Ausbruch wundert, sagt Gustl nicht ohne Stolz: „Woisch, en dr Erotik do sen mir Schwoba die reinschte Deifl!“

✳

Der Edi hat seinem Nachbarn im Streit ins Gesicht geschlagen. Es kommt zur Gerichtsverhandlung, und er muß 200 Mark bezahlen. Der Nachbar wartet höhnisch grinsend am Ausgang auf den Edi, worauf dieser wütend ausruft: „Wart no, bis e wieder a bißle Geld uff dr Seit han, no fangsch nommol a baar!“

Ein Maurer kommt morgens auf den Bau und legt seine Vesper – Backsteinkäs und Brot – auf einen Sims im zweiten Stock. Als er nach einer Stunde vorbeikommt, sieht er, daß der reife Käs aus dem Papier läuft. „Du", wendet er sich an den Davonlaufenden, „dir will i äbbes saga: du kasch na'laufa, wo da willsch, du kasch meinetwega da ganze Bau a'gucka, aber am naine zom Veschper bisch do!"

✳

Nach seiner Hochzeit bemerkt der Rudi, wie seine Inka immer mehr die Befehlsgewalt übernimmt. In seiner Verzweiflung geht er zur örtlichen Bibliothek. Er hat Glück, es ist gerade kein anderer Besucher da. „Also wisset Se, des isch so", äußert er drucksend seinen Wunsch, „i suach a Buach, wo drennschtoht, wia sich dr Ma d'Frau untertan macht!" Der altersgraue Bibliothekar nickt verständnisvoll und lächelt den Rudi mit weiser Miene an: „Ja, guater Ma, do ganget Se am beschta en onser Märchenbuchabteilung!"

✳

Der junge Udo steht wegen Ladendiebstahl in einem Jeansladen vor dem Richter. „Ha sag amol, hosch du denn net au a bißle an deine Eltern denkt, wo du dia Hosa gschtohla hosch?" fragt der Richter gütig. „Doch, Herr Vorsitzender", antwortet der Udo höflich, „aber dia ziagad doch so äbbes nemme a!"

✳

Ein Architekturstudent macht in einem Zimmereigeschäft ein Praktikum. Am Abend bittet ihn der Meister, doch die leeren Bierflaschen wegzuräumen. Abwehrend sagt der junge Mann: „Was, i soll Bierflascha uffraima? I han fei Abitur!" „Guat, daß du des sagsch", klopft der Meister ihm freundlich auf die Schulter, „komm her, i zeig dr's, wia mr des macht!"

Früher war man im Hauptbahnhof von Stuttgart nicht auf unpersönliche Lautsprecherstimmen angewiesen, sondern hatte es mit leibhaftigen Amtspersonen zu tun. Der Stationsvorsteher schnurrte wie ein Motorle herunter: „Eischteiga noch Woiblenga, Esslenga, Blochenga, Nirdenga, Reidlenga, Beblenga, Dibenga!“ Eine Dame, welche diese Litanei nicht mitbekommen hatte, zum Stationsvorsteher: „Verzeihung mein Herr, fährt der Zug auch nach Plochingen?“ Der Bahnbeamte schaute sie strafend an und meinte: „Grad duees Maul zua!“

*

Von einem ausgedehnten Kneipenbummel zurückgekehrt, bekommt der Markus von seiner Bettina eine ordentliche Standpauke zu hören. Sie schließt mit den Worten: „... ond außerdem isch erwiesa, daß Alkohol des Lääba ganz schee vrkürzt!“ Worauf der Markus bestätigend nickt: „Jawoll, des kann i bezeiga! Wenn mr so en dr Wirtschaft hockt, vrgoht d’Zeit wia nix!“

*

Silvia erzählt ihrer Freundin, daß sie sich entschlossen habe, den Christoph zu ehelichen. Entsetzt ruft die Freundin aus: „Jo bisch denn du net ganz bacha? Der isch doch mindeschtens drei Köpf größer wia du!“ Worauf die Silvia mit knitzem Lächeln erwidert: „No koi Angscht, den kriag i scho kloi!“

*

Mitten in der Nacht wird der Doktor wieder einmal zu der vermögenden Patientin gerufen, die sich ständig alle möglichen Krankheiten einbildet. Der Arzt nach der Untersuchung: „Hent Se Ihr Teschtament scho gmacht?“ – „Ja, om Gotts willa, Herr Doktor, isch’s denn so schlemm?“ – „Mr woiß nia. Am beschta wär’s, wenn Se glei no da Notar ond zwoi Zeuga komma ließet.“ – „Da Notar? Isch’s denn wirklich scho so weit?“ – „Ja, von mir aus könnet Se au no da Pfarrer komma lassa, i will doch net dr oinzig Bachl sei, den wo Sie heut nacht o’needich aus’m Schlof grissa hend!“

Der Eugen liegt im Sterben. Sein Weib, die Gunda, ist zwanzig Jahre jünger. Er hat die Sache immer realistisch gesehen, darum kommt er jetzt mit ihr ins Gespräch, wen sie nach seinem Tod heiraten solle: „I moin, dr Pfleiderers Franz wär dr richtig Ma für di", sagt er. „Wia kommsch'n uff den, Eugen? Der isch nix. Wia wärs'n mit'm Häberles Reinhold?" – „Was? Der Rappelkaschper? Daß du an den bloß denksch!" Da macht die Gunda dem Diskurs ein Ende: „Jetz schtirbsch no z'erscht amol, no säah mr scho weiter!"

*

Der Eberhard und der Friedrich, beide Waldarbeiter, haben zusammen einen Baum gefällt, wobei der Friedrich erschlagen worden war. Nach einiger Zeit trifft die Frau von Eberhard die trauernde Witwe und fragt teilnahmsvoll: „Wia goht's no emmer?" – „Ha jo, von dr Versicherong han'e fuffzichdausend Mark für mein Friedrich kriagt." – „Was? Soviel? Ond dr mei Hamballe schprengt uff d'Seit!"

*

Die Mutter sitzt am Bett ihres kleinen Norbert und liest vor: „Es war einmal ..." Da wird sie von ihrem Sohn unterbrochen: „Emmer, es war einmal'! Gibt's denn eigentlich koine neie Märchen?" Da seufzt die Mutter: „Doch, Bua, dei'm Vadder seine fangat zom Beischpiel so a: Em Büro isch heit wieder mol schpät worda!"

*

Eine Bauersfrau kommt nach Stuttgart zum Einkaufen. In einer Drogerie kauft sie zuletzt noch Rasiercreme und Klingen für ihren Mann. „A Soif könnt'e au no braucha", sagt sie. „Soll's eine Toilettenseife sein?" fragt die Verkäuferin. „Ha – noi", meint das Weible verlegen, „wisset Se, i han se eigentlich fürs Gsicht wölla!"

Der Vinzenz kommt nach Hause und sagt zu seiner Pauline: „Denk dr no, dr Karle hot onser Loiterwägele vertlehna wella!" – „Ond, dem Schlamper wirsch's doch net gäa han?" – „I han denkt: Gibsch 'm 's, isch's he, gibsch 'm 's net, isch'r beleidigt. No han e me halt uff da goldena Mittelweg bsonna ond zu em gsagt: Karle, leck me doch am Arsch!"

*

Der Alexander, ein passionierter Angler, sitzt an einem kleinen See und hat seine Angel ausgeworfen. Da naht von hinten der Feldschütz. „So", ruft er laut und deutet auf ein Verbotsschild, „jetzt han'e de aber vrwischt. Des koschtet di fenf Mark!" Der Alexander legt ruhig seine Angel auf den Boden und gibt der Amtsperson einen Zehnmarkschein. Verlegen kratzt sich dieser am Kopf. „Ha des isch jetzt aber saudomm. I ka nemlich et rausgäa!" Da setzt sich der Angler wieder ins Gras, nimmt seine Angel und nickt ihm freundlich zu. „Bhalt's no, dei Rausgeld, no häng'e se nomol a Weile nei!"

*

Ein Schwabe und seine Frau fahren mit einem kleinen Boot auf dem Bodensee. Sie sind weit draußen, als plötzlich ein Unwetter kommt und das Boot wie eine Nußschale hin und her wirft. Der Mann glaubt, daß sein letztes Stündlein gekommen sei, und so schlägt er seiner Frau vor, daß sie sich gegenseitig ihre Ehesünden beichten. Dann sei der ewige Richter etwas milder gestimmt. „No fang halt du a!" sagt die Frau. Der Mann schreit gegen das Unwetter seine Sünden hinaus. „Heiligsblechle!" ruft die Frau aus. „Für so an Haderlomp ond Erdafetz het i di et ghalta! Oinawäg, i will dir's nomol vrzeiha!" Der Mann ist erleichtert und sagt: „Sodele, was hosch jetz du uff'm Gwissa?" Die Frau blickt zum Himmel und sagt: „Des tät dir so bassa, du Scheiraburzler! Do henda kommt's heller!"

Die Emma, von einem kleinen schwäbischen Dörfchen, muß zum Einkaufen in die Landeshauptstadt. Nachdem sie alles erledigt hat, sucht sie noch eine Gaststätte auf, um etwas zu essen. Der Ober erscheint und sagt: „Ich habe saure Nierle, gedämpfte Leber, Eisbein und Froschschenkel!" Emma winkt müde ab und antwortet: „Sie, Herr Ober, ihre Krankheida intressieret mi net em geringschda, i han au mei Päckle zu traga. Saget Se mr liaber, was bei Ihne zom Essa gibt!"

*

Ein Mann kommt in die Apotheke und verlangt ein Abführmittel. Der Apotheker rührt etwas zusammen und fragt dabei: „Wo wohnet Se?" – „En dr Schillerschtroß 127." – „So, en dr Schillerschtroß 127." – „Em dritta Schtock." – „No isch's jetzt recht so." Der Apotheker gibt ihm das angerührte Mittel und sagt: „So, jetzt drenket Se des aus, ond no ganget Se glei hoim." Am nächsten Tag kommt der Mann wieder und sagt: „Also Herr Apotheker, des Middele war wonderbar. Bloß den Weg von dr Wohnungstür a, den hend Se et mit ei'grechnt!"

*

Einem Gast wird in einer Wirtschaft der Mantel gestohlen. Er schimpft zunächst einmal tüchtig und macht den Wirt für den Schaden haftbar. „Vor einer halben Stunde war der Mantel noch da, das kann ich bezeugen!" fügt er seinem Protest hinzu. „Des goht me gar nex a!" entgegnet der Wirt. „Wäret Se ganga, solang Ihr Mantel no do gwäa isch!"

*

Wenige Tage vor der Hochzeit ihrer Tochter Barbara ringt sich die Mutter schweren Herzens dazu durch, die junge Braut aufzuklären. Nach langem Überlegen beginnt sie mit dem Satz: „Bärbele, wenn du jetzt no vrheiratet bisch, werd i jo wohl bis en oim Johr Oma sei!" „Noi, Mama", widerspricht da die Tochter, „scho en ma halba Johr!"

Die Großmutter ist gestorben. Eben ist man vom Friedhof zurückgekehrt. Die Trauergemeinde sitzt beim Leichenschmaus und löffelt schweigend die Suppe. In die Stille hinein hört man plötzlich den fünfjährigen Enkel: „Se hend mei Großmuader in da Boda nei'graba!“ Eine Tante will ihn zum Schweigen bringen: „Isch jo guad, Bua. Komm, iß brav dei Sübble!“ Doch das Büble muß seine Kindergedanken loswerden: „Em Boda isch's aber schwarz ond kalt.“ Die Tante belehrt ihn: „Em Boda isch nur dr Leib, Büeble.“ Mißtrauisch schüttelt der Junge den Kopf: „Du hosch aber gsagt, mei Großmuader wär en da Hemmel komma, ond jetzt isch se em Boda.“ Die Tante begibt sich auf das Glatteis der Theologie: „Woisch, Büeble, des isch so: Dr Leib, der kommt onder dr Boda, aber die Sääl, dui fliagt nuff en da Hemmel zo de Engel.“ Alle atmen auf, als der Bub, scheinbar zufrieden, seine Suppe weiter ißt. Aber plötzlich legt er demonstrativ den Löffel hin, sieht sich mißbilligend im Kreise um und erklärt entschieden: „I will mei Sach aber beianander halta!“

⁕

„I will me scheida lassa, Herr Rechtsanwalt.“ – „Und was sind denn die Gründe?“ – „Mei Magda treibt sich jede Nacht bis om a zwoi en de Wirtshäuser rom.“ – „Das ist natürlich ein Grund. Und was macht sie so lange in den Lokalen?“ – „Ha, dui suacht me!“

⁕

Familie Piefke verbringt ihren Urlaub auf einem Bauernhof in der Schwäbischen Alb. Bereits am ersten Tag beschwert sich Herr Piefke bei der Bäuerin: „Ihr Klo ist die reinste Zumutung. Da sind ja ganze Schwärme von Fliegen drin!“ „Beruhiget Se sich“, antwortet die Bäuerin, „sisch doch erscht zehne. Sie müsset no a bißle warta. Am beschta ganget Se so zwischa zwölfe ond ois nei, do sen die Viecher älle en dr Küch!“

Ein Schwabe macht mit seiner Frau eine Seereise. Alle ertrinken, nur der Schwabe wird gerettet. Nach einem Jahr bekommt er ein Telegramm: „Leiche Ihrer Frau mit Austern und Muscheln bedeckt geborgen.“ Umgehend telegrafiert er zurück: „Muscheln und Austern verkaufen, Köder sofort wieder auslegen!“

✳

Der Gast zum Ober in einem Stuttgarter Restaurant: „Bringen Sie mir ein Steak, dreihundert Gramm schwer, halb durchgebraten und absolut ohne Fett!“ „Gern“, antwortet der Ober. „Wenn Se mir bloß no saga däätat, was für a Blutgrupp des Rendviech han soll!“

✳

„Mir ist zu Ohren gekommen, daß Sie den Montblanc bestiegen haben.“ – „Ha jo.“ – „Alle Achtung! Haben Sie noch andere Gipfel bezwungen?“ – „Ha jo, da Chicaronga.“ – „Donnerwetter! Dann waren Sie wohl auch schon auf dem Mount Everest?“ – „Ha jo.“ – „Mein Gott! Wie war’s denn da oben?“ – „Ha, wa soll i do saga? ’s isch hat amol äbbes andrs gwäa!“

✳

Der Malerlehrling Jakob soll auf der Landstraße den Mittelstreifen aufmalen. Am ersten Tag schafft er drei Kilometer, am zweiten einen Kilometer und am dritten nur noch 200 Meter. Sein Meister: „Sag amol, wieso wird’n dees emmer weniger?“ Der Jakob: „Ha Moischter, dr Weg zom Farboimer wird doch emmer länger!“

✳

Der Hans trifft etliche Wochen nach seiner Hochzeit einen alten Kollegen. Der sagt zu ihm: „So, i han ghört, du hättsch gheiratet. Worom eigentlich, du warsch doch sonscht ällaweil so drgega?“ – „Worom? Weil mr’s Essa en dr Kantine nemme gschmeckt hot.“ – „So? Ond jetzt?“ – „Jetzt schmeckt mr’s wieder!“

Der Wert eines Schwaben bestimmt sich für seine Landsleute aus seinem Fleiß und Arbeitswillen. Ein Schwabe wollte sich das Leben nehmen, wurde aber gerettet. Seine Frau mißbilligend: „Des däät dir so bassa! En da Sarg neiliega ond nex doa!"

*

Rudi und Inka stehen als Brautpaar vor dem Traualtar und lauschen den Worten des Geistlichen. Plötzlich runzelt der Rudi nachdenklich die Stirn und sagt: „Wartet Se amol, Herr Pfarrer, könntet Se die Schtell mit dem ‚in guten und in schlechten Tagen' nommol vorlesa?"

*

Der Lehrer hört Biblische Geschichte ab. „Wir reden jetzt von Moses. Wer war denn die Mutter von Moses?" Antwortet der Fritzle: „Des isch em Pharao sei Dochter gwäa." Lehrer: „Dummer Kerl, das war doch nicht dem Moses seine Mutter. Die Tochter des Pharao hat ihn doch bloß beim Baden in einem Binsenkörble gefunden!" Fritzle: „O je, Herr Lehrer, so sait Sui!"

*

Der Peter ist auf Arbeitssuche. „Am Anfang verdienen Sie 2500 Mark, später dann 3000 Mark", meint der Personalchef. Darauf der Peter: „Des isch guat, Herr Chef, no fang i glei schpäter a!"

*

Ratlos steht der Lehrling Jens vor einem großen Berg Suppenpackungen, die aus einem umgekippten Hochregal inmitten des Supermarktes stammen. Ein Kunde klopft dem jungen Mann mitfühlend auf die Schulter und fragt: „Hot des Ihr Chef scho mitkriagt?" Da nickt der Jens betrübt und sagt: „I glaub scho, er liegt jo dronder!"

Stoßgebet einer frommen alten Schwäbin: „Wenn no dr Herrgott gsond bleibt!“

*

Der Richter zum Taschendieb: „Aber Sie hätten doch merken müssen, daß es eine fremde Brieftasche war, die Sie einsteckten.“ – „Scho, Herr Richter, aber des Geld isch mr so bekannt vorkomma!“

*

Dem Eugen seine Frau ist verschwunden. Eine Woche wartet er ab, dann geht er zur Polizei, um eine Vermißtenmeldung zu machen. „Hend Sie a Foto?“ fragt der Polizist. Der Eugen reicht eines dem Beamten. Dieser studiert das Bild lange und ausführlich und fragt dann peinlich berührt: „Solla mr se tatsächlich suacha?“

*

Nach der vierwöchigen Weltreise studiert das Ehepaar Wolf die Kofferaufkleber. Plötzlich ruft sie: „Isch des schee! En Las Vegas semmer au gwäa!“

*

Die Urlauberin aus Berlin muß bis zum Bahnhof ihres Urlaubsortes irgendwo auf der Schwäbischen Alb eine halbe Stunde gehen. Als sie endlich ankommt, stöhnt sie: „Hätte man den nicht etwas dichter beim Ort bauen können?“ „Scho“, erwidert der Stationsvorsteher, „aber mir hen halt denkt, a Bah'hof sott net gar zu weit vo de Scheena weg sei!“

*

Eine Mutter zu ihrem vierjährigen Buben: „Komm, Karle, laß dr dein dreckiga Hals wäscha, noh därfsch morga mit noch Schtuegert – wenn's schö Wetter isch!" Der Bub: „Jo Pfeifadeck, ond wenn's morga regnt, noh schtand i do mit meim gwäschena Hals!"

*

„En Augablick Schweschter, i muaß bloß no des Rezept onderschreiba." – „Aber Herr Doktor, des, was Sie do en dr Hand hend, isch koi Kuglschreiber, sondern a Thermometer." – „Heidagugguck, wo han e jetzt bloß wieder mein Kuglschreiber schtecka laun?"

*

Zwei Freundinnen unterhalten sich beim Kaffeekränzchen. „Du sag amol, Irene, worom kommt denn dei Erich nemme zom Schtammtisch en d'Krona?" „Weil'en kuriert han", verkündet die Irene stolz. „Woisch, wo der 'sletschtmol wieder mit a'ma Balla hoimkomma isch, han'e bloß leis gfrogt: Fritz, bisch du's?"

*

Eine Allgäuer Bäuerin lehnte es ab, für ihren verstorbenen Mann eine Seelenmesse lesen zu lassen, mit der Begründung: „Isch 'r em Hemmel, no braucht r's nemme. Isch 'r en dr Höll, no nitzt's nex meh. Ond so a bißle Fegfeier, des hält mei Vinzenz scho aus!"

*

„Du Babba, mir fehlt en dem Rätsel bloß no 's letschte Wort, ka'sch du mir net helfa?" fragt Jochen seinen Vater. Dieser faltet nachdenklich seine Zeitung zusammen und sagt kopfschüttelnd: „Noi, do han i koi Ahnung. Seit i vrheiratet ben, hot 's letschte Wort emmer dei Mamma ghet!"

*

Norbert kommt am Montag morgen pfeifend ins Büro, küßt die

Chefsekretärin und wirft die Akten in die Luft. Als er seinem Chef einen Kinnhaken verpassen will, hört er hinter sich eine Stimme: „Hör uff, Norbert, i han vrgessa, den Lottoschei abzugäa!“

*

Urlaub auf dem Bauernhof im Allgäu. Der Tourist sieht interessiert zu, wie abends die Kuhherde von der Weide kommt und in den Stall geht. „Das ist ja fabelhaft“, begeistert er sich, „wie die Kühe immer sofort ihren eigenen Platz finden.“ Der Bauer zuckt mit den Schultern und meint: „Des isch doch koi Konscht. Üaber jedem Platz schtoht doch dr Name von dr Kuah!“

*

Ein Weinliebhaber und Viertelesschlotzer liegt im Sterben. Bevor es soweit ist, bittet er einen Stammtischbruder, ihm doch jede Woche ein Glas Wein übers Grab zu gießen, damit er sein Viertele nicht ganz entbehren müsse. Als man den Freund ein halbes Jahr später fragte, ob er sein Versprechen auch halte, sagte der: „Nadierlich halt e’s! Aber erscht, nochdem des Virdele ieber meine Nierla gloffa isch!“

*

Früher geschah es immer wieder einmal, daß der Viehbestand durch Blitzschlag dezimiert wurde. So hat ein Bauer beim Pflügen ein Paar Ochsen eingebüßt. Ein Jahr darauf muß er – mit neuen Zugtieren – wieder auf denselben Acker. Als sich wieder ein Gewitter zusammenbraut und es in der Ferne blitzt und donnert, reckt der Bauer die geballte Faust gen Himmel und ruft: „Gell, schmecksch wieder a baar Öchsla!“

*

Sagt die Putzfrau zum Bankdirektor: „Könnet Se mr net mol dr Schlissl zom Tresorraum gäbba? Schtendig muaß’n mit dr Hoornodl uffmacha, wenn e’n butza will!“

Nach langen Jahren treffen sich im Hauptbahnhof rein zufällig zwei ehemalige Schulfreunde wieder. Der eine im schlichten Anzug des Arbeitsmannes, der andere in der herausgeputzten Uniform eines Lufthansa-Piloten. Eitel lächelnd geht der Pilot auf seinen ehemaligen Klassenkameraden zu: „Do guck na, Karle, zu was e's brocht han", stellt er sich in Positur. Der Karle, der seinen Schulfreund natürlich erkannt hat, tut ein wenig kurzsichtig: „Aber Herr Schaffner, zom Zug brauchet Se me wirklich net brenga!", hat dabei geblinzelt und dem verdatterten Piloten ein Zweimarkstück in die Hand gedrückt und ist gegangen.

*

Mit sorgenzerfurchtem Gesicht sitzt der Oberbuchhalter im Büro des Chefs, der durch seinen flotten Lebenswandel einen ausgezeichneten Ruf bei der Damenwelt genießt. „Also Chef, entweder mir ganget bald Konkurs ..." Entsetzt unterbricht ihn der Chef: „Oder?" – „Oder Se fasset sich a Herz ond heiraded endlich oina von ihre Sonderausgaba!"

*

Frage an eine Kollegin im Büro: „Hosch du des Johr deine Grippeferia eigentlich scho gnomma?" „Noi", kriegt sie zur Antwort, „'s Wetter isch mr seither drzua z'schlecht gwäa!"

*

Pfefferles fahren mit dem Zug von Ulm an den Bodensee. Er hat auf Drängen seiner Frau Erste Klasse genommen. Während der Fahrt steht sie pausenlos draußen im Gang am Fenster. Endlich macht er seinem Ärger Luft: „Wenn e dees gwißt hätt, hätt e net Erschte Klass gnomma. En dr Zwoita Klass ka'sch grad so guat schtanda!"

*

Der Reiseführer erklärt der Reisegruppe: „Hier im Hof der Burg wurde die letzte Hexe verbrannt.“ Murmelt einer aus der Gruppe mit einem Blick auf seine Frau: „Die vorletscht!“

*

Pfisterer hat sich auf dem Ozeanriesen verirrt. „Entschuldiget Se“, spricht er einen Steward an, „i fend mei Kabine nemme!“ – „Wie war denn Ihre Nummer?“ – „Des woiß i net, aber grad geganiiber isch a Hafa ond a Leichtdurm gwäa!“

*

Eine ältere Bewerberin füllt im Büro der Schwabentreu KG ihre Anstellungspapiere aus. Bei der Frage nach ihrem Alter zögert sie einige Zeit. Schließlich beugt sich der Personalchef über den Schreibtisch und sagt: „Je länger Se wartet, deschto schlimmer wird's!“

*

Bei einer turbulenten Büroparty kommt es in der völlig dunklen Abstellkammer zu einem Handgemenge. „Oh“, stöhnt die junge Sekretärin, „so haben Sie mich ja noch nie geliebt, Herr Meier. Liegt das daran, daß Sie gerade auf Urlaub waren?“ „Noi“, kommt die Antwort, „des liegt do dra, daß i net Meier hoiß!“

*

Ein Wengerter geht mit seinem Buben durch die Stadt. An einer Haustür ist unter der Klingel ein Schild angebracht mit der Aufschrift: „H. W. Kraft, stud. nat. et phil.“ – „Was hoißt den des, Vadder?“ – „Suppatrialer, dommer! Was wird's scho hoißa? Des hoißt: Schtudiert nadierlich et viel.“

*

„Was isch'n, Frau Nochbere“, schreit der Fritz über den Gartenzaun der im Garten werkelnden Nachbarin zu, „schtellet Se koi

Vogelschaicha uff?“ – „A was“, ruft es zurück, „i brauch koina, i ben doch selber da ganze Daag drhoim!“

*

Der Papst hatte einen schwäbischen Kammerdiener, der ihn jeden Morgen mit Zeitansage und Wetterbericht weckte: „Heiliger Vater, es ist sechs Uhr, es ist kühl, und der Himmel über der Ewigen Stadt ist bedeckt.“ Darauf antwortete der Papst stereotyp: „Danke, mein Sohn, aber der Herrgott und ich wissen es schon.“ Eines Tages weckte der Schwabe wieder: „Heiliger Vater, es ist sechs Uhr, und die Sonne scheint über der Ewigen Stadt.“ Auf die Antwort des Papstes, Gott und er wüßten das schon lange, sagte der Kammerdiener auf gut schwäbisch: „En Dreck wisset’r mitanander, ’s isch halber neine, ond ’s saicht, was ra’goht!“

*

Martha erklärt ihrer Freundin Berta: „Mei Ma ond i hen zamme a Konto bei dr Kreisschparkass!“ – „Gibt’s ’n do net manchmal Schtreit?“ – „Noi, ’s isch älles greglt. Er zahlt ei, ond i heb ab!“

*

Ein einfacher Handwerker hat sich mit Fleiß und Geschick hochgearbeitet und es zu einem kleinen Fabrikle gebracht. Als seine letzte Stunde geschlagen hat, finden sich die Familienmitglieder, aber auch treue Mitarbeiter im Sterbezimmer ein. Das letzte Stündlein zieht sich hin, und mit der Zeit werden die Leute hungrig. Also läßt seine Frau Brezeln herumreichen, die angesichts der feierlichen Stunde ausnahmsweise mit Butter bestrichen sind. Der Sterbende sieht das mit Mißfallen und sagt: „No et gschtorba ond scho fängt d’Sauerei a!“

„Babba, wo liegat d'Bahamas?" – „Frog d'Mamma, dui raimt doch älles uff!"

*

Ein Kunde mit einer Hasenscharte kommt in eine Apotheke und verlangt: „A Päckle Mäbäb." Der Apotheker versteht nicht, was gewünscht ist, erhält aber auf seine Frage noch einmal die gleiche Antwort: „A Päckle Mäbäb." Als er auch beim drittenmal nichts anderes versteht als „Mäbäb", fällt ihm ein, daß sein Bote, der Frieder, ja auch eine Hasenscharte hat. Vielleicht, daß der ...? Der Frieder kommt, fragt den Kunden noch einmal, geht an eine Schublade, holt eine Packung heraus, gibt sie dem Mann, kassiert und will wieder an seine Arbeit gehen. Da fragt ihn der Apotheker: „Frieder, was om älles en dr Welt hot der Ma jetzt wölla?" Da guckt ihn der Frieder ganz entgeistert an und sagt: „Ha, halt a Päckle Mäbäb!"

*

Ein Landpfarrer fragt einen Amtsbruder: „Jetzt, Herr Kollege, was i scho lang uff'm Herza han: Wia haltet Sie's mit'm schtilla Gebät? Also i zähl bis verzig, no dreh i mi om." Der andere: „Jo, so zwischa verzig ond fuffzich, so halt i's au." Der erste: „Ha, jetzt denket Se no, dr Amtsbruder von Oberlinga, der zählt bis neinzig – also dees halt i für Fremmelei!"

*

Der Vater kommt bei Schneetreiben und winterlicher Kälte ins Haus und ruft seinem kleinen Sohn zu: „Robertle, dr Schtorch hot dr a klois Schweschterle brocht!" Worauf der Kleine mißtrauisch feststellt: „Du willsch mr doch net weismacha, daß dr Schtorch extra wega so ma kloina Mädle bei dem Sauwetter vom Süda rauffliagt!"

Erste Sekretärin: „I han em Chef seim Schreibtisch drei Pariser gfonda!“ Zweite Sekretärin: „I han mit dr Nadl Löcher nei gschtupft!“ Dritte Sekretärin: „Oh mir wird schlecht!“

*

Der Heinrich kommt am Sonntagmittag mit einem Eis nach Hause. Fragt die Mutter erstaunt: „Woher hosch’n des Eis?“ – „Du hosch mr doch a Mark mitgäa.“ – „Aber die war doch für d’Kirch!“ – „Ja scho, aber do war doch dr Ei’tritt frei!“

*

Der Gerhard hat zum Geburtstag von seiner Schwiegermutter zwei Krawatten bekommen. Um ihr eine Freude zu machen, bindet er sofort eine um. Meint die Schwiegermutter pikiert: „Die ander gfällt dr wohl net!“

*

Ein Bauer ereifert sich mit unflätigen Worten in einer Wirtschaft über die hohen Steuern. Ein Fremder, dem das Schimpfen zuviel wird, fragt den Bauern, wieviel Steuern er denn jährlich zahle. „Fenf Mark“, ist die Antwort. Wortlos legt der Fremde dem Bauern fünf Mark hin. Der weist das Geld entrüstet zurück: „Moinet Sia, i laß mr mei Recht uffs Schempfa nemma – für ganze fenf Mark!“

*

Der kleine Günther kommt von der Schule nach Hause, am Kopf eine große, blutige Wunde. „I ben d’Trepp na’ghaglt!“ erklärt er seiner Mutter. „Arms Kend“, bedauert da die Mutter, „hosch no arg heula miassa?“ – „Noi, ’s isch grad neamr om da Weag gwäa!“

*

„Ma!“ schreit mitten in der Nacht die Frau auf. „Ma, schtand schnell uff, ’s isch a Maus en dr Schlofschtub!“ Darauf der Mann: „Laß mr mei Ruah! I ben doch koi Katz!“

*

Ein Wengerter betreibt nebenher als Hobby die Stallhasenzucht. Er will eine einfarbige, langhaarige Rasse züchten, und sein sechsjähriger Bub, der Hans, zeigt hierfür größtes Interesse. Eines Tages kommen in der Familie Drillinge an. Das Hänschen steht mit dem Vater am Bettchen und betrachtet die Neugeborenen mit abwägendem Blick. Es sind Buben, der eine blond, der andere braun, der dritte fuchsrot. „Du Vadder“, sagt er, „i moin, den Raota ziaga mr uff!“

*

Die kleine Susanne fragt die Mutter, ob sie zum Abendbrot zu ihrer Freundin Alexandra gehen dürfe. Da fragt die Mutter: „Ja sag mol, Susanne, isch denn des de Eltern von deiner Alexandra au recht, wenn du so oft zom Essa kommsch?“ „Ja freilich!“ entgegnet da die Tochter eifrig. „Wenn i komm, saget die sogar meischtens: Du hosch ons grad no gfehlt!“

*

Frage eines Kollegen: „Herr Miederle, Sie waren doch im Urlaub in Norwegen. Haben Sie auch die Fjorde gesehen?“ – „Aber nadierlich, die Dierla sen jo so zuatraulich!“

*

Eine Touristengruppe aus Stuttgart steht staunend am Krater des Ätna. Die Reisenden sehen in den stinkenden, dampfenden Schlund, da meint einer zu seiner Frau: „Mensch Erna, des sieht jo aus wia en dr Höll!“ Der italienische Reiseleiter murmelt darauf kopfschüttelnd: „Diese Schwaben! Die waren aber auch schon überall!“

Der Bürgermeister hält eine Rede, und auch die örtliche Presse ist erschienen. Alle Anwesenden nehmen mit großer Aufmerksamkeit Anteil an dem, was die noch rüstige alte Dame so von sich gibt. Als sich schließlich der noch recht junge Bürgermeister mit den Worten verabschiedet: „I hoff doch stark, daß i Ihne au zom hondertschta Geburtstag gratuliera ka!“, gibt die Jubilarin schmunzelnd zurück: „Des hoff i au! Aber Sie sehad jo no ganz gsond aus!“

*

Dem Wengerter Strähle sind in der Klinik Tabletten verabreicht worden. Unter den Arm hat ihm die Krankenschwester noch ein Fieberthermometer gesteckt. Bei seiner Visite erkundigt sich der Arzt nach dem Befinden des Patienten. „Ha, i däät saga“, meint dieser, „dia Kügela hen koin rechta Wert ghet. Aber des Glasröhrle onderm Arm, des hot mr ganz guatdoa!“

*

Der Gustl war als Helfer beim Turnfest tätig, und so ergibt es sich, daß er nach einer langen, feuchtfröhlichen Nacht erst am frühen Sonntagmorgen nach Hause wankt. Als er im Schlafanzug vor den Ehebetten steht, blinzelt seine Frau verschlafen: „Ja sàg amol, muasch denn du scho wieder fort ens Gschäft? Komm, bleib doch no a bißle liega!“ „Hosch eigentlich recht!“ brummt der Gustl und steigt ins Bett.

*

„Du, Hermann, grad les i en dr Zeidong, daß Ehemänner em Durchschnitt länger lebat als Jonggsella!“ – „Des glaub i net! Des kommt dene bloß länger vor!“

*

Der Sangesbruder Werner befindet sich auf dem Nachhauseweg

und singt dabei lauthals vor sich hin. Da hält eine Funkstreife an: „Ja guater Ma, Sie kennet doch net so laut senga, wenn Se so schpät hoimganget!“ Der Werner schaut ein wenig und meint dann: „Wer hot'n gsagt, daß i hoimgang?“

*

Der Oliver gratuliert seiner Sandra zum Geburtstag. Er endet mit den Worten: „...ond mei Gschenk wird drzua beitraga, daß dr beim Schpüala nia meh d'Händ naß macha muasch!“ Glücklich umarmt die Sandra ihren Oliver und stammelt: „Oh, du bisch doch dr Bescht von älle, sag bloß, du hosch mr a Gschirrspüalmasche' kauft!“ – „Ha, des et grad“, wehrt da der Oliver bescheiden ab, „aber a Bäärle Gommihandschuah!“

*

Ein Wengerter zieht zusammen mit seiner Frau den Jauchewagen auf den steilen Weinberg. Als die Fuhre umkippt, beklagt er den Verlust mit den Worten: „Oh du liabs Herrgöttle vo Biberach, jetzt hen mr 's ganze Johr omasonscht gschissa!“

*

Der Markus fährt mit seinem Geländewagen flott durch ein Albdörfchen. An einer Kreuzung gibt es beinahe einen Zusammenstoß mit dem Wagen eines Dorfbewohners. Da brüllt Markus wütend durchs offene Autofenster: „I glaub, du hosch dein Führerschei en ra Schießbude rausgschossa!“ Worauf der Älbler zurückruft: „Ond du hosch dein Babbadeggl an ra Losbude gwonna, weil d' z' blöd warsch zom Schiaßa!“

*

Durch die Vatikanischen Museen wird eine Reisegruppe nach der anderen geschleust. Besonders interessiert sind die Besucher an der Abteilung mit den Plastiken. Ein Besucher erkundigt sich ausgerechnet bei einem schwäbischen Kunstinteressierten: „Wissen Sie, wo die Laokoon-Gruppe ist?“ Der Schwabe bedauernd: „Noi, duat mr loid, i ben von dr Neckermann-Gruppe!“

*

„Na“, wendet sich der Chef leutselig an den Lehrling Klaus, „gestern auf dem Betriebsausflug waren wir wohl alle ein wenig angeheitert?“ „A’gheitert isch gar koi Ausdruck“, entgegnet Klaus. „Mit mir bisch jetzt per Du!“

*

Ein Beamter ist zum Oberinspektor befördert worden. Beim Mittagessen teilt er die Neuigkeit voller Stolz seiner Frau mit, fügt dann aber beruhigend hinzu: „Selbverschtändlich ka’sch au weiterhin Eugen zu mir saga!“

*

Werner sitzt beim Friseur und erzählt von seiner Reise nach Bonn. „Ja, hosch no au da Bundeskanzler gsäa?“ will der Friseur neugierig wissen. „Freilich!“ nickt der Werner. „Ond, was hot’r no zu dr gsagt?“ – „Om Hemmels willa, wer hot au Ihne d’Hoor gschnitta?“

*

„Hallo Fräulein, darf ich Sie wiedersehen?“ – „Ja, rufet Se mi doch oifach a! Mei Nummer schtoht em Telefo’buach!“ – „Und Ihr Name?“ – „Der schtoht glei drnäba!“

*

Ehestreit. „I ziag zu meiner Mudder“, schluchzt sie. „Des goht et“, antwortet er ungerührt. „Dei Vadder hot grad a’gruafa – dei Mudder isch zu deiner Großmudder zoga!“

Eine Wengertersfrau beklagt sich in ausfälligen Worten beim Metzger darüber, daß sie schon etlichemal stinkige Wurst bekommen habe. „Was?" schreit der Metzger sie an. „Stinkige Wurscht? En meim Lade schtenkt nix! Wenn do henna äbbes schtenkt, no be's em höchschta Fall i!"

*

Die Oma ist gestorben. Die Leiche ist eingeäschert worden, und man kauft eine Urne. Die allerbilligste ist aus Glas. Weil man aber die Sparsamkeit vor dem Verkäufer verbergen will, funktioniert man sie in einen Gefallen für die Großmutter um: „Ja, Glas isch 's Beschte. Wisset Se, se hot emmer so gern zom Fenschter nausguckt!"

*

Während eines Betriebsfestes unterhalten sich zwei weibliche Angestellte: „Habet Se net au da Eindruck, daß's en onsra Firma mit de Finanza nemme zom Beschta schtanda ka?" – „Worom?" – „Ach wisset Se, onser Juniorchef danzt jetzt scho zum siebta Mol mit dr Dochter vom Bankdirektor Kreizerle. Ond so, wia dui aussieht, miassa mr eigentlich kurz vor'm Konkurs schtanda!"

*

Der Max tritt seine neue Stelle an. Sein Chef weist ihn ein: „Ich bin kein Freund vieler Worte. Wenn ich mit der Hand winke, sind Sie sofort da!" Darauf der Max: „Koi Problem, Chef, i han au was gega o'needichs Gschwätz. Wenn i da Kopf schiddl, komme net!"

*

Der Hans hat am Strand auf Mallorca eine Urlaubsbekanntschaft gemacht. Nun sitzen sie im Restaurant, und der junge Mann schwärmt: „Sie müsset mr viel erzähla. Wo Se gebora send, was für Biacher Se leset, ob Se d'Pille nemmet ..."

Eine Frau zu ihrem Mann: „Du liegsch jo vrkehrt rom em Bett!" – „Gott sei Dank, no däa mr jo bloß d'Fiaß waih. I han scho denkt, i hätt Schädlbromma!"

*

Der Bub ist jetzt endgültig in dem Alter, in dem er aufgeklärt werden müßte. Bevor sich der Vater an die heikle Aufgabe macht, fragt er: „Bua, bisch du en dr Schual scho aufklärt worda?" Der Bub: „Noi, dees net grad. Aber was willsch wissa?"

*

Der kleine Hubert heult schon den ganzen Tag, weil sein Goldhamster gestorben ist. Sein Vater meint: „Als d'Oma gschtorba isch, hosch au net so gheult!" Hubert, noch immer schluchzend: „Die han e au net von meim Daschageld kaufa miassa!"

*

Ein Ehepaar unterhält sich über seine schon erwachsene Tochter. „Guck doch mol her, Ma, jetzt baut onser Dorle a Haus für sich ond brengt äll baar Wocha an neia Fraind ens Haus. So langsam sott se sich doch amol für oin entscheida!" – „Em Gegadoil!" brummt er nachdenklich. „Dui isch gar net so o'gschickt! Zerscht hot se an Banker ghet für da Kredit, no en Maurer, en Zemmerma, en Flaschner, en Elektriker, ond vorher hot en Moler a'gruafa, ob 'r net helfa könnt!"

*

„Du Babba", meint der Zwölfjährige, „zo Weihnachda möcht i endlich en richtiga Revolver!" – „Du bisch jo übergschnappt! Koin Revolver! No beschtimm i en dem Haus!" – „Ja, Babba – aber wenn i erscht en richtiga Revolver han ..!"

Nach der Kartoffelernte, die dieses Jahr ausnahmsweise gut ausgefallen ist, sitzen ein paar Bauern im Wirtshaus und schimpfen – über die Kartoffeln. „Nun seid bloß so gut!“ mischt sich der Lehrer in die Unterhaltung ein. „Heuer habt ihr doch nichts zu klagen! So große Kartoffeln hat's doch schon Jahre nicht mehr gegeben!“ „Dees isch's jo grad“, sagt einer der Bauern, „groaße geit's, aber an de kleine fehlts – für d'Saua!“

*

Nachts um zwei Uhr überrascht der Vater seine blutjunge Tochter, wie sie nach Hause kommt. Es folgt eine Strafpredigt: „Was glaubsch'n du eigentlich? I han dr gsagt, du sollsch am elfe drhoim sei, ond jetzt isch's zwölfe! Du bisch erscht fuffzehn ond hosch scho an feschta Fraind! Vor lauter Kerle em Kopf hosch geschdern et amol deiner Muader zo ihrm dreißigschda Geburtstag graduliert!“

*

Zwei Freunde teilen sich einen leckeren Pfannkuchen. Der als erster zulangt, nimmt sich das größere Stück. Der andere rügt das: „Also woißsch, wenn i dr erschte gwesa wär, no hätt i aber fei 's kloinere Schtickle gnomma!“ Der erste: „Was willsch'n, du hosch doch au 's kloinere Schtickle kriagt!“

*

Der Herr Pfarrer will mit den Schülern über das Tischgebet sprechen und fragt: „Was sagt denn euer Vater vor dem Essen?“ Allgemeines Schweigen. Da versucht es der Seelsorger weiter: „Sagt er denn nichts vom Lieben Gott?“ Da meldet sich der Gustav und sagt: „Mei Vadder sagt emmer vor em Mittagessa: Liaber Gott, isch des heut wieder en Fraß!“

*

Die Frau Direktor überrascht ihren Mann im Büro mit der Sekretärin auf dem Schoß. Geistesgegenwärtig drückt dieser der Sekretärin den Stenoblock in die Hand und diktiert: „Trotz der schlechten finanziellen Lage isch der Kauf eines zweiten Schtuhles unumgänglich.“

*

„Sie sehen ja schlechter aus als vor drei Tagen. Haben Sie denn meine Anordnung, höchstens drei bis vier Zigaretten am Tag zu rauchen, nicht befolgt?“ – „Doch, Herr Doktor, aber i han doch vorher iberhaupt net graucht!“

*

Der Hawaii-Tourist: „Also dees mit dem Wellareita war a scheener Rei’fall!“ – „Worom?“ – „Ja moinsch, der blöde Gaul wär au no oin Schritt ens Wasser ganga?“

*

„Hm“, räuspert sich der Chef am Ende des Einstellungsgesprächs, „da wäre noch etwas. Es liegt mir daran, daß die Höhe Ihres Gehalts geheim bleibt, Herr Zapf! Ich darf wohl darauf vertrauen, daß Sie mit niemandem darüber sprechen.“ „Aber selbverschtändlich“, verspricht der Bewerber, „i schenier me jo genauso wia Sia!“

*

Eine alte Frau geht zum Beichten. Zum maßlosen Erstaunen des Pfarrers gesteht sie: „I han’s mit a ma jonga Ma ghet.“ Der Pfarrer redet ihr ins Gewissen: „En Ihrm Alter? Jetzt kommet Se, des glaub i net!“ Die Frau: „Ha, ’sisch scho fuffzich Johr her, aber i beicht’s emmer no gern!“

*

Es ist Besuch da. Voller Stolz erzählt der Vater, wie gut sein kleiner Sohn schon sprechen kann. Um zu zeigen, daß der Sprößling auch schon schwierige Wörter gelernt hat, fordert er ihn auf: „Heinerle, sag amol Rhinozeros!“ Der Heiner schaut in die gespannten Gesichter, dann will er wissen: „Zo wem?“

*

„Mei Ma schwätzt en dr letschta Zeit so oft em Schlof, Herr Doktor. Wisset Se denn koi Mittel drgega?“ – „O doch“, sagt da der alte Hausarzt, „lasset Se’n halt bei Daag au ab ond zua amol zu Wort komma!“

*

Eine Touristin kommt zum Landarzt auf der Schwäbischen Alb und jammert: „Seit ich hier bin, habe ich Gliederschmerzen, Kopfweh, Magenkrämpfe, Stiche im Herz, Nierenschmerzen und Gallenkoliken. Bitte Herr Doktor, sagen Sie mir, was mir fehlt!“ Nachdenklich meint der Arzt: „Ja, wenn mr’s recht isch, fehlt Ihne nix. Sia hent nämlich älles, was mr kriaga ka!“

*

Selbst beim Beichten denkt der Schwabe rationell. Ein armer Sünder: „I han em Wald drei Feschtmeter Holz gschtohla. Oin hol e erscht heit obnd, aber i beicht’s glei drzua!“

*

An der Ampel steht ein Polizist. Kommt die siebzigjährige Emma hinzu und sagt: „Helfet Se mr bitte iiber d’Kreizong.“ Darauf der Polizist: „Gern, sobald d’Ampel grün isch.“ Darauf die Emma: „Bei Grün kann e au alloi!“

*

Eine untypische schwäbische Ehefrau: „Herbert, laß ons doch Urlaub en Teneriffa macha!" – „Des goht doch net, Ursel. Mir miaßet doch an onsere Schulda denka!" – „Aber des könna mr doch en Teneriffa au!"

*

Der Chef der Firma Pfleiderer & Co. hat seine Belegschaft um sich versammelt. Die Ertragslage der Firma ist alles andere als rosig, und gewaltige Anstrengungen sind nötig. „Mir sitzet alle en oim Boot!" appelliert er an seine Mitarbeiter. „Des mag scho sei", murmelt der Lehrling, „aber leck isch leck!"

*

Ein erfolgreicher Bauunternehmer, der sich zeit seines Lebens nicht geschont hat, geht auf Drängen seiner Frau zum Arzt. Dieser untersucht ihn und entdeckt tatsächlich allerlei Unstimmigkeiten. Zum Schluß fragt er den Patienten nach seinem Alter, nickt mit dem Kopf und meint dann tröstend: „Fenfasechzig send Se scho? No goht's voll schnell!"

*

In der Ehe klappt's nicht mehr so richtig. Der Ehemann hat kein besonderes Interesse mehr. Da rät der Hausarzt der Ehefrau, es doch einmal mit einem sehr verführerischen Negligé zu versuchen. Die Frau setzt sich abends im schwarzen Negligé verführerisch auf die Couch. Kommt der Ehemann ins Zimmer, sieht seine Frau und meint: „Isch äbbes mit dr Oma?"

*

Am Abend klingelt es an der Haustür. Die Hausfrau öffnet. Vor ihr stehen zwei Polizeibeamte in Zivil und fragen nach ihrem Mann, der als Unfallzeuge dringend auf dem Polizeirevier benötigt würde. Hastig macht sich der Hausherr fertig, und alle drei verlassen das Haus. Kaum um die Ecke klopft der vermeintliche Unfallzeuge seinen beiden Skatbrüdern auf die Schulter und meint: „Des hend'r super gmacht. Jetzt miassa mr ons fürs nächschtemol aber äbbes neis eifalla lassa, sonscht fällts uff!"

*

„Also Eberhard, wenn da nomol dei klois Schweschterle verhausch, no versohl e dr dr Hentra!" droht der Vater. Eberhard ist beleidigt. „Vadder, wenn e net amol meh mei Schweschter verhaue därf, no ka mr des ganz Familialäba gschtohla bleiba!"

*

Vater, Mutter und Sohn sitzen beim Mittagessen. Die Mutter: „Also, jetzt machet guat Wetter ond essat au eier Sach uff!" Der Vater hält sich daran, putzt die Platten auf, so daß am Schluß der Sohn voller Bewunderung zur Mutter sagt: „Gell Mama, we mr dr Vadder net hättet, no könntet mr ons a Sau halta!"

*

Ein Radfahrer, der zu später Nachtzeit unterwegs ist, sieht am Straßenrand einen Mann liegen. Er steigt ab, beugt sich zu dem Verunglückten, der mit dem Gesicht nach unten daliegt, und fragt besorgt: „Was isch bassiert? Hent Se äbbes brocha?" „No et", lallt eine weinschwere Zunge, „aber 's kommt grad!"

*

Eine Rundfunkreporterin macht eine Umfrage im Altenheim. Schließlich kommt sie auch ins Zimmer 112. Im Lehnstuhl sitzt eine weißhaarige alte Dame mit faltenzerfurchtem Gesicht. Freundlich lächelnd fragt die Reporterin nach dem Namen. „Theresa Bäuchle." – „Darf ich fragen, wie alt Sie sind?" – „Ja, des derfet Se, i ben neinaachzig!" Die Reporterin ist begeistert und fragt weiter: „Sind Sie verheiratet?" Da haucht die Angesprochene kraftlos ins Mikrophon: „Noi, no edda!"

Ein Schwabe, der um eine Spende für gefallene Mädchen gebeten wurde, lehnte mit der Bemerkung ab: „Danke. I geb direkt!“

*

Der Bauunternehmer Klötzle besichtigt eine Baustelle. Dort sieht er, wie ein Arbeiter schon längere Zeit mit einem Schubkarren leer hin und her fährt. Der Chef knüpft sich den Arbeiter vor: „A gschlagene halbe Schtond fährsch du mit ma leera Karra omander. Bisch du au no ganz bacha?“ Der Arbeiter: „Ha, Chef, Akkord, Akkord! Koi Zeit zom Lada!“

*

„Meiner Frau blei i trei – ond mit de andere wechsl e halt so ab!“

*

Urlaub eines Ehepaars im Schwarzwald. Sie schwärmt: „Ach, isch die Luft herrlich frisch morgens!“ Knurrt er: „Isch jo au koi Wonder, sie war jo de ganz Nacht draußa!“

*

Die sechzehnjährige Silvia bei der Dorfkirchweih zu ihrer gleichaltrigen Freundin: „Guck amol, guck amol, wia der guckt! Aber guck net na, weil ’r grad guckt!“

*

„Herr Direktor, wenn Se mr en dem Johr koi Gehaltserhöhung gebet, erzähl i älle Kolleginna, i het oina kriagt!“

*

Eine Kundin im Kaufhaus: „I hätt gern en Rock, der zu meim Gsicht baßt!“ Die Verkäuferin: „Faldaröck gibt’s em Erdgschoß!“

Heidi löst Kreuzworträtsel. „Lebensende mit drei Buchschtaba", überlegt sie laut und schaut ihren Vater an. Murmelt der: „Ehe."

*

Ein Wengerter verunglückt nachts im Rausch tödlich. Für seine beiden Kumpane ist es ein schwieriges Problem, wie man der Ehefrau den Todesfall schonend beibringe. „I will's auf mi nemma", sagt der Eugen. Als sie nach Mitternacht am Haus des verunglückten Wengerters ankommen, poltert er so lange mit der Faust an die Haustür, bis die Frau zum Fenster herausguckt. „So, jetzt kommsch endlich, du Lomp, du versoffener!" schreit sie herab. „Er kommt et, do honda liegt'r!" sagt der Eugen. „Wenn en no dr Deifel hola däät!" – „Hot'r scho!"

*

Herbert wird auf dem Moped von der Polizei angehalten. Der Polizist: „Du hosch koi Licht. Des koscht zäah Mark. Dr Blinker ond d'Treppl fehlet. Des koscht dreißg Mark, zamma also vierzg Mark!" Da ruft der Herbert: „Do henta isch d'Chance Ihres Läbens. Do kommt oiner ohne Moped!"

*

Der kleine Fritzle hat die kranke Lehrerin besucht. Als er das Haus verläßt, stehen die Klassenkameraden davor. Sie wollen wissen, wie es ihr geht. „'s isch koi Hoffnung meeh", sagt der kleine Fritzle betrübt, „morga kommtse wieder en d'Schual!"

*

Freudestrahlend kommt die kleine Marlies zu ihrem Vater gelaufen. „Du Babba, woisch du eigentlich, wiaviel en deiner Super-Kläbstoff-Tub drenn isch?" „Noi, Kend", entgegnet der Vater gütig, „worom frogsch'n?" – „Weil i's nochgmessa han. 's waret genau vier Meter und fuffzehn Zentimeter!"

Vater und Sohn stehen zusammen vor einer Siegessäule. „Babba“, will da der Kleine wissen, „worom schtoht eigentlich a Frau uff dera Siegessäule?“ – „Oh, Kend“, erwidert der Vater nachdenklich, „des wirsch du erscht amol begreifa, wenn du verheiratet bisch!“

✳

Voller Mißtrauen betrachtet der Chef seinen Angestellten: „Also Häberle, seit vier Johr hent Sie koi Gehaltserhöhung meh vrlangt“, hält er ihm vor, „saget Se mol, was fir kromme Denger drehet Sie do eigentlich?“

✳

Ein Schwabe und ein Franke machen sich auf in den Wengert zum Weinbergschnecken sammeln. Der Schwabe hat seinen Eimer randvoll gefüllt, während der des Franken leer ist. Der Schwabe: „Ha Mensch, Kerle, was hosch’n die ganz Zeit gmacht? Dei Oimerle isch jo no leer?“ Darauf der Franke: „Allmächt, immer wenn i aane gsehn hob, hob i mi buckt, und husch-husch, weeg wor’s!“

✳

Der Markus hat den Auftrag erhalten, ein kaputtes Fernsehgerät wieder in Ordnung zu bringen. „Moischter, i ben fertig“, sagt er. „Soll e’s glei repariera?“

✳

Was sagt eine Französin, wenn sie mit einem Mann im Bett am nächsten Morgen aufwacht? „Oh, Pierre, das war schön!“ Was sagt eine Russin, wenn sie mit einem Mann im Bett war und am nächsten Morgen aufwacht? „Iwan, du warst gut!“ Und was sagt eine Schwäbin am Morgen danach? „Ghöret dia Möbl älle Eahne?“

Die Schulfreundinnen Petra und Sibylle treffen sich nach langen Jahren zufällig wieder. „Ja, was isch denn dei Ma von Beruf?" will die eine wissen. „Der isch Wirtschaftsjournalist!" – „Ach du arms Mädle!" jammert da die erste. „I woiß, was du do mitmachsch. Dr mei sauft doch au so arg!"

*

Der Peterle führt seine blinde Großmutter im Regen spazieren. An jeder Pfütze sagt er: „Oma, hopf!" Ein Fremder kommt vorbei, betrachtet sich das Schauspiel und fragt dann kopfschüttelnd: „Weshalb läßt du denn deine arme Oma hüpfen – sogar wenn keine Pfützen da sind?" „Des goht Sie gar nix a", sagt das Peterle empört. „Des isch mei Oma, und die kann i hopfa lassa, sooft i will!"

*

Beim Kaffeekränzle steht die Gerda plötzlich auf und sagt: „Jetzt muaß e aber schnell hoim. Wisset Se, mei Ma isch dermaßa o'bholfa, der woiß sich oifach net z' helfa, wenn 'r hoimkommt ond i ben net do!" Darauf Reinhilde: „Ja, ja, bei meim isch's grad so. Wenn der seine Socka schtopfa will, no muaß i em zerscht d'Nodl ei'fädla!"

*

Ein Berliner und ein Allgäuer sitzen im Bus. Der Schwabe ißt genüßlich eine Handvoll Apfelkerne. Der Allgäuer auf die Frage des Berliners, warum er das denn mache: „Des isch guat für's Hirn." Daraufhin kauft ihm der Berliner zehn Apfelkerne für drei Mark fünfzig ab. Er ißt einige davon und meint dann: „Männeken, für drei Mark fuffzich hätt ick mir doch vier Pfund Äpfel kaufen können!" Darauf der Allgäuer: „Siehsch, 'swirkt scho!"

*

Die Bäckersfrau rügt ihre Tochter, nachdem der letzte Kunde den

Laden verlassen hat. „Du Bärbele, des gfällt mr fei gar net, daß du mit dem jonga Rechtsa'walt emmer so rom duasch!" „Ach Mamma", wehrt da das Bärbele fröhlich ab, „mir machet doch bloß Schpaß!" „Des isch jo grad", darauf die Mutter mißmutig, „mir wär liaber, ihr däätet Ernscht macha!"

*

„Schreibet Se bitte ‚Wichtig – unbedingt lesen' ganz groß außa drauf, Fraila Vögele. I möcht, daß älle em ganza Betrieb informiert send!" – „No isch's besser, Herr Direktor, wenn mr druffschreibat ‚Geheimsache, streng vertraulich'!"

*

Ein Radfahrer zu einem am Boden, neben seinem Fahrrad liegenden Radler: „Sen Sie gschtirzt?" Darauf die sarkastische Antwort: „Noi, i schteig emmer so ab!"

*

Der Pfarrer besucht eine kinderreiche Familie. Die Ehe war nie gut; ständig gab es Krach und Prügel. „Nun", gibt der Pfarrer zu bedenken, „schließlich habt ihr in eurer Ehe auch gute Stunden gehabt und acht gesunde Kinder gemacht!" „Dees scho", darauf die Hausmutter, „aber älle en dr Wuat!"

*

„Lieber Herr Häberle. I bitt Sie om die Hand von Ihrer Dochder!" – „Des däät Ihne so bassa. Entweder nemmet Si älles oder nix!"

*

Ein Kurgast begegnet beim Spaziergang im Wald ein paar Buben, die Pilze sammeln. „Könnt ihr auch die guten von den giftigen Pilzen unterscheiden?" fragt er. „Worom?" wollen die Sammler wissen. „Weil man sterben kann, wenn man die giftigen Pilze ißt.“ Darauf einer der Lausbuben beschwichtigend: „Mir essets’ net, mir verkaufets’!“

*

Bei einem Schulungskurs für angehende junge Landwirte wird auch ein Film über die künstliche Befruchtung bei Kühen gezeigt. Alle sind stark beeindruckt. Da ertönt aus der hintersten Reihe eine weibliche Stimme: „Wahre Liebe isch des net!“

*

Die kleine Roswitha kommt spät abends aufgeregt zu ihrer Mutter gelaufen: „Du, Mamma, uff’m Trottwar vor onserm Haus sitzet drei Männer ond sengat Liader!“ Wütend greift die Mutter zum Putzkübel und keift: „Dene schütt i an Oimer Wasser nonder, no vrgoht dene ’s Senga!“ „Au prima, Mamma!“ kreischt da die Kleine begeistert, „aber baßscht auf, daß d’ da Babba net triffsch, der dirigiert nemlich dia drei!“

*

„Mensch, siehsch du heit schlecht aus!“ sagt ein arbeitsloser Ingenieur zu dem anderen. „Do soll mr net schlecht aussäha“, jammert der andere. „Jo worom, was isch’n los?“ – „Ha, trag du amol uff dr Bauschtell zentnerweis Zieglschtoi bis en vierda Schtock nuff. Ond dees von siebene morgens bis fenfe obnds!“ „Armer Kerl“, bedauert ihn der erste, „wia lang machsch’n dui Ärbet scho?“ – „Ha, morga fang e a!“

*

Die Mutter kommt vom Einkaufen, bleibt stehen, horcht und fragt die kleine Eva: „Sag amol, was isch’n des für en Krach em Wohnzemmer?“ Die Kleine altklug: „Dr Obba erklärt bloß em Babba, wia mr meine Hausuffgaba macha muaß!“

Im Allgäu kommt ein Bub voller Aufregung ins Haus gelaufen und berichtet: „Babba, komm schnell! Em Nochbor seine zwoi Kiah sen bei ons hüba ond fresset Klee, dia Donderwetter!“ „Net schempfa, Bua!“ darauf der Vater. „Melka! Melka!“

*

Der evangelische Pfarrer erwischt den Fritzle zum wiederholten Male beim Kirschenklauen in seinem Garten und redet ihm jetzt ins Gewissen: „Mein Junge, du darfst nicht vergessen, daß dein Betragen nicht nur mich betrübt, sondern daß es ein Wesen gibt, ein Wesen weit mächtiger als ich und du, ein Wesen, das alles weiß, was wir tun, und über alles Rechenschaft verlangen wird!“ „I woiß, Herr Pfarrer“, flüstert da der Fritzle, „Ihr Frau hot me au scho ausgschempft!“

*

Der Georg sitzt in der Besenwirtschaft bei seinem siebten Viertele Trollinger. Unglücklich sinniert er vor sich hin: „Do saufsch, om dein Hausdracha zu vrgessa – ond no kommsch hoim ond siehsch se dopplt!“

*

„Die Ehe isch koi rein's Vrgniaga“, doziert der zukünftige Ehemann vor seiner Braut. „Du muaßsch mr zom Beischpiel jeden Daag 's Essa kocha.“ „Ja, mei Katerle“, erwidert sie sanft, „ond du muaßsch's jeden Daag essa!“

*

„Herr Wachtmeischter, i möcht a Vermißtaa'zeig aufgäbba. Mei Frau isch verschwonda!“ – „Seit wann?“ – „Seit sechs Johr!“ – „Und da kommen Sie erst jetzt?“ – „Ja, mir feirat in zehn Daag Silberhochzich, ond do hätt e se scho gern drbeighet!“

Zwei Teenager laufen nachts um zwei Uhr von der Diskothek nach Hause. Sagt die eine: „Mensch, mei Muadr kocht beschtimmt wieder vor Wuat!“ Darauf die andere: „Du hosch’s guat, bei mir gibt’s so schpät nix meh!“

*

Rudi der Feinschmecker ist bei seinem Vorgesetzten zum Essen eingeladen. Er bemerkt sofort, daß das Kochen nicht unbedingt die Stärke der Hausfrau ist. Klein ist das Stück Fleisch, und ein leichtes „Gschmäckle“ hat es überdies. Mit Todesverachtung schlingt der Rudi seine Portion hinunter. Eigentlich hat er sich vorgenommen, nichts zu sagen, doch auf die Frage, wie er denn das Fleisch gefunden hätte, kann er sich nicht verkneifen zu sagen: „Ha, halt a bißle kloi für sei Alter!“

*

Die Irene gerät mit ihrem Auto in eine Verkehrskontrolle. Der Polizist geht um das Auto herum und betrachtet eingehend die Reifen. „I muß saga“, wendet er sich an die Fahrerin, „Sie hen scho a saumäßigs Profil.“ „So a Frechheit!“ zischt die Irene. „Sie sehat au net grad wia dr Robert Redford aus!“

*

Dicke Luft am Eßtisch. Der Ehemann stochert im Essen. „Wann wirsch du endlich so guat kocha könna, wia dei Muader?“ mault er. „Wenn du“, entgegnet sie ungerührt, „so viel Geld vrdiensch wia mei Vadder!“

*

Der nicht sehr beliebte Abteilungsleiter Kauzmann ist versetzt worden. Kurz vor seinem Ausscheiden geht er noch einmal durchs Büro und bemerkt einen Lehrling, der gerade einen Haufen Geld zählt. „Was ist denn das?“ fragt Kauzmann. „Mir hen zammaglegt, om Ihrn Abschied zu feira!“ strahlt ihn der Lehrling an. Damit hat der Abteilungsleiter nicht gerechnet. „Oh, wie nett. Und wann soll das Fest steigen?“ Der Lehrling treuherzig: „Sobald Sie nemme do send!“

*

Die wißbegierige achtjährige Barbara fragt ihre Mutter: „Mamma, was isch eigentlich Erotik?“ Die Mutter überlegt, streicht sich die Haare aus der Stirn und sagt: „I han sechs Kender uffzoga, do han i koi Zeit ghet, mi om solche Froga z’ kümmra!“

*

Der junge Mann verbringt eine Nacht mit einem Mädchen und fragt anschließend: „Sag amol, ben i eigentlich dr erschte gwäa?“ Darauf das Mädchen nach kurzem Überlegen: „Kann scho sei. Dei Gsicht isch mr glei so bekannt vorkomma!“

*

Die neue Mieterin hängt Wäsche auf. Frau Haberstroh bleibt stehen und schüttelt den Kopf. „Haben Sie noch nie gesehen, wie man Wäsche aufhängt?“ fragt die Neue gereizt. „Des scho“, meint die andere, „aber mir wäschet se vorher!“

*

Der Fritzle spielt mit seinen Freunden auf der Straße vor dem Haus. Er ruft hinauf: „Mamma, guck amol raus!“ Ohne Erfolg, drum schreit er immer wieder und immer lauter: „Mamma, guck doch endlich raus!“ Der Mutter wird es endlich zu dumm, sie geht ans Fenster und fragt ärgerlich: „Heidaguggugg Kerle, was willsch’n, i han doch koi Zeit!“ Darauf das Fritzle: „Ha woisch, Mama, dr Hans will net glauba, daß du schielscht!“

Die „reigschmeckte“ Frau von Söttingen ruft beim Metzger an: „Entschuldigen Sie, Herr Metzger, ich bräuchte dringend 50 Gramm Streichwurst. Könnten Sie die bitte gleich liefern?“ Darauf der Metzger: „Em Moment goht’s leider net. Onser Laschtwaga isch grad mit ma Subbawirfl onderwegs!“

*

Der Lehrer paukt mit seiner Klasse die Grammatik: „Wenn ich sage ‚Der Knabe gab‘, was ist das für eine Zeit, Hans?“ – „Vrgangaheit, Herr Lehrer!“ – „Sehr schön. Und wenn ich sage ‚Dein Vater hat Geld‘. Was ist das für eine Zeit?“ – „So om da erschta rom, Herr Lehrer!“

*

Der Radioreporter befragt das goldene Hochzeitspaar, wie es denn so in den langen Jahren der Ehe gegangen sei. Die Braut antwortet: „Ach wisset Se, bei ons isch’s emmer no so wia am erschta Daag!“ Der Reporter ist ganz gerührt über diese Worte, bis der Bräutigam ergänzt: „Mir hen nemlich scho am erschta Daag glei mordsmäßich Händl kriagt!“

*

Das junge Paar macht in Begleitung der Eltern einen Waldspaziergang. Irgendwann bemerkt die Mutter, daß die beiden hinter ihnen verschwunden sind. „Wo send’n onsre Jonge abblieba?“ fragt sie ihren Mann. „Was machet dia denn?“ Antwortet der Vater: „Nachkomma!“

*

Der Schaffner erwischt einen Schwaben im Zugabteil ohne Fahrkarte. Nach einem längeren Wortgefecht droht der Bahnbeamte: „Wenn Sie jetzt nicht sofort nachlösen, werfe ich Ihren Koffer aus dem Fenster!“ Darauf der Schwabe: „Reicht’s Ehne net, mi en da wirtschaflicha Ruin z'treiba? Wollet Se jetzt au no mei klois Buale ombrenga?"

*

Familie Scheifele hat sich ihr erstes Auto gekauft, und der stolze Vater unternimmt mit seinem Sohn die erste Ausfahrt. „So, wia isch's gwäa?" fragt die Mutter. „Luschtig", strahlt der Kleine, „mir hen onderwegs sechs Affa, drei Kamel, zwoi Hornochsa ond oi bleede Sau troffa!"

*

Die Ingrid steht gerade auf dem Kopf, als die Nachbarin durch die Terassentür hereinkommt. „Komm ruich rei", meint sie, „i mach grad meine Joga-Übonga. Des Domme isch bloß, daß mr drbei emmer so viel Schtella sieht, dia mr beim Butza vrgessa hot!"

*

Der dicke Siegfried trifft den dünnen Helmuth. Siegfried: „Wenn mr di sieht, könnt mr moina, 's wär Hongersnot!" Helmuth: „Ond wenn mr di sieht, könnt mr moina, du wärsch schuld dra!"

*

Eine Allgäuer Bäuerin will am Fremdenverkehr teilhaben und richtet zwei Zimmer zum Vermieten ein. Der erste Gast trifft ein, die Bäuerin zeigt ihm sein Zimmer und sagt: „Se miaßet halt mit dem vorliab nemma, was do isch. 's isch oifach bei ons, aber a kräftige Koscht ond a guate Luft isch ao äbbes wert, net?" Der Kurgast ist zufrieden. Am Nachmittag fragt er nach dem Klo. Die Bäuerin weist ihn in den Hinterhof, wo am Ende eines schmalen Wegleins ein halbverfallenes Hüttchen steht, mit einem herzförmigen Luftloch in der Tür. Minuten später kommt der Gast voller Aufregung gelaufen: „Aber gute Frau, an Ihrem Häuschen fehlt ja die ganze Rückwand!" „Oh", antwortet die Bäuerin, „des macht doch nix! Von henta kennt Se doch koiner!"

Der praktische Arzt Dr. Wilhelm Mödele liegt im Sterben. Er ruft seine Gattin ans Sterbebett und meint: „Mir waret emmer so schparsam, gib also net so viel Geld für mein Grabschtoi aus!“ Einige Wochen später sieht man auf dem Friedhof einen kleinen Stein mit einem Emailleschild, auf dem steht: „Dr. med. W. Mödele. Sprechstunden täglich von 9.00 bis 11.00 Uhr“.

*

Zwei Bauern unterhalten sich: „Sag amol, was hosch'n du dei ra Kuah gäa, wo se kirzlich a Kolik ghet hot?“ – „Petroleum!“ Nach einer Woche treffen sich beide wieder. „Du hosch doch neilich Petroleum gsagt?“ – „Ja!“ – „Do drvo isch mei Kuah aber vrreckt!“ – „Meina au!“

*

Auch auf der Schwäbischen Alb kann man klettern. „Stürzen die Touristen hier eigentlich oft ab?“ fragt der Urlauber den Bauern Köberle, der ab und zu auf die Berge führt. „Noi“, erwidert er bedächtig, „de meischte bloß oimol!“

*

„Heute werden wir fotografiert“, sagt die Lehrerin zu den Erstkläßlern. „Wenn ihr später alt seid und das Bild betrachtet, werdet ihr sagen: Da habe ich meinen Freund Markus kennengelernt, und da ist die niedliche Ingrid.“ Eine Stimme aus dem Hintergrund: „... ond des isch onser Lehrerin, die isch scho lang dood!“

*

Der Vater knöpft sich seinen Sohn vor: „Also Günther, jetzt bisch du no gao dreißig ond hosch emmer no koi feschte Fraindin. Jede Nacht kommsch schpät hoim, ond jetzt frog i di, ob du et au scho amol ans Heirada denkt hosch?“ Da lacht der Sohn schelmisch und antwortet: „Oh Vadder, seit zeah Johr denk i scho an nix anders meh. Was glaubsch'n du, worom i jeden Obnd onderwegs ben?"

*

Zwei alte Freundinnen treffen sich: „Mensch, Karlena, wia goht dr's denn?" – „Guat, nächscht Woch heirad e!" – „Was isch'r denn?" – „Der isch Veterinär." – „Also a alder Soldad?" – „Noi, koi Floisch essa duat'r!"

*

Der Chef zum Lehrling: „Nächscht Woch melda mr Konkurs a, damit des au lernsch!"

*

„Du Karle, heut nacht hot mr's von deiner Frau draimd", sagt der Frieder morgens zu seinem Kollegen. „So? Was hot se denn gsagt?" fragt ihn der. „Gsagt hot se nix." – „No ka's au net de mei gwäa sei!"

*

Der Schwabe ist zwar allgemein ein geselliger Mensch. In der Wirtschaft sitzt man jedoch nach Möglichkeit für sich, auch wenn die Stube noch so klein ist. Ausruf der Lammwirtin: „Heidanei, do kommet fenf Schtuegarter, ond mir hent bloß vier Disch!"

*

In der voll besetzten Straßenbahn. Im Gedränge tritt ein Fahrgast aus Versehen einem anderen auf die Zehen. Sofort entschuldigt er sich, aber der andere beschimpft ihn in unverschämter Weise und fängt immer wieder von neuem an, bis er endlich aussteigt. Der Freund des so arg Beschimpften fragt diesen: „Jetzt sag amol, der hoißt di älles, ond du läßsch dr dees gfalla ond sagsch koin To'!"

– „Oh, was hätt e au saga solla? Der isch gschtroft gnuag!" – „Was soll des hoißa, der isch gschtroft?" – „Ha, solang der gschempft hot, hane dem ganz hälenga mit mei'ra Zigarett a Loch en da Mantl nei'brennt!"

*

„Ganz egal, was i sag, emmer hosch du recht. Ond des seit zwanzg Johr!" – „Oisazwanzg!"

*

Der Chauffeur des Direktors putzt im Schweiße seines Angesichts die Luxuslimousine. Kommt ein junger Mann, gibt ihm einen Brief und sagt: „Bringen Sie den bitte gleich Ihrem Chef!" Der Chauffeur saust los. Der Direktor liest und ruft: „Was soll denn das heißen? Hier steht: Glückt es, ist es gut, glückt es nicht, ist es auch gut." Der Chauffeur rennt in die Garage, kommt zurück und verkündet: „'s isch glückt, Herr Direktor – dr Karra isch weg!"

*

Ein Bauer zu seinem Nachbarn: „I han me heit gega Feier ond Hagl vrsichra lassa." – „So? Also gega Feier, des vrschtand e scho. Aber wia machsch'n des mit'm Hagl?"

*

Die gesetztere Generation hat einen Tanzabend. Beim Wiener Walzer kommen die Leutchen ziemlich in Schwung, ja manche treiben es angesichts der begrenzten Tanzfläche einfach zu bunt. „Sie!" ruft einer entrüstet. „Wenn Sie nomol Ihr Dame en meine neischucket, no nemm i mei Dame ond schlag Sie o'gschpitzt en Boda nei!"

*

Es ist nachts um drei Uhr. Eberhard liegt im Bett und schläft tief und fest. Plötzlich klingelt das Telefon, er geht ran und meldet sich. Sagt eine Stimme am anderen Ende: „Ich habe mich verwählt. Tut mir leid, daß ich Sie geweckt habe!“ Darauf der Eberhard: „Macht nix, i han sowieso uffschtanda miassa, ’s Telefo’ hot klinglt!“

*

Junges Ehepaar: „Schätzle, des Essa schmeckt jo heit ganz prima. Hosch des ganz alloi uff’taut?“

*

„Des isch komisch“, sagt der Vinzenz zu seinem Sportfreund Rudi, „wenn e en Kopfschtand mach, no schiaßt mr ’s ganz Bluat en da Kopf. Wenn e aber uff de Fiaß schtan, no goht mr ’s Bluat et en d’Fiaß. Wia kommt jetzt dees?“ „Ha“, sagt der Rudi, „weil deine Fiaß net hohl send!“

*

Der Dorfarzt nach der Untersuchung: „Du, Vinzenz, i moin, du sottsch dei Kehle net so oft a’feuchta!“ Da antwortet der Patient mit einem Lächeln: „Guat, daß des sagsch, Doktor, no will e no glei mei Supp weglassa beim Essa!“

*

Als die Mutter bepackt vom Einkaufen nach Hause kommt, findet sie ihre Tochter eng umschlungen auf dem Schoß eines jungen Mannes sitzen. „Was goht’n do vor?“ fragt sie streng. Die Tochter knöpft sich die Bluse zu und mault: „Dei Uhr, Mudder!“

*

Der kleine Hubert ist mit seinem Freund Max auf dem Weg von der Schule. „Woisch, onser Muader isch onser bescht’s Schtick“, erzählt der Hubert. „Ond wia isch des bei euch?“ Meint der Max: „Mir hend a Auto!“

*

In der Schule malen die Kinder die Weihnachtsgeschichte. Die Lehrerin fragt Fritzle: „Wer ist denn der kleine lachende Bursche neben der Krippe?“ Fritzle: „Des isch dr Owie!“ Lehrerin: „Wer ist denn Owie?“ Fritzle: „Es hoißt doch ‚Stille Nacht, heilige Nacht, Owie lacht‘!“

*

Elfriede erwacht eines Morgens auf dem Bettvorleger. Vor Schreck weckt sie ihren schlummernden Mann. „Ja, hosch du denn des net gmerkt, wia du nausgfalla bisch?“ fragt er sie. Nachdenklich murmelt sie: „Ha, i han wohl äbbes falla höra, aber i han denkt, des wärsch du!“

*

Nach der Beerdigung besucht der Pfarrer den Witwer. Er findet ihn im Wohnzimmer neben einer Flasche Cognac. „Isch des etwa Ihr ganzer Troscht?“ fragt der Pfarrer. „Noi“, beruhigt ihn der Witwer, „i han no zwoi Flascha em Keller!“

*

Die Kathrin will sich scheiden lassen. Ihr Anwalt fragt sie nach dem Scheidungsgrund: „Trinkt er?“ – „Noi, koin Tropfa.“ – „Gibt er Ihnen Haushaltsgeld?“ – „Doch doch, do isch’r net kleinlich.“ – „Und wie steht es mit der ehelichen Treue?“ – „Also, do könnt mr’n packa. ’s letschte Kend isch net von ihm!“

*

Der Anton Federle reist eines Tages unangemeldet in die Universitätsstadt Tübingen, um sich an Ort und Stelle zu überzeugen, ob sein Sohn auch fleißig studiere. Gegen Abend läutet er am Haus, wo sein Sohn Quartier bezogen hat. Die Zimmerwirtin öffnet. „Verzeihet Se vielmols!“ sagt er. „Wohnt bei Ihne dr Schtudent Heinrich Federle?“ – „Jawohl, der wohnt bei mir. Traget Se’n no do rei!“

✳

Treffen sich zwei Frauen. Fragt die eine: „Wo schafft’n Ihr Ma eigentlich?“ – „Ach, der schafft beim Daimler am Band.“ – „Komisch, meiner schafft au beim Daimler, aber der därf frei romlaufa!“

✳

Eine auffallend gut genährte Frau betritt den Vorraum der Arztpraxis. Die Angestellte will die Personalien der Patientin aufnehmen und fragt: „Zuname?“ Da stöhnt die Dame: „Des isch’s jo grad – drei Kilo en oiner Woch!“

✳

Richter: „Angeklagter, wie kamen Sie dazu, das Fahrrad zu stehlen?“ Angeklagter: „Wieso schtähla? Des Rad isch an dr Kirchhofmauer gloint, no han e denkt, dr Besitzer sei gschtorba!“

✳

Zwei Bauern betrachten die Marmor-Nymphen im Schloßgarten. „Jo jo, Karle“, sagt nach einer Weile der Frieder, „wenn mr so äbbes sieht, no merkt mr erscht, was mr für en Gruuscht drhoim hot!“

✳

In der Stuttgarter Straßenbahn. Eine ältere Dame hat Streit mit dem Schaffner. „En mei'ra Jugnd waret d'Schtroßabahschaffner heeflicher!“ Der Schaffner: „Hot's denn domols scho Schtroßabahna gäa?“

*

Der Landarzt fragt den alten Bauern, ob es denn nicht langsam Zeit wäre, einmal in einer Kur sein Rheuma auszuheilen. Nach kurzem Überlegen schüttelt der Bauer den Kopf und sagt: „Uff dr oina Seit däät me dees scho reiza, aber wisset Se, Herr Doktor, mir hend a Landwirtschaft, ond do send mr uff mei Rheima a'gwiesa, damit mr emmer wisset, wias Wetter wird!“

*

Die Hilde schmiedet eifrig Pläne. „Du Fritz, bald send mr fenfazwanzig Johr vrheiratet, no könna mr ganz graoß onser Silberhochzeit feira!“ Der Ehemann mürrisch: „Ja, ond wenn mr nommol fenf Johr wartet, könna mr da Dreißigjährige Kriag feira!“

*

„Dauernd hocksch bloß über deine saudomme Kreizworträtsel“, schimpft die Ehefrau. „Ka'sch mr net zur Abwechslung amol äbbes Netts saga?“ – „Ha freilich, Schätzle! Wieviel Buachschtaba soll's denn han?“

*

Bundesligaspiel im Stuttgarter Stadion. Der Trainer sitzt nervös auf der Bank. Plötzlich schreit er in das Spiel hinein: „Wieso kommt dr Gegner so frei zom Schuß?“ Ein Spieler ruft genervt zurück: „Aber Trainer, des war doch Elfmeter!“

*

Der Bauer Schwarz hat vom Viehhändler eine Sau gekauft und ist zunächst mit dem Kauf zufrieden. Dann aber merkt er, daß die Sau lahmt. Sofort geht er zum Händler und weist ihn entrüstet auf den Mißstand hin. „Ja Sack Zement!“ ruft der Händler. „Han i dir die Sau vielleicht zom Reita vrkauft?“

*

Ein Weinhändler wird von seinem Freund gefragt, welchen Wein er ihm denn zu seiner bevorstehenden Silberhochzeit empfehlen würde. Da blickt ihn der Weinhändler versonnen an und sagt: „Des kommt ganz druff a, ob da feira oder vrgessa willsch!“

*

Der Pfarrer führt eine Touristengruppe durch seine Dorfkirche. Eine Frau fragt neugierig: „Ist denn die Kirche nicht zu klein für Ihre Gemeinde?“ „Ha“, erklärt der Pfarrer, „wenn se älle neiganga dääded, no geenged se net älle nei. Aber weil net älle neigangad, gangad se älle nei!“

*

Eine Berliner Göre schreibt aus ihrem Ferienlager im Schwarzwald: „Lieber Papa, liebe Mama, hier ist es wirklich klasse. Das Essen ist sehr gut, und alle sind sehr freundlich zu mir. Leider kann ich die Leute nur sehr schlecht verstehen, da ich hier die einzige Deutsche bin.“

*

Ein Bauarbeiter muß Steine zum Bau bringen und fährt mit seinem Karren direkt auf den Straßenbahnschienen. „Ka’sch net außa fahra mit dei’m Karra?“ schreit der Straßenbahnfahrer. Da dreht sich der Bauarbeiter seelenruhig um und meint: „I scho, aber du net!“

Der Apotheker Strobel ist ein sozial denkender Mensch. Er hat sich bereit erklärt, für einen Monat einem armen Menschen ein Mittagessen zu spendieren. Eine ganze Woche schon hat der Eduard von dieser Einrichtung Gebrauch gemacht. Als er jedoch am Montag der zweiten Woche zu zweit erscheint, fragt der Gastgeber: „Ja was denn? Ich hab doch nur Sie eingeladen!“ – „Jo wisset'se, Herr Apotheker“, antwortet der Eduard, „der do, dr Franze, des isch ab morga mei Urlaubsvertredong!“

*

Der Walter hat geheiratet. Zur Hochzeit hat er alle seine Arbeitskollegen eingeladen. „Ha no“, sagt einer von ihnen zum Walter, „do hosch dr aber a Saubere rausgsuacht!“ – „Worom hätt e au a Wüaschta heirata solla? A Schöna frißt au net meh!“

*

„Helfet Se meim Ma!“ bittet Frau Eberle den Psychiater. „Er hält sich für a Pferd. Er wiehert, frißt bloß no Hafer ond hot sich d'-Fiaß beschlaga lassa!“ Der Psychiater ist betroffen: „Das ist viel auf einmal. Die Behandlung wird lange dauern und kostet viel Geld, gute Frau!“ Frau Eberle lässig: „Geld he'mr gnuag. Er hot scho drei Renna gwonna!“

*

„Herr Ober, von dieser schmutzigen Tischdecke möchte ich aber nicht essen.“ – „No koi Angscht, Sie bekommet selbverschtändlich a Deller!“

*

Der Pfarrer Frömmle will das junge Paar besuchen, das er erst vor kurzem getraut hat. Die Terrassentür steht offen, und als er leise die Wohnung betritt, liegt die junge Frau fast unbekleidet auf der Couch und seufzt: „Bist du es, mein Engel?“ „Noi“, sagt der Pfarrer, „aber i komm von dr gleiche Firma!“

Ein Berliner kommt im Stuttgarter Hauptbahnhof an und fragt zwei ältere Stuttgarter: „He, Männekens, wo jehtet denn hier zum Cannstatter Wasen?" Die beiden schauen sich an und schweigen. Der Berliner wiederholt mit lauter Stimme: „He, Männekens, wo jehtet denn hier zum Volksfest?" Wieder Schweigen. Der Berliner wiederholt seine Frage in Englisch, dann in Italienisch, in Französisch, schließlich in Spanisch. Jeweils keine Reaktion bei den Schwaben, sie schweigen sich aus. Enttäuscht marschiert der Berliner davon. Da sagt der eine Stuttgarter zum anderen: „Gscheid sen se scho, dia Berliner. Fenf Schprocha hot'r gschprocha!" Der andere zuckt mit den Schultern und meint: „Jo ond – was hot's em gnitzt?"

*

Die Tochter bettelt beim Vater: „Babba, laß me doch endlich da Fiehrerschei' macha, i ben doch alt gnuag!" Der Vater: „Du scho, aber mei Audo no net!"

*

Am Sonntagmorgen ruft Vater Fröschle seine fünf Kinder zusammen und fragt: „Wer war de ganz Woch am brävschta? Wer hot dr Mamma de meischt Fraid gmacht? Wer hot ra net widerschprocha? Wer hot emmer älles do, was se vrlangt hot?" Darauf die Kinder im Chor: „Des warsch du, Babba!"

*

„I frog mi, wia früher dia Leit ohne Audo, Wäschmaschee, Küahlschrank ond Fernsäher ieberhaubt hen läba kenna!" – „Siehsch jo: Gschtorba sen se!"

*

„Des isch jo a O'vrschämtheit", brüllt Pfleiderer, „i erzähl Ihne, daß mei Frau a Kendle erwartet, ond Sie froget, von wem!" – „Jetzt reget Se sich doch ab, i han halt denkt, Sie wüßtet's!"

Der Pfarrer besucht den neueröffneten Kindergarten und fragt den kleinen Jens: „Na, weißt du denn, wer ich bin?“ „Aber sicher“, sagt der Bub eifrig. „Du bisch dr Nachrichtaschprecher vom liaba Gott!“

*

Die Rosl hat sich ihre restlichen Zähne ziehen lassen und besitzt nun ein neues Gebiß – das aber einfach nicht halten will und ihr immer wieder aus dem Mund fällt. Als ihr eines Tages beim Essen von Leberspätzle ihr Gebiß immer wieder in den etwas zu fest geratenen Knollen steckenbleibt, wird die Rosl wild, nimmt ihre Zähne heraus, wirft sie in die Schüssel und nuschelt: „So, jetzt han e gnuag! Jetzt fresset'r eire Läaberschpätzla selber!“

*

Der Lehrbub zum Meister: „Des Brot isch jo hart wia a Brett! So äbbes ka mr doch net beißa!“ „Halt dei Gosch“, fährt ihn da der Meister an, „dr Napoleon wär froh gwäa, wenn'r uff'm Rückzug von Rußland so a Brot ghet hätt!“ „Des glaub i gern“, darauf der Lehrbub, „do isch's beschtimmt au no frisch gwäa!“

*

Frau Schräuble zu Frau Liedle: „Mei Ma hot jetzt Prokura!“ – „Om Gott's willa! Ond was sagt dr Doktor drzua?“

*

Die Oma ist schwer erkrankt. Der Arzt wird gerufen, der dann mit seiner Medikamenten- und Gerätetasche im Zimmer der Patientin verschwindet. Die Familie wartet besorgt im Wohnzimmer auf die Diagnose. Da kommt der Arzt wieder aus dem Krankenzimmer heraus und verlangt ein Stück Draht. Kurze Zeit später bittet er um eine Beißzange. Als er dann zum drittenmal erscheint und nach einem Brecheisen verlangt, sinkt der Opa aufs Sofa und fragt tonlos: „Om Hemmels willa, Herr Doktor, was hot se denn?“ Da antwortet der Doktor: „Woher soll denn i des wissa? Bis jetzt han e jo no et amol mei Dasch uffbrocht!“

*

Beim Stammtisch verkündet der Hans, daß er die hübsche Heidi heiraten will. Der erfahrene Hermann gibt zu bedenken: „Merk dr ois, Hans, a scheene Frau hosch nia alloi!“ „Des han i mir au scho überlegt!“ der Hans darauf nachdenklich. „Aber i han mr denkt, liaber a scheene mitanander, als a wiaschta alloi!“

*

Ein Amerikaner macht eine Reise durchs Ländle, um dort Ahnenforschung zu betreiben. Auf einem Friedhof entdeckt er einen Grabstein, auf dem steht: „Hier ruht Robert Brechtle, ein erfolgreicher Unternehmer und ein guter Vater.“ „Typisch Schwaben“, murmelt der Ami, „drei Mann in einem Grab!“

*

Der kleine Max steht mit der deutschen Rechtschreibung auf großem Kriegsfuß. Deshalb fragt er den Vater: „Babba, woißsch du, wenn a Wort groß oder kloi gschrieba wird?“ Der Vater: „Des isch ganz oifach. Älles, was d’ a’langa ka’sch, schreibsch groß, ond älles, was d’ net a’langa ka’sch, schreibsch kloi. Nemm zom Beischpiel den Satz: ‚Die Katze sitzt hintern Ofen‘. ‚Die‘ ka’sch net a’langa, also schreibsch kloi. ‚Katz‘ ka’sch a’langa, also schreibsch groß. ‚Sitzt‘ ka’sch net a’langa, also schreibsch kloi. ‚Hintern‘ ka’sch a’langa, also schreibsch groß. Bloß beim Ofa muaßsch uffbassa: Isch’r ei’gheizt, no ka’sch ’n et a’langa, also schreibsch’n kloi, isch’r aber net ei’gheizt, ka’sch ’n a’langa, also schreibsch’n groß!“

*

Der Seniorchef der Firma hält bei den Feierlichkeiten zum 60-

jährigen Gründungsjubiläum vor zahlreichen Ehrengästen die Festansprache. In seiner frei gehaltenen Rede sagt er: „I han bloß mit meim Wissa ond meiner Indelligenz, also praktisch mit nix, a'gfanga, die Firma uffz'baua!"

*

Die zeitunglesende Gattin entrüstet beim Frühstück: „Do schreibet se, daß mr en Hinterindien für omgrechnt fuffzich Mark a Frau kaufa ka! Isch des net furchbar?" „Wieso furchbar?" wundert sich ihr Mann. „A guate Frau isch des wert!"

*

Ein norddeutscher Pfarrer über die Verwendung der Kollekte: „Ich trenne das Papiergeld vom Münzgeld und behalte die Scheine für den Herrn und die Münzen für mich." Dazu ein schwäbischer Kollege: „I nemm des Ganze ond schmeiß's en d'Luft. No sag'e: Herr, nimm, was du brauchsch! Ond was ronderfällt, ghört mir...!"

*

Ein Mann betritt das Behandlungszimmer eines Augenarztes und nimmt dabei seine Brille ab. „So, was hent Se denn?" erkundigt sich der Augenarzt. „Isch ihr alte nemme scharf gnuag?" „Des goht Sie en Scheißdreck a!" erwidert der Mann gereizt. „I brauch a neia Brill!"

*

Der Herr Pfarrer besucht ein goldenes Hochzeitspaar und sagt mit freundlichem Lächeln: „Jetzt sind Sie also fünfzig Jahre verheiratet." Da bestätigt die goldene Braut: „Ja, Herr Pfarrer, i ben glicklich." Und ihr Mann ergänzt: „Ond i ben vrheiraded!"

„Hans-Werner hat also d’ Margret net gheiraded?“ – „Noi, er will se net!“ – „Schtemmt, des han e au ghört. Aber du hosch ’s Komma vergesse: Er will, sie net!“

*

Der Obst- und Gemüsehändler zu seinem Kunden: „D’Leit werdet emmer a’schpruchsvoller. Dauernd langet se älles a’, dalget’s en de Händ rom, ond no wellat se’s erscht et!“ – „Oh, wem saget Se dees“, entgegnet da der Kunde, „i han drhoim drei Mädla em reachta Alter, do isch’s doch genauso!“

*

Am Stammtisch wird über Frauen allgemein und über die Vorzüge von Steffi Graf, Claudia Schiffer und Madonna im besonderen diskutiert. Da winkt der Ludwig ab und meint: „Schtellet eich doch amol dia Weiber ohne ihr Oberweite, ihre graoße Auga ond ihre scheene Fiaß vor. Was bleibt?“ Antwort aus der Runde: „O’sre Weiber!“

*

Der Schäufeles-Frieder liegt im Sterben, und im letzten Augenblick trifft der Notar ein. Frieder diktiert mit schwacher Stimme sein Testament, wird dabei aber immer wieder von seiner Frau unterbrochen. Schließlich schlägt er wütend auf die Bettdecke und ruft: „Heiligs Blechle! Wer schtirbt’n eigentlich – du oder i?“

*

Fritzle schenkt seiner Oma ein Bonbon. „Schmeckt’s dr au, Oma?“ – „Freilich, Fritzle, i dank dr schee!“ – „Des isch komisch, dr Hasso hot’s vorher wieder ausgschpuckt!“

Der Werner klingelt noch zu später Stunde am Gasthaus „ Georg und der Drache“. Eine Frau öffnet und herrscht ihn an, daß das Haus um diese Zeit geschlossen ist. Fragt Werner: „Könnt i vielleicht mit'm Georg schprecha?“

*

Ein Norddeutscher macht Urlaub auf einem Bauernhof im Allgäu. Er hilft dem Bauern auf dem Feld, auf dem viele große Steine liegen, und fragt: „Wie kommen denn die ganzen Steine hier auf Ihr Feld?“ – „Ha“, meint der Bauer, „woißsch, dia brengt älle dr Wildbach ronder.“ – „Aber ich sehe hier weit und breit keinen Wildbach!“ – „No isch'r wahrscheinlich grad oba ond holt neie Schtoiner!“

*

Der kleine Fritz fragt besorgt: „Mamma, isch no lang, bis Weihnachda?“ Die Mutter erstaunt: „Noi, Kend, worom willsch'n des wissa?“ – „Ha, damit e rechtzeitig a'fanga ka mit'm Liabsei!“

*

Der Eduard und der Herbert, zwei ehemalige Stuttgarter Sandler, treffen sich nach langer Zeit wieder. Eduard, mit Schlips und Anzug, steigt gerade aus seinem dicken Daimler und erzählt: „I han hart gschafft, ond jetzt han e a Villa.“ Herbert, abgerissen wie immer, meint nur: „I han nix, i han bloß gsoffa!“ Eduard erzählt weiter: „I han a riesa Grondschtück mit Schwimmingpool ond a scheena Frau.“ Herbert wieder: „I han nix, i han bloß gsoffa!“ Nach ein paar Wochen treffen sie sich zufällig wieder. Diesmal steigt der Herbert aus einem nagelneuen Porsche aus. Der Eduard kann's nicht glauben: „Jetzt kann e gar nemme! Wia kommsch jetzt du zo dem Audo?“ Darauf der Herbert: „Ganz oifach, i han bloß älle Flascha zrickgäbba!“

Bundeswehrmanöver auf der Schwäbischen Alb. Der Hauptmann: „Also, Schütze Meier, Sie robben jetzt über die Wiese und tarnen sich so, daß Sie von den Kühen nicht mehr zu unterscheiden sind!“ – „Zu Befähl. Bloß oi Frog hätt e no.“ – „Mann, das ist doch ein eindeutiger Befehl. Was wollen Sie denn noch?“ – „Wie soll e me vrhalta, wenn dr Bauer zom Melka kommt?“

*

Die kleine Frieda berichtet beim Essen, daß ihre beste Freundin die Klasse noch einmal wiederholen muß. „Do ka dei Fraindin nix drfür“, sagt der Vater nachsichtig, „dera ihre Leut send boide net de Hellschte. Woher soll’s des Kend au nemma?“ – „No ben e aber froh, daß ihr des au so sehat“, erwidert die Frieda erleichtert, „i ben nemlich au hockablieba!“

*

„Herr Ober, was macht des Bier, des i vor’ra halba Schtond bschtellt han?“ – „Zwoi Mark fuffzich!“

*

Das Pfarrhaus wird umgebaut. Die Frau Pfarrer will zum Mittagessen Suppe an die Arbeiter verteilen und möchte bei dieser Gelegenheit testen, wie es um ihren Glauben steht. Als erstes sieht sie den Polier an und fragt ihn: „Kennen Sie den Pontius Pilatus?“ Der Polier schreit nach oben: „Kennt oiner dn Pontius Pilatus?“ – „Worom?“ ruft es zurück. „Sei Frau isch do ond brengt’m ’s Essa!“

*

Tischgespräch auf einer Hochzeit: „Was hosch’n du de Brautleit gschenkt?“ – „A Kaffeeservice für zwölf Persona. Ond du?“ – „A Teesieb für verzig Persona!“

„I rauch net, drenk net ond rühr au koine Karta a. Ond deswega, Herr Pfleiderer, bitt i Sie om die Hand von Ihrer Margret!“ – „Des schlaget Se sich glei aus’m Kopf“, sagt der Herr des Hauses streng. „Glaubet Se vielleicht, i möcht ’n Schwiegersoh’, der mr emmer als guat’s Beischpiel vorghalta wird?“

*

Mit einem blauen Auge und vielen blauen und grünen Flecken kommt die Rosemarie in die Praxis des Hausarztes. Auf seine Frage gesteht sie ihm dann, daß ihr Mann sie verprügelt hat. „Ich denke“, meint der Doktor, „Ihr Mann ist verreist?“ Darauf die Rosemarie: „Des han e au denkt!“

*

Ein schwäbisches Ehepaar ist im Gebirge unterwegs. Er stolpert und stürzt in die Tiefe. Sie: „Horschtle, bisch verletzt?“ Er darauf: „Noi, i fall no!“

*

Der schwäbische Urlauber: „Also 120 Mark sen mr für des Zemmer eigentlich z’viel.“ Der Wirt: „Dafür haben Sie aber auch einen herrlichen Blick aufs Meer!“ Der Schwabe: „Ond wenn e Ihne verschprech, daß e net nausguck...?“

*

Der alte, nicht allzu fromme Schmälzle ist gestorben und wider Erwarten in den Himmel aufgestiegen. Gleich kommen ein paar Engel angeschwebt, um ihm die obligatorischen Flügel anzulegen. Erst sträubt sich der Schmälzle, beugt sich dann aber dem himmlischen Brauchtum mit den Worten: „No deand dia Denger halt na. Aber ois sag’e glei: Oier leg e koine!“

In einer ländlichen Gaststätte. Der Gast ruft den Wirt: „Hören Sie mal, Ihr Hund starrt dauernd auf mein Essen!“ – „Isch doch klar, Sie hen jo au sein Deller!“

*

Drei Schwaben machen eine Skiwanderung in den Alpen. Alle stürzen in eine Gletscherspalte. Nachdem sie drei Tage vermißt waren, hören sie plötzlich oben jemanden rufen: „Hallo, hallo, hier ist das Rote Kreuz! Ist hier jemand?“ Die drei schreien hinauf: „Mir gäbbet nix!“

*

Der Werner hat im Lotto gewonnen. Er berichtet es freudestrahlend seiner Frau. Sie freut sich überhaupt nicht, ganz im Gegenteil, sie wirft ihm einen strafenden Blick zu und meint: „Ond woher hosch des Geld für dein Ei’satz ghet?“

*

Häberles essen in der Wirtschaft. Beim Schneiden rutscht Frau Häberle das Kotelett vom Teller und fällt auf den Boden. Da kommt schon der Hund des Wirts herbeigestürzt. „Mei schee’s Kotlett“, jammert sie. „Koi Angscht, er kommt net na“, sagt Herr Häberle, „i han mein Fuaß druff!“

*

Ein Wengerterbub muß seinem Vater das Mittagessen in den Wengert hinaustragen. Der Bub kommt von oben her auf den am steilen Hang liegenden Weinberg. Er stolpert, und das volle Eßgeschirr rollt den Berg hinunter. Reaktionsschnell ruft er dem Vater zu: „He, Vadder! Baß uff, d’Läberschpatza kommad!“

*

Eine nicht mehr ganz junge Dame flirtet heftig mit einem sehr jungen Mann. „Wie alt schätzen Sie mich denn?“ fragt sie kokett. „Des isch schwer zu saga“, antwortet der Jüngling verlegen, „aber mr sieht's Ihne net a!“

*

Professor Gscheidle bemüht sich während einer Vorlesung redlich, seinen Schülern etwas beizubringen – ohne Erfolg. Da platzt ihm der Kragen: „Also heitzutag moint doch jeder Dackl, daß'r schtudiera ka! Wenn i an früher denk, do ben i en onsrer Schtadt dr oinzig gwäa!“

*

Eine Urlauberin in einem schwäbischen Luftkurort: „Sagen Sie, wie weit ist es denn bis nach Strümpfelbach?“ – „Etwa fenf Kilometer.“ – „Landstraße oder Luftlinie?“ – „Landschtroß nadierlich. A Luftlinie noch Schtrempflbach gibt's net!“

*

„Herzlicha Glückwunsch“, sagt der Tankwart zum Autokunden, „Sie send dr allerletschte, der 's Benzin no zom alta Preis kriagt.“ – „Ja, wenn des so isch, no machet Se mr no mein Tank gscheit voll. Wia isch'n dr neie Preis?“ – „Drei Pfennich wenicher!“

*

Eine junge Dame beim Heiratsvermittler: „I suach en Ma, der net raucht, net trenkt ond koine andere Mädla nochguckt. Hen Sie so äbbes?“ – „Noi, aber em Schloßgarta schtoht so oiner!“ – „Aus Ihrm A'gebot?“ – „Noi, aus Marmor!“

*

Der Eugen hat seine Kollegen zum Spanferkelessen eingeladen. Er läuft in die Küche, um seiner Frau, der Elfriede, noch einige

Serviertips zu geben: „Also, wenn da ferdig bisch, no serviersch di Sau mit ra Tomata em Maul ond Peterling en de Ohra!“ Die Elfriede nickt und sagt dann: „Isch recht. Aber sieht des net a bißle bleed aus, wenn e so doherkomm?“

*

Ein Ortsfremder fragt in der Straßenbahn seinen Nachbarn: „Ach bitte, ich möchte zum Königsplatz. An welcher Haltestelle muß ich da aussteigen?“ Antwort eines hilfsbereiten Schwaben: „Richtet Se sich oifach noch mir. Se misset nemlich zwoi Halteschtella vor mir raus!“

*

Auf dem Friedhof. Am Grab vom Blasius Häberle steht ein Mann, und die Tränen laufen ihm übers Gesicht. „Worom bisch du bloß gschtorba, worom?“ fragt er immer wieder. Eine Frau fragt voller Mitleid: „War es Ihr Bruder oder Ihr Sohn?“ „Noi“, sagt der Mann voller Verzweiflung, „’s war dr erschte Ma von mei’ra Frau!“

*

Vater und Sohn stehen vor dem Kamelgehege im Stuttgarter Zoo. Da fragt der Sohn: „Du, Babba, heiraded d’Kamel eigentlich au?“ Nach kurzer Überlegung antwortet der Vater: „I glaub, daß bloß d’Kamel heiraded!“

*

Ein Bauer kommt auf seinen Acker und trifft eine ihrem Beruf entsprechend ziemlich bunt gekleidete ältere Malerin im blühenden Mohnfeld an. „Entschuldigen Sie bitte“, sagt sie, „haben Sie was dagegen, wenn ich hier in Ihrem Mohnfeld male?“ – „Oh noi“, entgegnet der Bauer, „bleibet Se no hocka, i han sowieso grad a Voglschaich uffschtella wölla!“

Die Familie sitzt beim Abendessen, da klingelt das Telefon. Der fünfjährige Jochen geht ran, meldet sich, lauscht und kräht dann lauthals los: „Babba, du hosch recht ghet, 's isch dei Chef, der alde Schnallatreiber!"

*

Der kleine Peter vom Land fährt mit seinem Vater zum erstenmal nach Stuttgart. Er ist sehr wißbegierig. An einer Baustelle fragt er: „Du, Babba, was isch'n dees?" Der Vater: „Bua, des woiß i au edda!" Vor dem Rathaus fragt der Bub weiter: „Babba, was isch'n des für a Haus?" – „Kenna dua e's scho, aber wia des hoißt ...?" So geht es weiter: „Babba, was isch'n des für a Kirch?" – „Bua, mir liegt's uff dr Zong!" – „Babba, was isch des für en Dorm?" – „Also genau kann e dir des jetzt au et saga." Nach einer Weile: „Babba, soll e nix meh froga?" – „Noi, noi, Bua, frog no, damit was lernsch!"

*

Der Heinerle zu seinem Vater: „Du Babba, i han sieba Mugga erschlaga, vier Männla ond drei Weibla." Vater: „Woher woisch'n dees?" Heinerle: „Ganz oifach: Vier sen neber'm Bierglas em Wohnzemmer gsessa ond drei vor'em Schpiegl em Bad!"

*

Im Stuttgarter Naturkundemuseum. „Der Schpeer do isch fei dreidausndondacht Johr alt." – „Na hören Sie mal", empört sich darauf eine Besucherin bei der Führung, „wie können Sie dies auf das Jahr genau wissen?" – „Des isch ganz oifach", meint der Museumsführer darauf, „als i vor acht Johr do a'gfanga han, war der Schpeer scho dreidausnd Johr alt!"

*

Der kleine Uwe soll einen Schulaufsatz schreiben. Thema: „Meine Familie". Uwe geht zur Mutter und fragt: „Wo kommt dr Babba her?" – „Den hot dr Schtorch brocht." – „Ond du selber?" – „Mi au." – „Ond d'Oma?" – „Au dr Schtorch!" Dann schreibt er den Aufsatz: „Zunächst muß festgestellt werden, daß in meiner Familie seit Generationen kein Geschlechtsverkehr mehr stattgefunden hat..."

*

Die Großmutter sitzt am Bett ihres Enkels und singt: „Eene meene määne, eene meene muh ond müd bisch du." Da rappelt sich der Kleine hoch und fragt: „Sag amol, Oma, bisch du bsoffa?"

*

Der Herr Doktor hat eine feine Abendgesellschaft. Elfriede, die neue Haushaltshilfe, bedient bei Tisch, und im großen und ganzen klappt es recht gut. Aber um zehn macht die Elfriede die Tür auf und schreit: „Guat Nacht allerseits! I gang jetzt ens Bett!" Am folgenden Tag macht sie der Herr Doktor auf das unfeine Benehmen aufmerksam. So etwas müsse sie leise und dezent sagen. Der Elfriede ist es recht. Bei der nächsten Abendgesellschaft geht sie um zehn ganz still zum Herrn Doktor an den Tisch und flüstert ihm leise, doch so, daß es die anderen auch noch hören können, ins Ohr: „Also Herr Doktor, i gang jetzt ens Bett!"

*

Der alte Franz ist schon an die fünfundsiebzig, als seine jüngste Tochter sich verheiratet. Er ist schon etwas verwirrt und kann seine Gedanken nicht mehr sortieren. Übers Jahr schreibt ihm seine Tochter, daß sie ein Kind bekommen habe. „Ha", sagt der Franz, „jetzt hätt se doch au schreiba könna, ob's a Bua oder a Mädle isch. So woiß i jetzt gar net – ben e Obba oder Oma gworda?"

*

Im Altersheim. Die neunzigjährige Amalie wird an Ihrem Geburtstag von einem Reporter gefragt: „Welches war der glücklichste Tag in Ihrem Leben?“ Darauf Amalie errötend: „’s isch a Nacht gwäa!“

*

Der Schulrat stellt den Schülern bei seinem Klassenbesuch die obligatorischen Fragen. Unter anderem fragt er den Hans: „Welchem Papst verdanken wir unseren neuen Kalender?“ – „Koi Ahnung, Herr Schualrat, mir kriagat onsern emmer von dr Drogerie!“

*

„Kreizmillionsdonderwetter!“ flucht ein Maurer, dem gerade ein Ziegel vom ersten Stock in die Tiefe gefallen ist. Der vorbeigehende Pfarrer ruft vorwurfsvoll hinauf: „Kennet Sie net ‚Scheiße‘ saga, wia andere Leit au?“

*

Der Franz hat ziemlich über den Durst getrunken und dadurch erhebliche Schwierigkeiten, sein Zuhause wiederzufinden. Nachdem er an mehreren Türen geläutet hat und von den Bewohnern tüchtig ausgeschimpft worden ist, trifft ihn schließlich ein Schlag mit dem Nudelholz. Glücklich lächelnd haucht er die Worte: „Endlich drhoim!“

*

Der neue Rathaus-Hausmeister erwischt einen kleinen Jungen, der vor dem Zimmer des Bürgermeisters herumlungert. Er zieht ihm die Ohren lang und meint: „Du Donder, du elender, was däätsch’n saga, wenn e mit dir zom Schuldes neiganga däät?“ Da schreit der Kleine: „I däät saga: ‚Babba, entlaß sofort den neia Hausmoischter!‘“

*

Die Frau vom Heiner nimmt neuerdings Gesangsunterricht und

übt täglich mehrere Stunden. Eines Tages fragt sie ihren Mann: „Sag amol, worom gohsch'n eigentlich emmer uff da Balkon, wenn e seng?" Darauf der Heiner: „I will net, daß meine Nochbr denket, i däät di vrhaua!"

*

In einem Dorf auf der Schwäbischen Alb wird für die Unterbringung erholungsbedürftiger Großstadtkinder geworben. Der Büttel geht durch die Straßen und ruft aus: „Diajenige Fraua, wo a Kend wöllet, brauchet sich bloß uff'm Bürgermeischteramt melda. Älles andre bsorgt dr Schuldes!"

*

Der Religionslehrer versucht der Klasse zu erklären, daß sich Ehepartner im Laufe der Jahre ähnlicher werden und sich auch einander anpassen. Ob denn jemandem ein Beispiel hierzu einfallen würde. Da meldet sich der altkluge Udo: „Mei Obba ond mei Oma ergänzad sich saumäßig. Mei Obba schnarcht, ond mei Oma hört nix meeh!"

*

Der kleine Lausbub fragt den Urlauber am Strand der Nordsee: „Onkl, was machsch'n du do?" – „Ich erhole mich und möchte braun werden." – „Ond des scheene Audo do henta, ghört des dir?" – „Ja." Da dreht sich der Kleine um und ruft: „Mamma, was solle sonscht no froga?"

*

Der Franz war schon alt, aber immer noch gut beieinander. Durch ein Versehen erscheint eines Tages seine Todesanzeige in der Zeitung. Er ruft gleich seinem Freund an, um ihm zu sagen, daß er noch lebt: „Du Karle, hosch mei Todesanzeig scho glesa?" – „Nadierlich", antwortet der Freund, „von wo ruafsch'n a?"

Isch hab de Babba gesche des Gummigrogodil eigedauschd!

HESSISCHE WITZE

Herr Müller hat seinen Chef, den Herrn Leibrandt, zu sich nach Hause eingeladen. Frau Müller hat sich mit dem Essen große Mühe gegeben. Als sie bei Tisch sitzen, fängt plötzlich der Hund Flori böse zu knurren an und fletscht dann sogar die Zähne. „Ei mach doch so kaa sache, Flore“, sagt Herr Müller immer wieder, aber es nützt nichts. „Was werd er dann nur habbe“, fragt der Chef. „Isch was es“, sagt da der kleine Basti Müller, „de Flori is äbsch, weil de Herr Leibrandt vun seim Deller ißt.“

*

Der Gast liest noch die Speisekarte, da kommt schon der Ober und meint liebenswürdig: „Derf isch Sie druff uffmerksam mache, daß unser Schnecke die Schbezialidäd des Hauses sinn?“ – „Des brauche Se mer net zu saache. Des waaß isch. Isch bin es letzde Mal von aaner bedient worn.“

*

Ein Großstädter, der Agronomie unkundig, spaziert während eines Urlaubs auf dem Land durch blühende Kartoffelfelder. Er bemerkt bei den Kartoffelblüten gewisse Unterschiede und wendet sich fragend an einen alten Bauern, der auf einem der Felder arbeitet. „Ach bitte, können Sie mir sagen, warum die einen Kartoffeln rosa blühen und die anderen weiß?“ „Abber des is doch ganz aafach, mein Herr,“, antwortet ihm der Bauer, „des aane gibt die Gereesde unn des anner die Gequellde.“

*

Im Krankenhaus erwacht ein Patient aus der Narkose. Er merkt, daß das Zimmer völlig verdunkelt ist und fragt ängstlich die Schwester: „Ei, warum isses dann hier so duster?“ Liebevoll antwortet ihm diese: „Nebeaa brennt die Holzhandlung, lichterloh schlaache die Flamme. Da hab isch schnell hier die Rolläde runnergelasse, damit se net glaabe, die Oberarzion wär mißlunge."

*

Ein Bauernbub führt eine Kuh durch die Dorfstraße. Unterwegs trifft er den Pfarrer. „Wohie gehst de dann mit deiner Kuh?" fragt er. „Ei, isch fiehr se halt zum Decke", sagt der Bub. „Unn da schicke se ausgereschend disch", sagt der Pfarrer voller moralischer Besorgnis. „Kann des dann net Dein Vadder mache?" – „Naa, Herr Parre", sagt der Bub, „des kann iwwerhaupt nur de Schdier."

*

Ein Boxerhund geht spazieren. Aus dem Fenster im dritten Stock eines Hauses schaut ein Schäferhund heraus. „Komm doch erunner, Schbordsfreund", bellt der Boxer hinauf. „Kann net, bin eigeschberrd." „Ei, dann hibb doch aafach", meint der Boxer. „Bin isch bleed", sagt der von oben, „daß isch dann hinneher ausseh wie du?!"

*

Der kleine Klaus erzählt morgens im Schulhof: „Also unser Hund, der is klasse. Jeden Morgen bringt er uns die Zeidung an de Kaffeedisch!" „Kerle, des is ja geil", meint ein Schulkamerad. „Ei ja, unn des scheensde dadebei is – mir habbe gaa kaa Zeidung abenniert!"

*

Ein vollbesetzter Omnibus keucht im Hochsommer bei glühender Hitze über den Westerwald. Der Fahrer schwitzt heftig und kommt aus dem Schalten nicht mehr heraus. Erster Gang, dann zweiter Gang, dann wieder erster, wieder rauf und runter. Eine alte beleibte Bäuerin sitzt neben ihm und schaut seiner Fuhrwerkerei interessiert zu. Endlich kann sie nicht mehr an sich halten: „Liewer Mann, Ehr dout mer laad. Halt emol des Rad fest, eich wern den Benzin eremrährn!“

*

Erich zu seinem Zellenmitbewohner im Knast: „Iwwer mei Schdraf weschem Einbruch ärjer isch misch net. Awwer, daß die mir noch drei Monad uffgebrummd hawwe, weil isch im Fluchtaudo net aageschnallt war, des reescht misch uff.“

*

Zwei Penner sitzen in Frankfurt am Mainufer auf einer Bank und sehen zu, wie gerade ein Ertrunkener aus dem Main geborgen wird und unterhalten sich aus aktuellem Anlaß übers Sterben: „Dann heert es Herz uff zu schlaache, de werst ganz kald unn fengsd ersd innedrin unn dann auße aa ze verweese...“, erklärt der eine dem anderen und fährt dann realistisch fort: „Ganz am Schluß fengsd de dann aa zu schdinke.“ Der andere rückt spontan ein Stück zur Seite, schnuppert in der Luft und fragt: „Saache emal, Kumbel, du bisd doch net edwa grad am Schderwe?“

*

Zwei Hasen werden von einem schwarzen Pudel verfolgt. Sie laufen, schlagen Haken und können endlich den Hund abschütteln. Völlig außer Atem setzen sie sich nieder, um auszuruhen. Plötzlich taucht hinter einem Hügel ein weißer Pudel auf. „Kerle, Mensch“, ruft da der eine Hase, „jetzd misse mer awwer en Zahn zuleesche. Der verdammde Hund hat schon sein Pullover ausgezoche.“

*

In der Schule ist die Schöpfungsgeschichte Thema. Paulchen döst vor sich hin, bis er von der Lehrerin mit der Frage hochgeschreckt wird: „Warum hat Gott nach em Himmel unn de Erd unn em Wasser unn em Wind, nach de Fisch unn de Veschel, de Leewe un Affe ganz zu allerletzd ersd die Eva erschaffe?“ Paulchen besinnt sich nicht lange und antwortet: „Des is doch klar wie Kloßbrieh, de liebe Gott hat die Eva zuletzd erschaffe, weil se em sonst allsfort eneigeschwetzt hätt!“

*

Eine Frau wird beerdigt, die Zeit ihres Lebens als streitsüchtig bekannt war und ihrem Mann manchmal außer Worten auch noch alle möglichen Gegenstände an den Kopf geworfen hat. Trotzdem wird eine schöne Grabrede gehalten und versichert, daß sie nun im Himmel sei. Der Witwer schüttelt dazu leise den Kopf. Auf dem Heimweg gibt es ein Gewitter mit Hagelschlag. Den trauernden Ehemann trifft ein Hagelkorn genau auf den Kopf. Da meint er zu seinem Sohn: „Willi, de Parre hat doch rechd gehabbd – die Mudder is im Himmel.“

*

Erwin schaut tiefsinnig vom „Eisernen Steg“ (Brücke in Frankfurt) ins Wasser. Karl: „Was schdierst de dann so ins Wasser?“ Erwin: „Mist, mer is mei Brill in die Donau gefalle.“ Karl: „Du host doch en Dubbe. Des is doch net die Donau, des is doch de Maa!“ „So, de Maa!“ seufzt Erwin, „da kannsde emal sehn, wie schlechd mei Aache geworn sinn.“

*

In das Höchster Krankenhaus wird ein Mann eingeliefert, dem bei einer Rauferei ein Auge ausgeschlagen wurde. Ein Zeuge soll den Vorgang schildern und tut dies folgendermaßen: „Mer sitze ganz gemüdlisch beienanner. Mer redde hie, mer redde her unn uf aamaal hängt aam es Aach raus.“

Die Bäuerin wurde vom Pferd erschlagen. Bei der Beerdigung kondolieren die Bauern des Dorfes. Der Pfarrer beobachtet, wie der Witwer dabei dauernd den Kopf schüttelt. Später fragt er ihn: „Saach emal, Schorsch, wieso hast dann du als unn als widder de Kopp geschüddelt?“ Worauf ihm der Bauer antwortet: „Ei, Herr Parre, die wollde all mein Gaul kaafe, und des habb isch abgelehnt!“

*

Der Lehrer spricht heute über Krankheiten und wie sie übertragen werden. „Oft bassierd des beim Umgang mit Tiern“, sagt er. „Desweeche sollt mer Tiern nie küsse.“ Da meldet sich Rolf: „Herr Lehrer, mei Dande Käthche hot immer ihrn Hund geküßt.“ „Unn?“ fragt der Lehrer. „De Hund is eigange“, antwortet Rolf.

*

Die kleine Lisa, fünf Jahre alt, ist nicht auf den Kopf gefallen. Zu ihr kommt der Vater und eröffnet ihr freudestrahlend, der Storch habe ihr ein Brüderchen gebracht. „De Schdorsch?“ erwidert sie. „Mach doch kaa Bosse, Babba, isch loss misch net mehr veräbbele. Des war doch sischer de Herr Müller, der wo aach neulisch de Nickeloos bei uns gemacht hat.“

*

Im Museum steht ein Paar vor einer Vitrine, in der eine Mumie ausgestellt ist. Zu ihren Füßen befindet sich ein Schild auf dem die Nummer MK-137 steht. Die Frau wendet sich ihrem Mann zu und fragt: „Was issen des fer e Nummer, Erwin?“ Erwin brummt: „Wahscheints is des die Nummer von dem Audo, was den so ferschderlisch zusammegefahrn hat.“

*

Frau Sondermann unterhält sich im Kino ständig mit ihrem Sitznachbarn. Schließlich beschwert sich ein Zuschauer hinter ihr: „Hee, Sie aal Quasseldippe, isch verschdeh hier hinne kaa aanzisch Wort!“ „Ja unn!“ giftet Frau Sondermann. „Isch redd ja aach doch gar net mit Ihne!“

*

„Es is doch werklisch draurisch, daß dein ersde Mann so frieh schderbe mußt!“ – „Des secht mein zweide Mann aach immer!“

*

Metzger Fritz hat ein neues Schlachthaus gebaut. Jetzt liegt der Aushub und Bauschutt als großer Haufen im Grasgarten und die Gattin ihm in den Ohren, daß er endlich den Dreckhaufen wegschafft. Fritz fragt seinen Freund, den Hermann, um Rat. Der blinzelt nur kurz und rät: „Gräbst de halt aafach e Loch im Gadde unn werfst den Dreck eninn!“ Freudestrahlend gibt Metzgerfritz seiner Frau die Lösung bekannt. „Du Olwel!“ fährt sie ihn an. „Wo schaffst de dann die Erd hie, die de beim Lochgrabe enausschaufelst?“ „Grab isch halt noch e Loch“, meint gleichmütig der Metzger Fritz.

*

Der kleine Hannes erzählt in der Schule: „Gesdern habbe se in unsrer Kersch die neue Glogge eigeweihd, un de Farrer un de Bürjermeisder habbe Redde gehalde. Dadenach habbe se se dann uffgehängt.“

*

Im Frankfurter Zoo sind kleine Tierzwinger, die von der Offenbacher Firma Fuchs und Rexroth stammen und alle ein Firmenschild haben. In einem Zwinger tummeln sich ein Fuchs und ein Dachs. Ein Bub bleibt vor dem Käfig stehen und fragt den Vater, wie die Tiere heißen. Der wirft schnell einen Blick auf das

Schild: „Des da, Ernstche, is en Fuchs, ganz sischer. Abber, ob der annere do driwwe en Rexroth is, kann isch net mit Sischerheid saache."

*

In einem Wirtshaus preist ein junger Motorradfan lautstark die Vorzüge seines Feuerstuhls. „Wenn isch so uff meim Modorrad hock unn mit hunnertfuffzisch Sache iwwer die Schdraß feesch, flitze die Bäum und die Telegrafeschdange nur so vorbei, die breit Schdraß kemmt mer vor wie en schmale Schlauch, unn die Felder sinn net ze unnerscheide, ob Korn, Kadoffel odder sonstwas druff wechst." „Korz unn guud", kontert ein alter Bauer den Angeber, „wenn de so an eme Kadoffelfeld vorbeifehrst, unn gleisch druff kommt en Weiher, siehsde kaa Felder un kaan Weiher, sonnern nur noch Kadoffelsupp."

*

Fragt der Lehrer in der Schule: „Warum is es so wichdich, daß mer lese lernt?" Oliver antwortet ihm: „Damit mer sich beschäfdische kann, wenn emol de Fernseher kabutt is."

*

Polizist: „Habbe Sie was getrunke?" Autofahrer: „Ja!" Polizist: „So, dann blase Se mal hier enei!" Autofahrer: „Ei, warum dann des? Glaabe Se mer vielleischd ned?"

*

Bei einem Frankfurter Fabrikanten bewirbt sich eine Putzfrau. „Was wolle Sie dann habbe?" fragt er. „Nur des Übliche. Zum Kaffee zwaa Breetcher, zum Friehschdick e Verdel Flaaschworschd, es Middachesse, unn um fünf, wenn isch geh, noch was zem Mitnehme. Unn am Daach zeh Mack." Der Fabrikant ist langsam rot angelaufen. „Unn was kost's, wenn Se nur zem Fresse komma?"

Ein Streit ist mit einer Ohrfeige beendet worden. Man sieht sich vor Gericht wieder. „Tja, das ist eine böse Geschichte“, meint der Richter. „Unter einem halben Hunderter geht das nicht ab.“ „Was?“ ruft erbost der Täter, „wivell soll des kosde? Fuffzisch Mack fer aamal uff die Backe haache? Da, her habbe Se hunnert!“ Er klatscht einen Hundertmarkschein auf den Amtstisch und seine Hand auf die Wange des Richters.

*

Vater und Sohn machen am Sonntagvormittag einen Spaziergang. Fragt der Sohn: „Was issen des fer e Denkmal?“ – „Ei, des is doch – ach, es is mer entfalle, Bub!“ Ein Stück weiter: „Du Babba, wie haaßt dann der Platz?“ „Des waaßte net?“ der Vater überlegt. „Ich komm abber im Moment aach net druff!“ „Unn da drübbe, der große Bau, was issen des?“ fragt der Filius jetzt wieder. Der Vater hüstelt ein wenig verlegen und antwortet dann: „Des fällt mer aach grad ned ei!“ Nach einer Weile meint der Junge: „Du Babba, soll isch jetzd lieber nix mehr fraache?“ – „Doch, Bub, fraach nur, du sollst doch aach was lerne!“

*

Das Baby will nicht einschlafen. „Soll isch em was vorsinge?“ fragt der Vater. „Lieber net“, sagt die Mutter, „probier’s doch ersd emol im Guude!“

*

Heinz und Theo sitzen vor dem Haus von Walter Vogel und sehen seinen Kindern beim Spielen zu. Sagt Theo zu Heinz: „Dem Vochel Walder sei Kinner schreibe sisch ja alle mit eme ‚Sch’ vorne: Schaa, Schorsch unn die Scharlodde.“ Darauf Heinz: „Alle bis uff die klaa Zofie, die schreibd sisch vorne mit eme ‚Z’.“

Zwei Darmstädter fahren nach Frankfurt und besuchen dort das Senckenbergmuseum. Sie kommen zum Skelett eines Fisches. „Guck emal, vor vierhunnert Milljone Jahrn soll der Quasteflosser da gelebt habbe. Des is en Schdammvadder von de Menschheit.“ „Der wär aach besser versoffe!“

*

„Warum steht die Säule hier auf dem Platz?“ fragt ein Tourist in Darmstadt beim Anblick des „Langen Ludwig“ einen Einheimischen auf dem Luisenplatz. „Hechsdwascheinlisch, deß die Figur ned erunnerfelld“, lautet die Antwort.

*

Im Zugabteil sitzt ein Pfarrer und betet leise sein Brevier. Ihm gegenüber sitzt eine Mutter mit einem Säugling. Eben hat sie ihn trockengelegt, und nun tut sie's schon wieder und gleich darauf zum drittenmal. „Is Ihr Kind krank, daß sisch's so oft naß mache duht?“ fragt der Pfarrer verwundert. „Ach, woher dann, mei Bobbelsche is vellisch gesund“, antwortet die Mutter, „abber Sie mit Ihrm schdändische – Pss – pss – pss!“

*

Klaus sieht zu, wie Florian den Fischen etwas ins Wasser schüttet. „Was issen des?“ fragt er. „Wasserfleeh“, meint Florian. „Des finn isch e gemein von dir“, empört sich Klaus, „wo de doch genau waaßt, daß sisch die Fisch net kratze kenne.“

Minge Mann nemmen ich immer als Bajaasch met – dat kütt meer vill bellijer ...

KÖLSCHE WITZE

„Mamm, häste evvens zwei Mark för en ahl Frau?“ – „Kind, dat es ävver leev vun dir. Un wo steit die Frau?“ – „Se steit drusse vörm Jeschäff un verkäuf Soff-Ies.“

❁

Klein-Pitter sagt zu seiner Mutter: „Ich weiß jetz, wat ich meer för der Jebootsdaach wünsche künnt!“ – „Un wat?“ – „’ne Tampon.“ – „’ne Tampon? - Weißte üvverhaup, wat dat es?“ – „No jo, nit esu janz; ich han ävver jelese, dat mer domet schwemme, rigge un Tennis spille kann.“

❁

Kommt eine Frau zum Doktor: „Ich han Ping - do, wo de Jall es.“ – „Dann dun se sich ens freimaache!“ – „Ustrecke? Woröm dat dann? Dun Se meer nit jläuve?“

❁

Beim Arzt: „Öre Puls jeit ävver ärch langsam.“ – „Mäht nix, Här Doktor, ich han Zick ze basch.“

❁

Fragt der Doktor: „Hadder Moleste met de ‚Blähunge’?“ Kommt Antwoot: „Moleste? – Dat es de einzije Freud, die ich noch han!“

❁

„Na, Här Doktor, es et jot jejange met der Operation?“ – „Wiesu ‚Här Doktor’? – Ich ben der Zint Pitter!“

Jeden Morgen kommt das Lehrmädchen zu spät in den Laden. Schimpft der Chef: „Kannste dir nit ens ne Wecker stelle?“ – „Dat dun ich jo; bloß dat Ding schellt immer, wann ich noch am schlofe ben!“

❁

„Zick zwanzich Johr ben ich ald verhierot un han immer noch de selve Frau ussem deefste Hätzekülche erus jän.“ – „Su jet hööt mer selde.“ – „Jo, bloß wann ming Frau jet dovun wöß - ich jläuv, die dät mich ömbrenge.“

❁

„Stell dir ens vör, do däts hundert Mark en der Botzetäsch finge; wat dätste dann maache?“ – „Hm, et eesch wööd ich mich froge, wäm sing Botz ich aanhätt.“

❁

Stolz erzählt eine junge Mutter: „Mi Kind läuf ald drei Woche!“ Meint eine ältere Frau: „Dann es et jetz secher ärch mööd, wat?“

❁

Der Kellner fragt den Gast: „Hadder noch ene Wunsch?“ Sagt der: „Jo, dun Se doch bitte de Rechnung flammbiere!“

❁

Kommt ein Mann zum Arbeitsamt und sagt: „Ich hätt jän en Arbeitsstell.“ Antwortet der Beamte: „Do han ich jet för üch. Sibbedausend Mark netto, drei Mond Urlaub, Deenswage - och för privat ze nötze, jede zweite Friedaach frei ...“ Da fällt der Mann dem Beamten ins Wort: „Wollt Ehr mich op der Ärm nemme?“ Sagt der Beamte nur: „Wä hät dann domet aanjefange?“

Der Lehrer schimpft: „Pitter, do häs jenau dieselve Fähler jemaat wie dinge Nohber! Wie kannste meer dat verklore?“ Pitter: „Meer han doch och derselve Lehrer!“

❁

Ein Maurer zum anderen: „Ich han dis Woch e janz Huus verputz!“ – „Un, wor et lecker?“

❁

Im zoologischen Garten fragt eine Schlange die andere: „Saach ens, sin meer eijentlich jeftich?“ – „Wiesu dat dann?“ – „Ich han meer jrad op de Zung jebesse.“

❁

An der Theke erzählt der Tünn seinen Stammtischbrüdern voller Stolz, daß sein Sohn das Abitur bestanden hat und jetzt Wirtschaft studiert. Meint einer von denen: „Dat es jot esu, jesoffe weed jo immer!“

❁

Die Eltern haben das Töchterchen das erstemal mit in die Oper genommen. In der Pause fragt das Kind: „Woröm dräut der Mann do janz vöre immer der Sängerin op der Bühn met däm Stöckche?“ – „Dä droht doch nit, dä dirijeet.“ – „Un woröm schreit dann dat Frauminsch esu?“

❁

Erzählt Frau Schmitz ihrer Freundin: „Jester han meer uns ens dä Ring der Nibelungen anjeloort.“ – „Un, weed dinge Mann in dir kaufe?“

„Tünnes, wo jeiste hin?“ – „Ich söken meer en neu Wonnung; de ming es meer ze düür.“ – „Ich jläuv, do künnt ich dir helfe. En der Nöh vum Bahnhoff es jrad ein frei jewode. Die eeschte drei Nääch kammer wäjen däm Lärm zwor nit schlofe, ävver dann häste dich dran jewennt.“ – „Leeven Schäl, dat mäht doch nix; schlofen ich die eeschte drei Nääch bei dir!“

❁

„Saach Tünnes, häste eijentlich dat Pößje bei der Stadt kräje?“ – „Enä, jrad ein Woch wor ich do.“ – „Un dann?“ – „„... frochten mich der Chef, woröm ich morjens ald besoffe en et Bürro kömm.“ – „Un woröm – wat häste däm jesaht?“ – „Natörlich, dat ich nix doför künnt. Der Doktor hät meer nämlich en Milizing för morjens enzonemme jejovve; dobei dörf ich ävver nit nöchter sin.“

❁

Stehen zwei Putzfrauen zusammen, sagt die eine: „Ich maachen jetz Diät.“ Sagt die andere: „Jot, dann maachen ich de Finster.“

❁

Im Atelier sagt der Maler zu seinem Modell: „Et leevs dät ich Se jo nackelich mole.“ Meint das Mädchen: „Ich weiß nit esu rääch – künnen Se nit winnichstens de Ungerbotz aanbehalde?“

❁

Nach dem Konzert geht ein Mann in die Garderobe des Sängers. „Leeven Här Kulleech, wie ich sinn kunnt, woodten Se jo met fuul Äppel beworfe.“ – „Nit schlemm – sujet kütt ald ens vör. De mihtste Lück han ävver öntlich jeklätsch.“ – „Jo, jo – wann die andere jetroffe hatte!“

Nach Wochen kommt Noßbaums Manni wieder an den Stammtisch und protzt vor seinen Saufkumpanen: „Jetz jiddet ävver kei Krankehuus mih, wo ich nit ald ens dren jeläje han!“ Ruft einer von ihnen: „Hör bloß op! Ich wett met dir öm hundert Mark, dat dat nit stemmp!“ – „Maache meer, schlaach ich en.“ – „Do häs, bloß för e Beispill zo brenge, bestemmp noch nit en der Frauekli-nik jeläje!“ – „Do Jeck, do ben ich doch op de Welt jekumme!“

❁

„’ne Momang, Schwester, ich well däm Patient noch flöck e Rezep schrieve!“ – „Ävver Här Doktor, met däm Fieberthermometer weed dat wal nit fluppe.“ – „Leeven Jott! Han ich däm dann villeich minge Füller en de Fott jedaut?“

❁

Zwei Kinder unterhalten sich auf dem Spielplatz. Sagt das Mädchen zum Jungen: „Wann do jroß bes, deiste mich dann hierode?“ – „Dät ich jo jän; ich jläuv ävver, dat do nix drus wäde kann.“ – „Woröm dat dann?“ – „Jo, en minger Familich dun se all ungerenander hierode: der Papp de Mamm, der Onkel de Tant, der Opa de Oma - immer ungerenander.“

❁

Sagt der Junge: „Wann ich dann esu jroß ben, dat ich hierode kann, wäden ich secher su vill verdehne wie minge Vatter.“ Darauf das Mädchen: „Un wann ich esu jroß ben, wäden ich och esu vill usjevve wie ming Mutter.“

❁

Der Pastor trifft auf dem Weg in die Kirche zwei Jungen, die dabei sind, sich ordentlich zu verhauen. Er geht dazwischen und mahnt: „Weßt ehr dann nit, dat mer sing Feinde ‚liebe‘ soll?“ – „Jajo, wesse meer dat! Ävver meer sin jo och kein Feinde – meer sin Bröder!“

Die Kinder aus der Nachbarschaft spielen Indianer. Kommt der Großvater eines der Jungen dazu. Fragt ihn der Enkel: „Opa, spillste met? Mäste Cowboy!“ Sagt ein anderer Junge: „Fritz, dat jeit doch nit. Sühste dann nit, dat dä kei Hoor mih om Kopp hät? Wie solle meer dä dann noch skalpiere!“

❁

Mittagspause auf dem Finanzamt. Ferdinand weckt seinen Kollegen: „He, Rudi, küßte met nohm Esse oder deiste durcharbeide?“

❁

Die Polizei hat zwei Landstreicher festgenommen. Beim Verhör wird dem ersten die Frage gestellt: „Wo wonnen Se?“ Sagt der: „Ich? Nirjends un üvverall.“ – „Un Se?“ – „Ich ben däm singe Nohber.“

❁

In einem Café. „Jetz han ich bal de janze Appeltaat opjejesse, ävver noch nix vun enem Appel jefunge. Do sin wal su jot wie kein Äppel dren, wat?“ – „Ör Opräjung kann ich nit verstonn; em ‚Hundekuchen‘ sin och su jot wie kein Hüng dren!“

❁

Der Besuch schickt sich an zu gehen: „Hoffentlich simmer Üch och nit zo lang jeblevve?“ – „Ävver nit doch; öm die Zick ston meer suwiesu immer op.“

❁

Der Koch ist wütend, ruft das Lehrmädchen zu sich und brüllt es an: „Wie kannste bloß ‚Speinat‘ op de Foderkaat schrieve – dat mäht mer doch nor met enem i!“ Recht bockig antwortet das Mädchen: „Jetz op eimol? Vörhin hadder noch jesaht, ich sollt ‚Spinat met Ei‘ op de Kaat setze.“

Eines Tages platzt dem Chef der Kragen: „Do bes entlasse - us jesundheitliche Jründ!“ – „Ävver ... ich ben doch jar nit krank!“ – „Maach jo sin, mich ävver, mich mähste krank!“

❁

Treffen sich zwei Freunde, sagt der eine: „Zwesche däm Lis un meer es et aus un vörbei. Meer dun nit hierode.“ – „Wie dat dann? Ehr sid doch ein Hätz un ein Siel jewäs.“ – „Däts do dann einer hierode, dä luuter sing Fründe am beleje un bedreje es?“ – „Nää.“ – „Sühste, un dat wollt dat Lis och nit.“

❁

Drei Männer stehen an der höchsten Stelle, die man am Kölner Dom erklimmen kann. „Toll, wie wick mer loore kann - jenau et richtije Wedder för zo fleeje“, sagt einer von ihnen und springt über die Brüstung. Einer Feder gleich segelt er bis auf den Roncalli-Platz hinunter. „Draumhaff! Do kütt jo richtich Freud bei op!“ murmelt der nächste vor sich hin und springt auch. In weitem Bogen schwebt er zu seinem Freund hinunter. Denkt sich der dritte: „Wann dat esu einfach es, well ich dat och ens probeere.“ Er steigt auf das Geländer und läßt sich fallen. Interessiert schauen die anderen zwei von unten zu. Dann sagt einer von ihnen: „Dofür, dat meer Engele sin, sin meer ävver doch ärch jemein ...“

❁

Die Ooschel darf das erstemal mit ihrem Freund ausgehen. Die Mutter gibt dem Mädchen noch ein paar Ratschläge mit auf den Weg. Kurz vor Mitternacht kommt die Ooschel wieder heim. Die Mutter fragt sie nun: „Un, wie wor et? Beste och schön adich jeblevve?“ – „Och, Mutter, der Franz meint sujar, ich wör jroßadich jewäs.“

„Kennste eijentlich der Ungerscheid zwesche nem Biamte un Holz?“ – „Enä.“ – „Holz deit Daach un Naach arbeide!“

❁

Das Pitterche bekommt eine Spritze. Fragt die Mutter die Schwester: „Na, hät sich minge Son och wie ene richtije Mann verhalde?“ „Enä, dat kammer verhaftich nit sage“, antwortet die Schwester, „hä hät nämlich üvverhaup nit jeknaatsch.“

❁

„Saach ens, wollste nit dis Johr noh England jefahre sin?“ – „Jo, han ich vörjehatt.“ – „Un woröm beste nit ...?“ – „Der Linksverkehr es meer doch vill zo jefährlich. Ich han et usprobeet: Op der Autobahn Köln-Frankfurt – nee, freiwillich ni mih!“

❁

„Papa, loß mer doch leever en Kölle blieve un nit op die Südsee-Insel fahre. Ich well nit vun de Kannibale jefresse wäde!“ – „Ävver Jüngelche, wie küßte dann op su jet? Do wonne doch kein Minschefresser!“ – „Em ‚Reiseprospekt‘ steit ävver, dat die Insulaner vun de Touriste levve!“

❁

„Papa, wat es ene Transvestit?“ – „Do mußte de Mamm froge, der weiß dat!“

❁

Der Richter fragt den Kläger: „Doot Ehr en däm Anjeklachte do dä Mann erkenne, dä Üch dat Auto jekläut hät?“ – „Huh Jereech,“ kommt es nur noch langsam aus ihm heraus, „noh der Red vun däm Avekat weiß ich beim beste Welle nit mih, ov ich üvverhaup jemols e Auto jehat han.“

„Paul, woröm beste eijentlich bei de Polizei jejange; als Verkäufer wors do doch zefridde?“ – „Jemaach, jemaach! Et jingk meer ävver met der Zick op de Nerve, denne Kunde luuter Rääch jevve zo müsse. Jetz hät der Kunde immer unrääch!“

❁

„Ehr seht jo ärch malätzich uus. Wat fählt Üch dann?“ – „Haupsächlich de Jesundheit, Här Doktor!“

❁

An der Kasse ist ein Kunde am schimpfen: „Wann Se selvs zojevve, noch nie ene 35-Mark-Sching jesinn zo han, wie künnen Se dann sage, dat dä he falsch es?“

❁

„Schängche, ding wieße Botz es jo janz brung! Wie häste dat dann jemaht?“ – „Ich ben en et Jras jefalle.“ – „Ävver Schängche, Jras es doch jrön!“ – „Secher, bloß dismol hatt et en Koh vörherr jefresse!“

's is wärglich hibsch, Garl-Heinz, doch mir machn drodsdähm wiedr ins Gebärche.

SÄCHSISCHE WITZE

In Leipzig singt zu abendlicher Stunde immer ein leicht angesäuselter Stammkunde die schmutzigsten Lieder. Das wäre alles nicht so schlimm, wenn das nicht ausgerechnet vor „Auerbachs Keller" geschehen würde. Und jedesmal gibt es Gäste, die sich darüber erregen. Heute tut der Geschäftsführer den Gästen den Gefallen und ruft wegen des Sängers einen Polizisten. Der meint: „Sie, gudr Mann, wissen Se dene nich, daß hiers Singn vrbodn is? Also, sein Se so gud un blägense woandersch." – „Herr Wachdmeesdr, wissen Se nich, dasses im Uhland heeßd: Singe, wäm Gesang gegähm?" – „Ja, 'ch weeß, in Uhland. Mir sinn hier awwr in Saggsn."

❀

Leipziger Petersstraße zur Messe. Es ist sehr viel los, weil alle Firmen, die ausstellen, ihre Waren anliefern. Wenn man da nicht aufpaßt, kann schnell etwas passieren, und so kommt es, daß Herr Mählmus von einem der Lastkraftwagen erfaßt wird. Ruckzuck ist die Polizei da und erfaßt den Unfall: „Wo befanden Se sich, als Se iewrfahrn wurdn?" Herr Mählmus stöhnt: „Underm Audo!"

❀

Im neuen Schuhgeschäft in Dresdens Prager Straße ist nicht viel los. Da tritt Frau Weiße ein und verlangt Schuhe mit flachen Absätzen, so flach, daß man sie kaum noch als Absätze bezeichnen kann. „Un wozu wolln Se die draahchn?" fragt die neugierige Verkäuferin. Frau Weiße: „Zu äm gleen feddn suberreichn Wessi."

❀

Mehlhose macht einen Spaziergang und kommt an dem neu gegründeten Betrieb in seiner Nachbarschaft vorbei. Dort werden noch dringend billige Arbeitskräfte gesucht. Das Schild verkündet: „Suchen Mitarbeiter beiderlei Geschlechts". Mehlhose staunt: „Was es heidzudahche nich alles gibbd..."

Mehlhorn sitzt im Café Cather und studiert die „Leipziger Volkszeitung“. Er hat seine Tasse Kaffee vor sich stehen sowie seine Eierschecke und liest halblaut die Todesanzeigen. Plötzlich entdeckt er: „In tiefer Trauer teilen wir mit, daß unser lieber Herr Mehlhorn...“ Ihm bleibt die Eierschecke im Halse stecken, er sucht fix drei Groschen und saust zur Telefonzelle, um seine Frau anzubimmeln. „Mehlhorn!“ – „Hier bin ich, dei liewr Mann, schdell dir ma vor: ähm hawwe 'ch in dr Zeidung meine eehchne Dodesanzeiche geläsn, mir ziddrn richdch de Gnie...“ Laut tönt es zurück: „Aldr Suffgobb! Hasd wohl widdr een zeviel genaschd, heh?“ Doch nach kurzer Pause fragt Frau Mehlhorn leicht verunsichert nach: „Sahche mal, woher rufsde denn eechendlich an?“

❀

„Angeglaachdr, 'ch widdrhole zum Middschreim fier Sie: Lehchen Se ä umfassendes Geschdändnis ab, dadrbei gomm Se wärglich viel bässr weg!“ – „Ärschd missen Se mir verradn, was de Zeichn wissn.“

❀

Chefökonom Klaus Semmel hat in Chemnitz zwar eine schöne Stellung, doch noch keine schöne Wohnung, und so lebt er in Untermiete bei der Witwe Melmer. Die wendet ihre ganze Liebe dem Herrn Semmel zu, sie bekocht und bebäckt ihn nach allen Regeln der Kunst. Leider hat sein Untermieterstübchen kein fließendes Wasser. Eines Abends steht Herr Semmel mit seinem Krug in der Küche und bittet um etwas Wasser. Es vergehen nur wenige Minuten, da wird Herr Semmel schon wieder vorstellig und beteuert: „'s dud mr leid, meine liewe Frau Melmer, doch ich däde noch ä häbbchen Wassr beneedchn.“ Nach sehr kurzer Zeit steht er schon wieder auf der Matte und verlangt ein weiteres Mal Wasser, diesmal aber möchte es, bitteschön, „gleich ä Eemer“ sein. Nun wird es Frau Melmer aber doch mulmig, und sie fragt: „Wieso aasen Se dnn so midd dähm gosdbarn Naß?“ – „Mei Bädde brennt!“

Die Mitarbeiter der neuen Firma haben es gut getroffen, der neue Chef aus Bayern tritt vor sie hin und verkündet: „Ihr habt gut g'schafft, i spendier a Paris-Reis'n!“ Der Jubel ist groß, und so macht man sich mit einem Bus von Leipzig nach Paris auf. Abends stehen Lichterfest und Montmartre auf dem Plan sowie das Studium des sündigen Nachtlebens. Herr Grähnert verschwindet kurzzeitig vom Team, um sich eine der sagenhaften Pariser Kokotten wenigstens aus der Nähe anzugucken. Er steuert auf die an der Hauswand lehnende Dame zu, beäugt sie und ruft: „Das is ä Weib!“ Die horizontal arbeitende Dame lächelt: „Ah, Allemagne!“ Erschrocken wehrt Grähnert ab: „Um Godds willn! Wer soll das bezahln – 'ch mechde liewr doch alleene...“

❀

Herr Melmer trifft Herrn Feifer: „Na, wie gehds dr dnn, mei Säbbl?“ – „Dengge mal an, 'ch bin seid gud drei Monadn gligglich vrheirad. De Susi Belmer un ich, mir sinn gligglich.“ – „Ach so, de Susi, ja, die genn 'ch oohchn. Weeßde, vor ä baar Jahrn habb'ch se in Wermsdorf am Horschdsee gedroffn. Mr sin zesamm Gahn gegondld, un wie mr ä häbbchen draußn warn, hawwe 'ch zu r gesachd, wennse mich nich soford erheeren dud, gibble'ch dn Gahn um, un mr falln beede ins nasse Wassr un ersaufn.“ – „Das is ja ferchdrlich. Un was war?“ – „Siehsd doch, mir lehm alle beede.“

❀

Herr Hanisch kommt nach Hause und wird von seiner Frau mit der Nachricht überrascht: „Schdell dir vor, de Melmern läßd sich vom Bädde ihres Mannes scheiden!“ – „So ä Bleedsin, was heeßdn vom Bädde? De Redensard is doch: Mr läßt sich von Disch un Bädd scheiden.“ – „Ach so, ässn gannr also oohch nich...“

❀

„Was issn dr Undrschied zwischen äm Beinbruch un äm Ehebruch?" – „Geene Ahnung." – „Beim Beinbruch gehd ee Been ausändr, beim Ehebruch gehn zwee – änn unrächdn Wech."

❀

Herma Bagge kommt zum Standesbeamten und meldet ihr fünftes uneheliches Kind an. „Un wer is dr Vadr?" möchte der Beamte wissen. „Därsälwe, dähr mihr oohch die vier andern Wärchl gemachd hadd." Der Standesbeamte ringt sich nach kurzer Überlegung zu der Frage durch: „Un dähn wolln Se wohl nich heiradn?" Entsetzt antwortet Herma Bagge: „Awwr 'ch bidde Sie – dähr is doch aus Breißn!"

❀

Die beiden Jungunternehmer Grause und Müller treffen sich. Grause ist erstaunt: „Na sahche mal, vorchde Woche haddsde de Schderne so in Faldn gelehch, als wollsde än Himalaya auf deim Gobb wachsn lassn." – „Cha, mei Liewr, da hadde'ch oohch midd meinr Färma jede Menge Sorchn. Doch das is vrbei." – „Du bisd ä Schenie! Wie hasde dnn das ferdichgebrachd – midd ä Greddid?" Müller schüttelt energisch den Kopf: „In meine Färma es eenr eingedredn, dähr mir alle Sorchn abnimmd. Das isses." – „Was bezahlsde dähm dichdchen Gärlchen dnn?" – „Runde fimfdausnd im Monad." – „Un wo hasde die her?" – „Das is seine Sorche!"

❀

Herr Melmer und Herr Helmer sind die besten Freunde und wohnen sich gegenüber. „Mänschnsgind, Melmer, gäsdrn ahmd haddsde dein Vorhang nich zugezohchn, da gonnde ich sehn, wier eich ausgezohchn habbd un ins Bädde seid, un wies dann gewaggeld hadd..." – „Du wärschd lachn: 'ch war gäsdrn ahmd gar nich heeme."

„Awwr Sie hamm änne Ähnlichgeed midd meinr liehm Frau, wärdr Herr. De Nase, de Oochen, de Ohrn un dr Schnurrbard!“ – „Gäsen Se nich rum. ’ch hawwe iewrhaubd geen Schnurrbard.“ – „Awwr meine Frau hadd een.“

❀

„Gudn Dahch, Herr Farrer“, begrüßt Bäckermeister Semmel den neuen, nicht sächsischen Geistlichen, „Se wissn doch, daß mir beede dassälwe machn?“ – „So, mein Sohn, und was soll das sein?“ – „Sie machen Bredchen (Predigten), un ich mache Bredchen (Brötchen) – so is das nu ämal in Saggsn.“

❀

Es unterhalten sich Frau Pietsch und Frau Zietsch. „Biedschn, also guggen Se mal den graugebbchn Mann dord driehm, genn Se dähn? Nich? Nu wissen Se, der hadd schon manche Dräne droggn helfn.“ – „Ach, wieso denne? Dähr is wohl ä großr Wohldädr? Dähr gibbd wohl viel for de Armn un de Obdachlosn un de Gerche?“ – „Dähr? Bewahre! Nich ä Fängg!“ – „Nu, Se sahchn doch, r hadd manche Dräne droggn helfn...“ – „Das is wahr, dähr handeld schon seid zähn Jahrn midd Dembo-Daschendiehchern.“

❀

Medizinalrat Oberarzt Dr. Heilemann steht die Empörung im Gesicht geschrieben. Er ist ja einiges gewöhnt, aber dieser Schmutzfink, nein, wirklich! So ermahnt er den Patienten: „Ich bitte Sie, ein Bad vorher hätten Sie aber ruhig nehmen können.“ – „Ändschuldchen Se, Herr Doggdr, ’ch dachde, ’ch hädd ’ne innre Grangheid.“

❀

„Das ist eine Unverschämtheit von Ihnen“, tobt der Richter und wendet sich dem Angeklagten zu, „dem Arzt, der Sie kurz vorher untersucht hat, seinen Mantel zu stehlen." – „Blasen Se sich nur nich so uff, Herr Richdr. Ich befohlche nur seine Anweisung, un die besahchde, 'ch sollde soford äwas Warmes zu mir nähm."

❀

Im Zug von Berlin nach Dresden. „Ach, bitte, Herr Schaffner, gibt es auf der nächsten Station Erfrischungen?" – „Freilich werds welche gähm." – „Das ist gut. Wissen Sie zufällig, ob man dort auch Zeitungen führt? Ich brauche dringend Lektüre." – „Zeidungn hamm die oohch." – „Da bin ich ja gerettet. Wie lange haben wir denn Aufenthalt?" – „Gar nich, mr fahrn durch."

❀

„Wie gehds denn Ihr wärdn Frau Gaddin?" – „Sie wärn lachn – die is dod." – „Escha! Das is doch ni mehchlich?"– „Ni mehchlich? Gomm Se schbaßeshalwr midd un guggen Se sich de Leiche an."

❀

Fräulein Kunze steht kurz vor der Verheiratung und unterhält sich mit ihrer besten Freundin, Fräulein Müller. „Mei Breidcham sahchd, je efdrsch r mich siehd, desdo scheenr wär ich." Fräulein Müller hat nicht nur einen scharfen Blick, sie hat auch eine spitze Zunge: „Gunzn, lassen Se dähn Gärl ruhich mehrmals am Dahch zu Se gomm."

❀

Familie Weinbrecht ist zum erstenmal in Venedig gewesen und absolut entzückt von der Dogenstadt. „Habbdr oohch alles gesähn?" werden sie immer wieder von Bekannten und Freunden und Verwandten ausgequetscht. Und jedesmal schütteln sie bedauernd den Kopf: „Ach was, mr missn noch ämal hin. 's war grade Hochwassr un alles iewrschwämmd."

In der S-Bahn ist immer etwas los, weil viele damit gern zur Arbeit fahren. Karl erzählt seinen S-Bahn-Mitstreitern, die er alle schon ein Dutzend Jahre kennt, vom geplanten Wochenendausflug. „Am Sonndahch ziehn mr alle Mann de Saale lang." „Wieso?" fragt sein Spannemann ihm gegenüber, „isse zu gorz?"

❀

Ein sächsischer Bierbrauer hat zu DDR-Zeiten die Absicht, sich mit dem von ihm gebrauten Bier an einer internationalen Ausstellung zu beteiligen, in der Hoffnung, dort eine Medaille erringen zu können. Vorsichtshalber fragt er einen seiner besten Kunden, was der wohl davon hält. „Änn Breis willsde auf deine Blämbe? Änn Breis gannsde mid Sicherheed griechn, awwr nich auf dei Bier, sondern auf die Leide, die dei Bier saufn."

❀

„Gudn Dahch, Herr Bimbelmus, wie solln dähr Ring aussähn, den Se vrlorn hahm?" Bimbelmus äugt den Fundbürobeamten an und knurrt: „Se schdelln vrleichd bleede Frahchn. Wie r aussähn soll? Nadierlich wie ächd."

❀

Reitunterricht. Ermahnung des Reitlehrers: „Mänschnsgind, Biedsch, Se siddzn heide wiedr aufm Zossen wie ä Schdiggchen Läwerwurschd auf eem Glas Gose (obergäriges Bier)."

❀

In der Schule fragt der Lehrer: „Wenn Mann un Frau heiradn, wie nänndmr das?" Der kleine Georg meldet sich und sagt: „Sie schließn än Ehebund." „Richdich, mei Schorschl", lobt der Lehrer und zeigt auf den mit dem Nachbarn tuschelnden Kuhnert: „Guhnerd, hasde aufgebaßd? Los, andworde schnell: Was schließn Mann un Frau, wennse heiradn?" Kuhnert: „De Dürn un de Fänsdr, Herr Lehrer."

Der Lehrer nimmt im Unterricht Haushaltsgeräte durch. Er kommt schließlich zum Messer: „Baulchen, weswehchen hadd dei Vadr ä Messr?“ Baulchen überlegt kurz, dann kommt wie aus der Pistole geschossen die Antwort: „Wähchn dähm Gorgnziehr!“

❀

„Wesderwechen hasde dnn dähn Gleen de Gusche so bludch geschlahchn, Gurdi, mei Gudsdr?“ Kurt klärt seine liebe Mutter nur zu gern auf: „Schdäll dir vor, Mamma, dähr hadd doch reeneweg behaubdet, är gloobd nich, daß unsr Babba im Zuchdhaus wäre, dähr hädde bloß Gefängnis. Da habb'chn richdich vrdroschen!“ – „Hasde rächd gemachd, hibbsch von dir, daßde so auf dein Babba häldsd.“

❀

Man befindet sich in einem Prozeß, und geklagt wird wegen des Eheversprechens, das der männliche Teil nicht eingehalten hat. Der Richter wendet sich an den Angeklagten: „Soso, Se behaubden also, daß Se nich zurechnungsfähich gewesn sinn, als Se dr Glächerin dn Andrahch machdn. Wo dermidd wolln Se das dnn biddescheen beweisen?“ Der Angeklagte: „Beweisen? Nischd eefacher als das. Biddn Se doch mal de Frau Glächerin, dähn Schleir zu hehm...“

❀

Der Quartalstrinker kommt zum Arzt und muß sich dessen Vorhaltungen anhören: „Wie genn Se nur soviel Schnabbs dringgn? Bedänggn Se: Jedr Schnabbs is ä Nahchel zu Ihrem Sarch!“ – „Das is mir doch echal is das, mei Sarch gann ruhich aussähn wie ä Schdachelschwein.“

❀

Im Unterricht: „Baulchen, jädds bisdu dran, sahche mir ähn Saddz mit Haustyrann!“ Paulchen braucht nicht lange zu überlegen: „Midd Ziddern un Bähm faßd mei Babba ahmds de Hausdür an.“

❀

„Ach, Frau Barcherdn, was soll’ch sahchn, ’s war gans scheen offn Masgnball, ’ch hawwe mich oohch gans hibbsch ammessierd, awwr hindrhär, nee, wenn’ch bloß dadran dängge.“ – „Nu, was war dnn da?“ – „Nee, Frau Barcherdn, das gann’ch Ihn gar nich sahchn. Nee, das nich. Wärglich.“ – „Nu schäniern Se sich nur nich, erzähln Ses mal, mr sin doch undr uns.“ – „Nee, das gammr gar nich erzähln. So ä gemeener Gärl, wie das war. Ärschd hindn un vorne freindlich, nu cha, un dann dr viele Säggd un das Danzn, nu cha, un dann sahchde dähr doch, ’ch soll midd zun indä Wohnung gomm!“ – „Mr hälds nich for meehchlich, so ä hibbschr Mänsch!“ – „Nu cha, hibbsch war er, un da binch ähm middgegang, was solldchn weidr machn. Un da haddr mich vrfiert, das gemeene Schdigge. Nu, jädds binch awwr gluhch gewordn, un das eene gann ich Se sahchn: Noch ämal bassierd mr das nich.“

❀

„Hamm Se schon gegässn, Herr Grumbach?“ – „Nee, noch nich, aber (eine Einladung erwartend) das gannich ja...“ – „So? Da gehn Se nur nach Hause, dassis Ässn nich gald werd.“

❀

„Heern Se, Se sehn so gluch un ficheland aus, genn Se mir vrleichd sahchn, wie’ch am bäsdn zu ähner Frau gomme?“ – „Nu allemal. Wenn Se heiradn.“

❀

Party bei Familie Schulze. Der Gastgeber fordert seinen liebsten Gast, den Herrn Apotheker, auf: „Nähm Se nich noch ä Schdiggchen Gebägg?“ Der dickleibige Herr Apotheker winkt ab: „Dangge giedichsd. Doch ich hahwe schon drei gegässn." „Awwr nähm Se doch noch eens", beharrt Herr Schulze, „sis doch echal, ob Se fimfe odr sechse ässn..."

❀

„Meyer, hier in dähm Briefe, dähn Se geschriem hahm, fählt ä winzches Bingdchen. Gomm Se her un machen Ses sälwr nein, drmidds oohch diesälwe Handschrifd is."

❀

„Frau Babbert, Ihre Dochdr hadd awwr een wärglich endziggendn Scharm." – „Da sinn Se im Ärrdum, meine Gudsde. Seid vorchr Woche nich mehr. Sie hadd ihrn Scharm in dr S-Bahn liehchnlassn."

❀

Der kleine sächsische Ort S. bemüht sich ernstlich, den Fremdenverkehr zu beleben. Tatsächlich taucht auch ein Fremder auf, der von allen Seiten beäugt wird. Der Fremde fragt den Ortspolizisten nach dem Bahnhof. Der heimatbewußte Polizist schüttelt den Kopf: „Nee, nee, mei Gudsder, 'ch weeßes zwar, doch von mir erfahrn Ses nich! Mir sinn nämlich oohch ämal froh, wenn mir eenen Fremdn hier ham!"

❀

„Nu sahche mal, meine Zuggrbubbe", meint Herr Säwelbeen während des Mittagsmahls im Hotel Astoria, „was feixt denn dähr Gärl da driem nur eechal so dir riewr. Will dähr ädwa was von dir?" Frau Säwelbeen beruhigt ihren Gemahl: „'ch hawwe oohch geene Ahnung, was das dumme Ludr eehchendlich will. 'ch weeß nur, daß das mei friehrer Breidcham is." – „Achso, nu ja, da gannr freilich lachn."

Bei Hut-Kanold. „Merrgwärdch, daß'ch bei Sie nich änn eenzchn Hud finde, dähr gleidsam is." – „Das gannch Ihn gerne erglärn, mir fiern nur schdreng moderne Hiede, un Ihr Gobb is ähm dodal aus dr Mode!"

❀

Im Kino nimmt eine Dame vor dem Herrn Schulze Platz. Mit ihrem riesigen Hut versperrt sie ihm die Sicht. „Derfch Se biddn, gnädche Frau, Ihre Döhle abzunähm? 'ch hawwe nämlich for mein Bladds immerhin dreizn Margg bezahld." Die Dame dreht sich kurz um: „Un ich hawwe for mein Modellhud siebzch Margg hingebläddrd."

❀

„Baule, gommsde mid ins Scheimholz zum Färderenn?" – „Wos gosd das dnn?" – „Na, das weeßde doch: siemunzwanzch Margg." – „Nee, for so ä Geld renn'ch sälwr."

❀

Ein Sachse kommt in den Himmel. Er klingelt an der Pforte und wartet, daß ihm Petrus öffnet. Endlich geht die Tür auf, Petrus steckt seinen Kopf heraus und fragt: „Wer seid Ihr?" Der neugebackene Engel stellt sich als Herr „Guhnerd aus Gödschenbroda" vor. „Na, da gomm Se nur rein, awwr driggn Se dichdch an de Diere, se glämmd nämlich ä gleenes häbbchen."

❀

Meisezahl ist mit seiner lieben Gattin im Hotel abgestiegen. Man hat gut zu Abend gegessen und legt sich zur Ruhe. Aus dem Nachbarzimmer ist jedes noch so kleine Geräusch zu hören. „Wo is dänn dähr gleene sieße Bobo? Wo is dänn das Bobochen?" Allemal unterbrochen durch ein hohes „Huch!" Endlich packt Meisezahl der Senf, und er brüllt: „Goddverbibbch – dähr Arsch muß doch ze findn sein!"

Mäzolds wollen gerne Kinder haben, doch es klappt nicht. Sie haben schon alle möglichen Ärzte, Homöopathen, Heilpraktiker und Wunderheiler konsultiert. Fast alle haben eine Kur in Bad Schandau empfohlen. Doch Herr Mäzold moniert nach der Kur bei einem der Wunderdoktoren den ausbleibenden Erfolg: „Mr warn uff Ihrn Rad zweehalb Monade in Bad Schandau – un wiedr nüschd.“ Der Mediziner schaut über seine Brille: „Na wenn Se oohch middfahrn...“

❀

Päzold war auf der Jagd und kommt geknickt nach Hause. „Ja, meine gudsde Ilse, da gammr wärglich nüschd machn. Bäch is un bleibd ähm Bäch! Nich een eenzchen Schwanz hawwe ’ch heide geschossn.“ Frau Päzold tröstet ihren Gatten: „Is ja dragisch, jaja. Un außrdem haddsde deine Baddrondasche vrgässn.“

❀

„Herr Owr, wo bleibd denn nur mei Gaffee?“ – „Änn gleen Momend, Herr Gasd, dähr war so schwach, dähr mußde sich ärschd ä bißchen ausruhn.“

❀

Dresden. Semperoper. Endlich steht nach langer Zeit wieder „Tristan und Isolde“ auf dem Spielplan. Zu den Besuchern gehören auch Peggy und Mike. Man kommt zu jener Stelle, an der Tristan sein Todeslied intoniert. Er singt und singt und singt und singt. Nach einer Weile flüstert Peggy ihrem Mike zu: „Du, ’ch gloowe gar, dähr wärd widdr.“

❀

Sächsische Verkäufer sind die Höflichkeit selbst. „Bidde ä Fund Hundeguchen.“ – „Gärne, der Herr. Sollchs einbaggn odr wolln Ses glei hier ässn?“

„Babba, was for ä Ardiggl säddzd mer dnn for Lehm?“ – „Da hasde rächd, das is änne sehr schwieriche Frahche. ’s gommd nämlich druff an, mei Chunge. Der Lehm is das, wo dermidd de Dischler de Mewel zesammlehm, die Lehm sin wilde Diere un lehm in Afriga un im Zoo, und das Lehm is das, wo’s schon bei unserm großn Dichdr Schillr heeßd: Ä freies Lehm fiehren mir, ä Lehm vollr Wonne.“

❀

„Wer ganndn bei eich eechendlich Glawier schbieln?“ – „Gar geiner!“ – „Awwr ihr habbd doch ä Biano in dr gudn Schdube?“ – „Na un?“ – „Da muß doch eenr da sin, derda oohch schbieln gann?“ – „Bei uns gann geenr schbieln.“ – „Ach so, da griechdr wohl ab un an Besuch, der Glawier schbielen dud?“ – „Bei uns gommd gee Besuch nich zum Glavierschbieln. Mr brauchn gee Glawier, mir hamm Radcho.“ – „So was Närrsches. Warum vrgoffdr dnn dann ’s Glawier nich, ’s schdehd eich doch bloß im Wähche rum!“ – „Das derf mr nich, un das gämmr nich. Weil da nämlich unsr gudr Babba drufdridd, wennern Rechulador aufziehd!“

❀

Im Dresdner Schauspielhaus ist eine Dame während der Aufführung eines Stückes ohnmächtig geworden. Der ältere Platzanweiser leistet Erste Hilfe, bis der Theaterdoktor angesaust kommt. „Was hadd die Dame?“ – „Geene Ahnung, doch ich habbse vorsichdshalwr schon mal uffgegnibbeld...“

❀

„Derf ’ch dir als Gunsdgennr ma ä baar Scherzfrahchn schdelln?“ – „Is gud. Mache mal los, ma guggn obch Humor hawwe.“ – „Was issn de musigalischsde Ober?“ – „Dr fliechende Holländr.“ „Warum denne?“ – „Da singt sogar ä Schiff.“ – „Un de langweilichsde?“ – „Der Freischiddz.“ – „Warum denne?“ – „Da gähnt sogar dr Abgrund." – „Un nu zum gudn Schluß: In wälchr Wahchnerober muß ä Scherm da sin?" – „Ä Scherm? Warde ma – im Lohngrün." – „Un warum?" – „Da gibbds ne Schdelle, wo de Elsa singd: Mein Scherm her (Schirmherr)!"

❀

„Mänschensgind, Mehlmus, hamm Se schon geheerd, dasses bei Bähnerds so draurich is? Se solln nüschd ze beißn un zu brechn hahm." – „Ä Wundr is das nich.", – „Nanu, 'ch dängge, daß dähr Mann als Baugr beim Rundfungblasorgesdr ä Haufn Benunze heemschlebbd!" – „Da sinn Se awwr gewaldich im Ärrdum, neilich war'ch im Zoolochschen beim Bladdsgonzärd un hawwe mir das alles angeheerd un genau zugeguggt. 'ch sahche Sie, das is ä ganz faulr Hund. Manchesmal is mähr als änne Värdlschdunde vrgangn, bis dähr wiedr auf seine Bauge haude!"

❀

Die drei Freunde Bähnert, Mähnert und Ähnert klopfen mal wieder so richtig schön Skat. Da legt Bähnert einen Grand mit Vieren hin, der Mähnert ist so erschüttert, daß er auf der Stelle sein Sterbchen macht. „Un was nu?" fragt Ähnert. „Mir schbieln ähm Sechsunsechzich weidr."

❀

„Weeßde, Elvira, ich gennde ma wiedr ä richdches Feier in dir endfachen!" – „Mid dähm draurichen Dochd?"

❀

„Weeßde, wassich schon immer mal wissen wollde, solange ich aus Saggsn wech bin." – „Wassn?" – „Sahchen Se in Saggsn immer noch escha?" – „Escha!"

Leipzig ist bekannt für seine Tauben. Die lieben Tierchen lassen natürlich ab und zu etwas fallen, und diesmal trifft es Herrn Schulze: „Da loofn nu so ä Haufn arrogande Wessis in Leibzch rum, doch ausgerechnäd mich muß das bleede Vieh bescheißen...“

❀

Die Touristen werden von der lizensierten Stadtführerin durch Leipzig geschleift, man nimmt alles mit, besucht das Völkerschlachtsdenkmal und endet am Thomaskirchhof vor dem Denkmal des großen Johann Sebastian Bach. „Unser verehrter Bach, was schdelld dähr vor?“ – „’s lingge Been.“

❀

Albert Lehmann hat im „Goldenen Trinker“ bis in die Puppen gezecht. Aber einmal muß er doch nach Hause gehen, und so ruft er dem Wirt noch schnell zu: „Schreim Se meine Zeche an, Herr Wärd!“ – „Bei uns wärd brinzibchell nich angeschriem, mei Gudsdr, daßdes weeßd.“ – „Mir oohch rächd, wenn Ses sich märggn genn.“

❀

Das ältere Ehepaar hat sich entschlossen, einen kleinen Sonntagsnachmittagsspaziergang zu veranstalten. „Ob ich ’n Scherm middnähme?“ – „Wie de willsd.“ – „Obs heide räächend?“ – „Das gammr nich wissn.“ – „Na, da nähm’chn ähm midd.“ – „Ja doch.“ – „Awwr wenns hernach nich räächend, ärcher ’ch mich.“ – „Na, da lassn hier.“ – „Awwr wenns räächend, werch naß.“ – „Na, da nimmn midd.“ – „Du bisd wärglich gud. Nimm midd, lassn da, nimm midd. De mußd doch wissn, was de willsd. Meensd de, daß’chn middnähme?“ – „Ä nu ja doch.“ – „Gud, also nähm’chn midd. Awwr ’s glärd sich uff. Wenns nu scheene wärd, dadenggch nich mehr an dähn alwernen Scherm un verliern. Ach was, ich nähm’n nich midd.“ Während des Spaziergangs beginnt es zu hageln, und beide werden klitschnaß. Was ihn zu der Schlußfolgerung hinreißt: „Das gommd drvon, wemmr auf dich heerd!“

❀

„Soso, Se hamm geen Abbedid“, stellt der Facharzt lakonisch fest, „wie gommds dann, dassich Se neilich in dr Gneibe änne Riesenborzion Gleeße, Rindrbradn un noch ä orndliches Dässer hawwe vrbuddsn sähn?“ – „Das isses ja“, jammert der Patient, „awwr ich hadde schon vorher geen richdchn Hungr.“

❀

Peter Kunze aus Dresden geht auf den Striezelmarkt, weil er sich unterhalten möchte und auch etwas schnabulieren. Doch in der letzten Zeit hört man so viel von Salmonellen, und so fragt er den Bockwurstverkäufer danach. Der antwortet: „Ich bidde Sie, wie solln die da neingomm? De Wärschdchn sinn doch an beidn Endn zugegnibbeld.“

❀

„Wie gommds dnn eechendlich, Herr Mehlworm, das Se beim Gardn immr gewinn’ un beim Färderenn noch geen Schdich gesähn hamm?“ – „Cha, de Färde lassen sich so schlechd mischn.“

❀

Mehlhose geht mit seiner Frau zur Antiquitätenauktion, auf der besonders kostbare Sachen angeboten werden. Stutzig wird er, als er im Katalog die Bemerkung sieht: „Vermutlich 2000 Jahre alt.“ „Gomm, meine Gudsde, hier hamm mir nüschd vrlorn, das sinn doch Bedriehchr. Gugge nur: da schdehd zweedausend Jahre ald un derweile hamm mir ärschd 1993.“

❀

Paul Ball wird im Wald überfallen. „Wat? Nur zwee Mark fuffzich – mehr hamm Se nich im Portjuchhheh?“ fragt der verärgerte Räuber. „Endschuldchen Se nur giedichsd, Herr Räuwer, wenn'ch gewußd hädde, daß'ch underwähchens än Herrn Räuwer dräffn du, weeßgnebbchen: 'ch hädde unsre Ladngasse middgenommen.“

❀

Wie das Leben so spielt, begegnen sich ein Bayer, ein Preuße und ein Sachse im D-Zug, der seinem Namen überhaupt keine Ehre macht. Er müßte eher B- wie Bummelzug heißen. Der urwüchsige Bayer sprudelt heraus: „Himmelkruzitürken, is des a Schlamperei auf dera Bahn, der Zug kommt ja gar net vom Fleck! Da müssens amal bei uns in Bayern fahrn! Ich sag Eahna, da saust der Zug durch die Stationen, daß Se glaubn, Se fahrn durch a einzige Großstadt.“ Der Preuße winkt ab: „Det is ja gar nix. Bei uns in Preußen rasen die Züje so, det Se jloom, die Telegraphenstangen wären een eenzcher Lattenzaun.“ Nach langer Zurückhaltung mischt sich endlich der Sachse ins Gespräch: „Awwr meine Härrn, das is doch geene Geschwindichgeed! Se mißden ärschd ämal das Dembo bei uns in Saggsn erlähm. Da gehn de Oochn iewr! Horchen Se nur ämal druff: Da fuhr ich doch neilich von Dräsden nach Leibzch. Dähr Schdaddionsvorschdehr in Dräsden ging mich bleddslich wähchen meim Goffr an un dad mir Vorhaldungn machn, weilr ze groß sei un so weidr. Jädnfalls griechdn mr uns dichdch in de Wolle, und äs gam zu än merderlichen Grach midd dähm Beamdn. Das schbiddsde sich so zu, daß'ch in meinr iewrgroßen Wud, obwohl'ch wärglich ä friedlicher Mänsch bar äggsselenze bin, ausholde und von Driddbredd aus dähm Gärl eine glehm wollde. In dähm Momende fährd dr Zuhch ab. Wissen Se, wän'ch gedroffn hawwe? Dähn arm Gärl von Schdaddionsvorschdand in Leibzch!“

❀

„Sagen Sie mal, woher kommt denn eigentlich der Glaube, daß die Sachsen besonders gemütlich seien?“ fragt der Zugereiste den Einheimischen. „So änne alwerne Frahche, weil mirsch ähm sinn.“ – „So? Ihre Physiognomie sieht aber überhaupt nicht danach aus.“ – „Was gehd Ihn denn meine Visahsche an?“

❀

„Se lassn Ihre Dochdr midd dähm Menschen vrgehrn, dähr fimf Jahre im Zuchdhaus gewäsen is?“ – „Awwr das is doch ä gemeener Düb, mir haddr gesahchd, ’r hädde nur drei Jahre gebrummd.“

❀

Ein dickes Bäckerehepaar aus Wurzen zieht nach Chemnitz. Bei der ersten Begrüßung fragt der Nachbar: „Hammse Gindr?“ – „Nee, mr sinn doch geene Ardisdn.“

❀

Ein betuchter Leipziger Bürger hat für das Rosental zwei Bronzestatuen gestiftet. Das Leipziger Stadtparlament hat nun darüber zu befinden, wo man die beiden Statuen aufstellt – ob mehr nach Richtung Zoo, mehr nach Gohlis oder mehr zur Waldstraße hin. Es entbrennt eine lange und erregte Diskussion. Man kann und kann sich nicht einigen. Gerade als der Stadtpräsident den nächsten Redner aufrufen will, ruft ein Zuhörer laut ins Plenum: „Schdällnse liewr for dähn Zwägg noch ä baar Bängge auf!“

❀

Ein sehr unscheinbar aussehender Herr betritt einen Bäckerladen. „Freilein, hamm Se vrleichd harde Semmln? Awwr harde missnse sinn.“ „Naddierlich hammer wälche.“ Sie holt ein Körbchen unterm Ladentisch vor, das rappelvoll ist. „Sind das alle?“ – „Nee, mir hamm noch mehr.“ Sie schleppt aus der Ecke einen größeren vollen Korb herbei. „Nu hamm Se awwr geine weidr?“ „So sähn Se aus! In dr Baggschduhwe liehchn oohch noch wälche. Garle!“ ruft sie laut. „Bring ma de gesdrichen Semmln vor!“ Der Azubi kommt eiligst mit einem weiteren Korb angesaust. „Ei vrdimmch, das häddch nich gedachd, daß Se noch so viele harde Semmln hamm dädn. Nu sinnse awwr gans alle? Nu hamm Se gar geene mehr?„ – „Leidr. Das is alles.“ – „Sähn Se, mei gudes Gind, wenn Se die heide alle noch loswärn, genn Se von Gligg redn. Da genn Se zufrieden sinn.“

❀

Frau Emma wird von ihrem Gatten wieder einmal ins Dresdner Schauspielhaus eingeladen. Man ersteht einen Theaterzettel, und da steht oben in dicken Lettern das Wort „Uraufführung“. „Gannsde mir mal sahchn, was das bedeuden soll, mei Hase?“ – „Gann ich. Urauffiehrung heeßd, daß sich da vorhär noch geener drangewaachd hadd.“

❀

In einem französischen Schauspiel hat ein Diener mehrere Edelleute zu melden. Diese Edelleute haben ziemlich verzwickte Namen, und die Meldung ist nicht einfach. Der Diener hat zu sagen: „Der Herr Herzog von Rochesfoucauld – der Herr Marquis von Riparfond – der Herr Baron von Chavailles und die Herren Fouquevaux und Coque-Heron.“ Zum Unglück wird der Darsteller, der bisher die Meldung gebracht hat, krank, und Chorsänger Neimann übernimmt die Rolle. Es wird eine kurze Probe gemacht, und nach einigen Fehlschlägen klappt die Geschichte. Am Abend tritt Neimann auf, sieht die grinsenden Gesichter der lieben Kollegen, wird käsebleich, rafft seine ganze Frechheit zusammen und platzt in edelstammsächsisch los: „Die Herrn von heide morchn sinn draußn.“

❀

Frau Seifert ist nach mehrfachen Beobachtungen dahintergekommen, daß bei ihrer Emma etwas nicht im Lote ist. „Nu saach emmah, Mähchn: Was issn eechendlich los midd dir?“ – „Ich weeß oohch nich.“ – „Nu wie isses denn bloß gegomm?“ – „Ich weeßes nich.“ – „Ja, um Goddswilln, währ isses dnn gewäsn?“ – „Ich weeß oohch nich. Wenn’chn sähe, gänn’chn widdr.“

❀

Bei den Anglern an der Weißeritz steht ein Mann und beobachtet die fruchtlosen Bemühungen der Angelnden. Es will und will keiner anbeißen. Da wird ihm die Sache denn doch zu dumm, und er entfernt sich mit den Worten: „Ihr wärd noch solange mährn, bisser mal een fangd.“

❀

„Gudn Dahch, genn Se Ibsen?“ – „Heern Se mir bloß uff midd dähn neumodschen Dänzn.“

❀

Die dicke Bäckermeisterfrau aus Böhlitz-Ehrenberg interessiert sich immer brennend für die persönlichen Angelegenheiten ihrer zahlreichen Kunden und bemüht sich, ja nichts zu verpassen. Während sie die Semmeln in den hingehaltenen Plastikbeutel tut, stillt sie ihren Wissensdurst: „Wie ’ch heere, liewes Freilein Ingrid, hamm Se jädds änn fäsdn Herrn?“ – „Nu ja, Frau Meestern, warum denn niche? Mr is doch wärglich nich zu häßlich drzu...“ – „Awwr nee, Freilein Ingrid, ganz ins Gehchndeil, beileiwe nich. So ä hibbsches Meechen wie Sie. Da is es iewrhaubd gee Wundr, wenn eenr anbeißen dud. Darf mr dnn erfahrn, was Ihr Zuginfdcher is?“ – „Mei Zuginfdcher? Da hahwe’ch wärglich geen Schimmr. Dr jädds’sche is Gombudrinschenör.“

❀

„Nu, Herr Granherd, hamm Se denns neie Jahr gesund angedrädn?“ – „Dangge, ’s gehd! Mr hadd ähm immr Ärchr!“ – „Ärchr, glei zum nein Jahre, wie is denn das meechlich?“ – „Das is ganz eefach, da ist garnüschdweidr drbei. Alle Leide hammer gradelierd, iewir 84 Gliggwunschgardn habb'ch gegriehchd." – „Nu, da brauchen Se sich doch nich ze ärchrn." – „Nu desderwehchen ärchre ich mich oohch gar nich!" – „Nu weswehchen denn?" – „Nu sehn Se, dr Oberbosdassisdänd Miller, dähr mr jedes Jahr gradelierd hadd, un dähm'ch oohch änne scheene Garde geschriem hawwe, dähr hadd diesmal nich graddelierd!" – „Der Miller?" – „Ähm, Miller, därde in dr Gohlgardnschraße wohnd!" – „Awwr mei Gudesdr, da brauchen Se sich doch nich ze ärchrn. Dähr is doch schon im vorchen Oggdowr geschdorm!" – „Nu ja, da gannichsn ja nich iewl nähm, dasser nich graddelierd hadd."

❀

„Sahche mal, neilich hawwe 'ch dasVrgniechen midd deim Mann gehabbd – is dähr eehchendlich immr so schdille?" – „Du mißdesd ihn mal ässn heern."

❀

Fräulein Lehmann ist als Zeugin vorgeladen; es ist das erstemal in ihrem Leben, daß sie mit der Justiz Bekanntschaft macht. Deshalb bittet sie ihre beste Freundin, Ines Schulze, sie zu begleiten. Kurioserweise treten auch beide gemeinsam vor den staunenden Richter. „Hadd Ihre Freindin oohch ne Ladung begomm?" will dieser wissen. Ines Schulze schüttelt den Kopf: „Nee, mich haddr bloß gegißd."

❀

„Wie gehds denn deinr Aldn in Sanggd Moridz, he?" fragt der Skatbruder seinen dritten Mann. „Se freid sich hald ihres Dordseins." – „Awwr das is doch geene Andword auf die Frahche. Un du?" – „Ich? Mich ihres Dordenseins."

❀

Ein Scheidungsprozeß vor Gericht. Der Richter verhandelt in der

Sache Schulze gegen Schulze. „So, mein liewr Herr Schulze, Se sinn also dähr fäsdn Meinung, daß Se midd Ihrer Frau nich länger lähm genn?“ – „Jahwohl, Herr Gerichdsrad, soll’ch Ihn mal meine Alde achd Dahche dalassn?“

❀

Im mondänen Speisesaal eines Hotels. „Herr Owr, gomm Se doch äma her, de Subbe war ja ganz schmagghafd, awwr das Gemiese, heern Se, dadermidd genn Se awwr geen Schdaad machn. So ä Zeich säddzd mr doch geen Ziechenbogg vor!“ Der Subdirektor erscheint und entschuldigt sich wortreich. Doch der Gast wischt den Wortschwall mit einer großen Geste weg: „Wenn Se dr Subbendereggdor sin, dann gehd Se doch dähr ganze Gram nüschd an. De Subbe gonnde mr ja brima leffeln, awwrsch Gemiese. Wissen Se was, gudr Mann: Holn Se mir mal dähn Gemiesedereggdor här!“

❀

„Gudn Dahch, Andon! Mensch, du hasd dich vrleichd vränderd. Geen Bard mehr, geene Brille, dafier än scheen Bauch...“ – „Gwaddschn Se mich nich so von dr Seide voll, ’ch heeße iewrhaubd nich Andon.“ – „Was? Andon heeßde oohch nich mehr?“

❀

Eine Buchhandlung in Dresden wird in angeblich bester Lage eröffnet. Nur mit der Kundschaft hapert es. Der Buchhändler muß seinem Chef telefonisch Bericht erstatten: „Wie’s Geschäfd läufd? Nu, heide vormiddach war mal ä Gunde da, am nachmiddach warsch schon widdr ä weng ruhcher...“

❀

Herr Mehlhorn ist mit seiner Gattin auf die Zugspitze gereist. Man schaut heiter gestimmt ins Tal und freut sich des schönen Ausblickes. „Sahche mal, mei liewr Männe, weil mr grad so scheen in Himmel guggn: Wenns ä Weidrlähm nach dähm Dode gibbd – mechdesd du mich da dräffn?“ – „Dübisch, bei dr gleensdn Gelehchnheed mußde Schdungg anfangn...“

❀

Der junge Mann bedauernd: „Heiraten kann ich Sie leider nicht. Aber ich gebe Ihnen, hochverehrtes Fräulein, einen Platz in meinem Herzen.“ Die selbstbewußte Sächsin: „Scheen Dangg oohch, doch ich bin nich gärne im Gewärche.“

❀

Mehlhorn geht spazieren und trifft Frau Leisefuß. „Wie gehds dähm wärdn Herrn Gemahl?“ – „Das alde Egel. Neilich haddr mich geschlahchn, nur weilch im Deadr geschlafn hawwe.“ – „So weid gehd de Liewe zur Gunsd nu wärglich nich. In wälchem Schdigge warsch dnn?“ – „Sie Nieselbriem, ’s war gee Schdigge, ’ch hawwe middm ärschdn Denor geschlafn.“

❀

Der Fabrikbesitzer gibt anläßlich der Geburt seines Nachwuchses eine große Party. Alles, was Rang und Namen hat im Ort, ist eingeladen. Darunter auch der neue Lehrer, der aus Sachsen stammt. Stolz wird das Baby vorgeführt, und der Fabrikbesitzer fragt jovial ausgerechnet seinen sächsischen Gast: „Nun sagen Sie, werter Freund, wem sieht der Junge ähnlich?“ – „’ch weeß nich so rächd, ’ch bin doch ärschd änne Woche hier un genne die andrn Herrn leidr noch nich.“

❀

Hans Peter Ätzold fährt von Grimma nach Dresden. Auf seinem Schoß liegt ein dickes und bestens verschnürtes Paket. An der nächsten Station steigt ein neugieriger Reisender zu, der unbedingt wissen will, was in dem Paket denn so Wertvolles sei.

„Ä Ichneimon." – „Äh! Un wo derzu brauchen Se ähn Ichneimon?" Er, der Mann aus Grimma, habe einen Schwager, der wiederum träumte jede Nacht von Schlangen. Aber Sachsen wissen sich zu helfen, und so haben beide herausbekommen, daß ein Ichneumon Schlangen frißt, und so sich einen aus dem Zoo ausgeliehen. Dem anderen wird es unheimlich, und er bemerkt, daß geträumte Schlangen doch eigentlich gar keine richtigen Schlangen seien. Darauf antwortet der Mann mit dem gut verschürten Paket: „'s is oohch gei richdcher Ichneimon, 'ch hawwe in Wärglichgeed 'ne gleene Gadze drinne."

❀

Der Kegelclub hat sich entschlossen, ins Kreiskulturhaus zu fahren, weil dort das Bornaer Theater „Othello" spielt. Es geht alles gut, auch wenn die Schauspieler nicht allererste Sahne sind, sich aber sichtlich bemühen. Endlich kommt die Szene, in der Othello von Desdemona das Taschentuch verlangt. Sie hat bekanntlich keins bei sich und schweigt. Othello gibt nicht nach. Und dasselbe zum dritten. Da platzt dem Melker Horst der Kragen, und er schreit mit voller Lautstärke: „Gärl, haldes Schdigg nich auf midd deim dämlichen Daschnduch, machs wie ich un rotz durch de Fingr!"

❀

"Nowagg, die Rede, die Se mir heide vorgelähchd hamm", sagte der Abgeordnete zu seinem Pressesprecher, „hadde awwr geen großn Gehald." Nowak zuckte nur mit den Schultern: „Wie ich, Herr Barlamendariercher."

❀

Frau Lina Federmüssel steht vor Gericht, weil sie wiederholt fremdgegangen ist. Der getreue Ehemann will nun die Scheidung. Er kann alle seine Nebenbuhler aufzählen. „Was genn Se dnn zu Ihrer Vrdeidchung sahchn?" will der Richter wissen. „Daß mei

Ollr de Ehe nich richdch gonsumierd had." – „Desderwechen, meine Gudsde, derfen Se noch lange nich änn neien Gonsumvrein grindn."

❀

Im Freundeskreis wird besprochen, daß es das sicherste sei, einen Ertrinkenden an den Haaren aus dem Wasser zu ziehen. „Hasdes geheerd, Echon, an dn Haaren mußde mich rauszärrn, wenn'ch mal in dn Fludn vrsingge." – „Vorhär sahchsde mir awwr gefällichsd, wo de deine Haare hingelehchd hasd."

❀

Fräulein Musbacke soll nun endlich unter die Haube kommen. Schließlich ist man übereingekommen, daß der Bauhilfsarbeiter Robby Kaiser der Auserwählte sein soll. „Nee", mault Fräulein Musbacke, „dähr is mir zu roh." Der entnervte Vater: „Geene Widerrede – mußdn dir ähm gochn."

❀

Frau Pietsch und Frau Zietsch treffen sich auf der Treppe. „Isses denne wahr, Ziedschn, Se drinngn dähn Gaffee dadsächlich im Bädde! Nee, das gennd'ch nich." – „Se hamm wohl geens, Biedschn?"

❀

„Herr Doggdr, mir fähld außr dähn Gobbschmerzn nüschd, 'ch ässe wie ä Wolf, arweede wie ä Färd, bin ahmds müde wie ä Schdraßngeedr..." – „Wissen Se was? Gehn Se am besdn zum Dierarzd."

❀

In einer Buchhandlung in Dresden: „Hammse ‚Das Geheimnis der Ehe'?" – „Warum wolln Ses sich dnn goofn? Se missn Ihrn Drauring in de Wesdndasche schdeggn, und schon isses Geheimnis dr Ehe gewahrd."

❀

„Dahch, Herr Mehlhorn, darf ich mal was frahchn? Wer hadd de längsdn Arme: Geede odr Schillr?" Herr Mehlhorn braucht nicht lange nachzudenken: „Das is doch glar wie Gloßbriehe. Schillern nadierlich, denn dähr sahchd: Seid umschlungen, Millionen."

❀

Auf dem Ball in der Landeshauptstadt Dresden treffen sich, wie der Zufall so spielt, der Herr Pätzold und das Fräulein Gramer. Herr Pätzold verbeugt sich galant und fragt: „Werdes Freilein, derf ich mich vorschdelln?" – „Nee, weil'ch schon ohne Se nüschd sähn gann." – „Ah, Se hamm schon änn Gavalier?" – „Ja, un sogar änn Gärchndienr!" – „Gißter?" – „Awwr wie!"

❀

Im Zirkus: Ein Tierstimmenimitator erbittet sich aus dem Publikum das zu imitierende Tier. Prompt ertönen Forderungen nach den zutreffenden Lauten für Löwe, Bär, Papagei, Pferd, Schwein. Er stößt jedoch an die Grenzen seiner Kunst, als ein Sachse fordert: „Mache ämal änne Eelsardine!"

❀

Der Geschäftsführer will den neuesten Kontostand überprüfen und begibt sich in die Buchhaltung, wo er einen ruhig vor sich hinschnarchenden Herrn vorfindet. „Das is dr vrleichd die Heehe! Wissen Se, was Se sind?" Der Buchhalter schreckt hoch: „Glar, ä uffgeweggdr Buchhaldr."

❀

In der „Sächsischen Kaffeestube" in S. wird natürlich auch Kaffee serviert. Der durchreisende Preuße will ihn einmal kosten und läßt sich also ein solches „Schälchen Heeßen" bringen. Er beäugt die Tasse und moniert: „Hören Sie, die Untertasse und die Tasse haben ja beide einen Sprung." „Sähn Se", sagt der Kellner, „da genn Se mah sehn, wie schdarg unsr berihmdr Gaffee is."

❀

Die trauernde Witwe erkundigt sich beim Bestattungsangestellten nach dem Preis der Totenhemden. „Oh, gnädche Frau, mr hahm da ähne große Auswahl. Die reichd von zweeunzwanzich iewr dreiunddreißch bis zum Sonderpreis von neinunddreißichachdzich." – „Un was is beim läddsdgenanndn Hämmed so besondersch scheene?" – „Das, verehrde gnädche Frau, is biechelfrei."

❀

Eine Bäuerin aus Dahlen kommt mit ihrem etwa achtjährigen Sohn nach Oschatz in ein Spielwarengeschäft. „Was gosdn das scheene Schaugelferd?" – „Zwölf Mark, bitte." – „Un der hibsche Ferdeschdall da driem?" – „Acht Mark, bitte." – „ So, na da lehchnsema alles beides hierher. Zeichen Se nu ämal ä baar Goofmannsladen." – „So, bitte, hier haben wir etwas für 17 Mark, dieser hier ist etwas besser und kostet 24 Mark. Und der ist was ganz Feines, der kostet 28 Mark." – „Is gut, lassn Se mal den für 28 Margg hier. Hamm Se oohch Gindrrollr?" – „Aber verehrte, gnädige Frau. Natürlich, das schöne Stück kostet 21 Mark." – „Scheen, so ungefähr hadd dr läddsde oohch gegosd, gähmsen midd her. Un nu noch Schliddn." – „Der kostet 15 Mark. So, das wär nun wohl alles?" – „Momendchen, was gosdn das alls zesamm?" Der Ladeninhaber greift zum Taschenrechner und teilt der Mutter das Ergebnis mit: „84 Mark, bitte sehr." Sagt die Bäuerin zu ihrem Sohn: „Gloobsdes nu, du äländr Balch, daßde schon for 84 Margg Schbielzeich zerwärchd hasd?"

„Baul, Baul, mei liewes Baulchen“, jammert die Angetraute im Bett, „machema ’s Lichd an, ’ch gloowe, ’ch muß schderm.“ Ungerührt tönt es von der anderen Seite: „’s Lichd bleibd aus, schderm gannsde allemal im Dunggln.“

❀

Herr und Frau Hase streiten sich. Aufgeregt schreit Herr Hase: „Midd dir isses wärglich nich auszuhaldn, gee Mann gann midd dir gligglich wärn.“ – „So? Soll’ch Dir Zeuchen bringn?“

❀

Der Lehrer erklärt, daß er nun zwei Fragen stellen werde, und wer die erste davon beantworte, dem sei die zweite erlassen. „Friedd-schen, wieviel Riefen sinn auf änner Schallbladde?“ – „Eene.“ Der Lehrer will wissen, woher er das so genau weiß. „Sahche’ch Ihn nich, Herr Lehrer, weil das schon die zweite Frahche is.“

❀

In Leipzig-Grünau hat eine neue Gaststätte eröffnet, die einen hundsmiserablen Fraß anbietet. Die Leipziger haben auch sehr schnell gemerkt, woran es liegt. An den drei Köchinnen. „Wieso dreie?“ wundert sich Päzold. „Eene, die grade gehd, eene, die grade gommd, und eene, die da is.“

❀

„Heern Se mal, Herr Owr, hier auf dr Garde schdehd, Se häddn Eier midd Gardofflsalad. Un was sinndn das fier welche: Schbiecheleier oder Rühreier?“ – „Wie Se se wolln, mei wärdr Herr Gasd.“ – „Un was issn da dr Undrschied?“ – „Schbiecheleier genn Se zähln.“

❀

„Awwr meine liewe Bähnerden, dassis scheen, daß’ch Se jädds

grade draffe. Wo gomm Se dnn her, wemmr frahchn darf?" – „'ch gomme aus dm Scheenheidssalon, meine Grahnerden, da guggen Se, was?" – „Dadsächlich. Doch erloomse mir die Frahche: Warum sinn Se denn nich drangegomm?"

❀

Theobald Mummelbier macht einen Spaziergang und wird von einem anderen Spaziergänger auf die Schönheiten der Natur aufmerksam gemacht: „Sähn Se mal das hibbsche Bärgchen!" – „'ch wißde nich, wieso mr das än Berch nenn gann." – „Äh, Sie, 'ch meene doch das Bärgchen." – „Ach so, nuja, nunee, änn Barg, na, nich iewl." – „Nich doche. Das Bärgchen da." – „Dud mr sehre leid, awwr 'ch vrschdeh nur Bahnhof." Jetzt platzt dem anderen Spaziergänger endgültig der Geduldsfaden: „Nu Goddvrbibbch noch ämal, 'ch meene dähn Boom dorde. Gabiern Ses nu?"

❀

Der Theaterzuschauer empört sich über den Zuspätkommenden: „Das is Sie doch änne vrdamme Sauerei, Ihr schbädes Gomm, un dähr dadrmidd vrbundne Grach, 's Aufschdehn un 's Wiedrhinsädsn uns Dorchlassn odr so. Ach, Se machn mich ganz nerwees." Der Zuspätgekommene schaut sich den Herrn in aller Seelenruhe an und bestätigt: „Se verdräden meine Meinung, mei Bäsdr. Weil mich das oohch so schdeerd, gommch liewr gleich ä häbbchen schbädr."

❀

In der Linie 28 der Leipziger Straßenbahn in Richtung Süden ist es wieder mal gerammelt voll. Da drängeln sich an der Haltestelle Augustusplatz Herr Pfeiffer mit drei Eff, Lebendgewicht zwei Zentner und ein bißchen, und seine adäquate Gattin in den Straßenbahnwagen. Doch alles Stoßen und Drängeln bleibt vergebliche Liebesmühe, nicht mal die berühmte Stecknadel hätte Platz, um auf dem Boden zu landen. Bis Herrn Pfeiffer die Erleuchtung kommt: „Erna, bagge mah de Gähsebemm middm Dilsidr aus, mal sehn, ob geenr riggd."

❀

Ein Franzose, ein Amerikaner, ein Brite und ein Sachse unterhalten sich darüber, was sie alles anstellen müssen, um der Frau besondere Freuden zuteil werden zu lassen. Der Amerikaner beginnt seine Schilderung: „Well. Ei sing, wir nehmen eine Boddel besten amerikanischen Whiskey und trinken jeder erst einmal drei Glas ... und kommen schnell in Stimmung." Der Brite lächelt und gibt seine Erfahrungen preis: „Ich gehe da ganz anders ran. Ich sag zu meinem Girl, daß sie viel besser aussieht als Mäggi Dädscher." Der Franzose winkt nur lässig ab: „Oui, Musjöh, isch bin sehr erstaunt, daß Sie mit so alten Hüten Ihre Damen bringen auf Schwung. Bei uns, da gibt es den schönen Champagner, isch entkleide meine Liebste, und dann schütte isch Champagner auf ihren Körper, und dann lasse isch meine Zunge spazieren..." Er kann seine Erfahrungen nicht zu Ende bringen, weil der Sachse fragt: „Ändschuldchen Se, daß 'ch Se undrbräche, Herr Bariser, awwr gehd das vrleichd oohch midd Bier?"

❀

„Gennsd du Dannheiser?" – „Nadierlich." – „Un warum heeßd das Dannheiser?" – „Weil dr Denor dann heisr is, wennersch allemal gesungn hadd." – „Ach so. Gommd da nich dr Bilchrchor drinne vor?" – „Wo läbsd du denn? Sahche mir bloß, wo heidzudahche noch ä billcher Chor herzugriechn is."

❀

„Gannsd du mir aus änner momendanVrlehchenheid hälfn?" fragte der hochverschuldete Jubesall seinen alten Freund Heumann. „Hasde nich ämal fuffzich Margg bei dir?" Heumann schüttelte den Kopf. „Nee, dud mir awwr sehre leid." – „Un drheeme?" – „Dangge, alles gesund un mundr."

„De Fahrgardn, bidde!“ – „’ch hawwe geene.“ – „Awwr nu wärd dr Hund in dr Fanne verriggd. Er hadd geene – un warum nich, wemmr frahchn darf?“ – „’ch muß schbarn.“

❀

„Babba“, fragt der Filius, „warum hasde dnn de Mama geheirad?“ – „Hasdes, nich ämal dei eichner Sohn ganns vrschdehn!“

❀

„Bedr, odr nä, liewr mal Meig: Ergläre mir mal, wasde dir undr ännr Gedndnbrigge vorschdellsd?“ Mike: „Wasser.“

❀

„Endschuldchen Se, Se genn mir doch sicher sahchen, wo ’ch dn Bahnschdeich fimf finde?“ – „Zwischn dn Bahnschdeichn vier un sechs, mei Gudsder.“

❀

Endlich ist es dem jungen Sven gelungen, Peggy zu verführen. Das Aufregende kommt jedoch hinterher, denn Peggy macht dem armen Sven die Hölle heiß, ob er sich denn überhaupt nicht schäme. „’ch wärsch nich widdr duhn...“, murmelt Sven kleinlaut. Peggy schickt einen Blick zum Himmel: „Oohch das noch...“

❀

Herr Gonrad soll Gesellschafter einer GmbH werden: „’ch dengge iewrhaubd nich dran! Was soll’ch midd eener Gesellschafd von beschränggdr Hafdung? Wenn Se ne Gesellschafd hamm, die midd greßr Beschrängdheed behafded is, bin ’ch soford drbei und mach ä gudes Geschäfd midd ihr.“

An Schneiders Wohnungstür klingelte die Nachbarin: „Ach, Frau Schneidern, wolln Se mr nich ämal Ihr Guchnblech borchn?“ – „Awr gärne, Frau Schirmern, Se wolln wohl baggn?“ – „Freilich, meim Mann sei Gebordsdahch is doch morchn, un da willch widdr sone Marzibanderdchen machn, wie ich se an dr Baula ihrer Vrlowung hadde, Se wissn schon, wo ich Se eens zu gosdn gab...“ – „Ja, das schmeggde...“ – „Naja, ’s macht je oohch immr änne ganze Menge Arweed un Gosdn, awwr meim liem Mann zuliewe, was duhd mr da als liemde Ehefrau nich alles, hawwich nich rächd?“ – „Nadierlich hamm Se rächd! Awwr’ch dächde, Se häddn mr mal gesahchd, Ihr Mann is for sone Sießichgeedn gar nich ze hahm?“ – „Nu ja, so sehre viele machdr sich eechendlich wärglich nich draus, und vrdrahchn duhds dähr Mäglich oohch immr nich gud, doch ’ch ässe das Zeich nu eemal for mei Lähm gerne...“

❀

An der Straßenbahnhaltestelle treffen zwei alte Kegelbrüder zusammen. Die Freude ist beiderseitig, denn man hat sich viel zu erzählen. „Nu, mei gudr Wernr, wie gehd drsch denne? Hasde dich denn widdr erhold? Du haddsd ja beim läddsdn Schweinsgnochn-Ausgehcheln ä gans beesen Affn erwischd...! ’ch hawwe sogar munggeln heern: De Bolizei wäre in eire Wohnung gegangn, un du häddsd ’ne Bolizeischdrafe wähchen nächdlicher Ruheschdeerung gegriechd, dr Lärmbehchel wäre ze hoch gewäsn...“ – „Horschdi, da hasde nur de Hälfde uffgeschnabbd, ich bin nach wie vor ä unbescholdner Bärchr... die Schdrafe mußde meine Olle berabbn.“

❀

„Hamm Ses schon geheerd, Frau Biedsch, de alde Zänggrn is nu oohch dod!“ – „Hawwich, Frau Ziedsch. Jjah, die hadds nu gliggerwischd. An was issn das alde Reibeisen geschdorm?“ – „Wissen Ses dnn nich? Na an Bludvrgifdung!“ – „Was Se nich sahchn, Frau Ziedsch! Nu, so was. Wie wärdn das widdr gegomm sin? – Ach, ich weeß, se hadd sich auf ihre eichne Zunge gebissen.“

„Nah, Beule, du siehsd ja so bedäbberd aus! Was issn los midd dir?“ – „Nu cha, ’s is Windr, ’ch bin ausm Agazchenvrein ausgedrädn. Ä Boom is nich mehr dichde genuch. De Nässe gehd dorch!“ – „Schdell dich undrsch Schillrdenggmal, der is Dichder!“

❀

Zwei Herren plaudern in Leipzigs ältestem Kaffeehaus, dem „Coffeebaum“. – „Sahchen Se mal, Se sinn doch Filolohche?“ – „Ja, das bin ’ch.“ – „Da genn Se mir vrleichd äma sahchn, was eechendlich Gadznjammr bedeidet?“ – „Gadznjammer? Das is ä Zuschdard, in dähm mr jammern mechde wie änne gleene Gadze.“ – „Ä nu nee! ’ch hawwe immer gedachd, das wäre ä Zuschdand, wo mr ne Gadze jammrn gennde, ’ch meine, wo mr selwr nr Gadze leid dud.“ – „Nee, das vrschdehd mr nich undr Gadznjammr.“ – „Das is oohch nich richdch“, meldet sich ein bleicher Herr vom Nebentisch. „Gadzenjammr is, wenns eehm so jämmerlich zumude is wie änner hungrichen Gadze, dahär dähr Name Gadznjammer.“ – „Hahaha“, lacht der zweite Herr, „das is ja dr reene Unsinn, ich bin Filolohche, da mussichs doch wissn.“ – „Maßgebend is das nich, ich bin da viel gombedender als Sie. Ich hawwe nämlich grad Gadznjammr.“

❀

„Wie gefälld Se denn das neie Drama, wasse dieser Dahche im Schauschbielhaus rausgebrachd hamm?“ – „Jaaah, ’ch weeß ja nich, ob’ch de richdche Inschdanz for de Bewerdung bin, doch ich fand, das sich das Schdigg for ne Brämiere schlächd eichnede.“

❀

„Warum blähgsde denn immer so un brillsd um Hilfe?“ – „Ich hawwe geen Grund! Ich hawwe geen Grund!“ – „Wennde geen Grund hasd – halde Schnauze!“

Das Schönste in der Kneipe sind immer die philosophischen Gespräche, die an der Existenz der Welt rütteln. „'ch gammr nich hälfn," sagt der eine, „'s ganze Lähm gommd mir vor wie ä gebladsder Lufdballong!" „Un wieso?" will der andere wissen. – „'ch weeß es oohch nich." Bestätigend nickt der Gesprächsteilnehmer: „Da hasde wärglich rächd."

❀

Im Kaufhaus. „Fiern Se auch läwendche Affn, mei vrehrdes Freilein?" Die Verkäuferin lächelt: „Gewiß, mei Herr, momendan hawwe'ch awwr gar geene Zeid!"

❀

Meisezahls sind wieder einmal verreist, und diesmal geht die Fahrt ans Mittelmeer. Man reist mit dem Bus bis zur Stiefelspitze Italiens und steigt dann aufs Schiff Richtung Malta um. Es dauert nicht lange, und der Ozeanriese ist auf dem Mittelmeer, weit und breit kein Land mehr zu sehen. Begeistert stupst ihn seine Gattin an: „Gugge ma, jädds siehsde iewrhaubd gee Land mehr!" – „Wenn'ch nüschd mehr sehe, brauch'ch oohch nich hinzuguggn."

❀

Zwei ältere Sachsen sitzen jeden Nachmittag im Café Cather und spielen Schach. Am Nebentisch sitzt ein etwa gleichaltriger Herr und schaut den Schach-Koryphäen höchst interessiert zu. Er nickt bei gelungenen Zügen, wiegt den Kopf, wenn es mal nicht so läuft, und scheint überhaupt recht im Bilde. Der Herr mit den weißen Steinen läßt sich von der Serviererin ablenken, die gerade ein neues Kännchen Kaffee bringt. Daraufhin versucht der Herr mit den schwarzen Steinen zwei Züge auf einmal, um das drohende Schach abzuwenden. Doch sein Visavis hat das Manöver beobachtet und ruft den Kiebitz als Zeugen an. „'ch dähde Ihn ja gerne dähn Gefalln, werdr Herr, doch ich schbiele wärglich geene Miehle..."

Hammermüller jun. muß sich zum wiederholten Male die Standpauke seines alten Herrn wegen seines unmoralischen Lebenswandels anhören. „Babba, wasde dich nur so uffreechsd wähchn meim Lähmswandl un so. Du hasd doch in deinr Juhchend ooch so manches Dächdelmächdel hindr dich gebrachd un manches heiße Liewesahmdeir beschdandn." – „Nee, mei Sohn, nüschd zu machn bei mir, ich bin gleich beim ärschdnmal midd deinr liehm Muddr reingeflohchn."

❀

„Frau", ruft der Renommist mit Stentorstimme seiner Gattin im dritten Stockwerk zu, „schmeiß mr ma ä baar Zwanzchmarggabbn rundr, awwr von dähn greeßrn Haufn."

❀

„Nu, wo gehn Siedn middn Zylindr hin, Herr Trudrich? 'ch gloowe gar, Se hamm was vor? Woh gar änne Hochzeid?" – „Das nu nich gerade, awwr ich hawwe änne Einladung!" – „Heerd, heerd, da winsch ich Ihn fiel Vrgniechn, da gänn Se ja dichdch lachn." – „Das nu grade nich. Ich gehe nämlich zu ä Granggn." – „Äh! Was Se nich sahchn! Zu ä Granggn – un da sädzn Se wohl zur Uffheidrung des armen Mänschen änn Zylindr auf?" – „Nee, er gennde ja inzwischen geschdorm sein, un da mechde mr doch ä weng feirlich angomm."

❀

Bei der Familie Gedderitsch ist es wieder einmal soweit: Der Ehesegen hängt zum soundsovielten Male gehörig schief. „'ch ganns bei dir nich mehr aushaldn...", heult Frau Gedderitsch. – „Geh doch zurigg zu deinr Muddr!" – „Du bisd un bleibsd ähm ä Scheisal, wo de doch genau weeßd, daß meine arme, gude Muddi dod is." – „Grade desderwechen."

„Sajen Sie mal, hamm Se schon mal was von Jedn jelesen?" – „Wie Se bloß so frahchn genn. Wie gammr denn von jedn was läsn, wo heidzudahche so viele schreim." – „Eh, Sie, ick meene, Jede müssen Se doch kenn?" – „Von dn Weiwern läse'ch heechsdens de Utta Sanella un de Gorz-Mahler." – „Det is ja zum Steeneerweichen, wat heute mit Ihnen wieder los is. Ick frage Sie nach Jeden, und Sie faseln von Sanella und Gorz-Mahler." – „Da missen Se ähm sahchn, was Se mein. Was mein Se dnn nur immr, wenn Se von jedn schbrächn?" – „Nu, herrjesses, ick meine Jeden, der soville jeschriem hat!" – „Ach so, das hädden Se doch gleich sahchn genn. Nadierlich hawwe ich mein Jede geläsn, un Sie wärn schdaunen: Ich gann sogar 'ne Barodie auf de Bärchschaft ausm Gobbe!"

❀

„Was war dänn neilich bei Eich im Gerichtssaal fier ä golossaler Grach?" wird der Student der Kriminologie gefragt. – „Grach? Ach so ja, dr Herr Schdaadsanwald hadd de Anglahche fallngelassn."

❀

„Weeßde, wasses Gehchndeil von Gedz von Bärlichingens berihmdr Auffordrung ist?" – „Ich gisse Ihre Hand, Madam."

❀

Immer wieder nervt der kleine Sohn den Herrn Bäbelmann mit seinen Fragen: „Babba, dr Onggl Emil is zwei Medr un zwee Zändimedr hoch, dähr is doch ä Riese, hadd dähr eichendlich oohch ä Zwärchfell?"

❀

„Emil, iewr dich gann'ch mich nur wundern, wie gannsde denn dä Bäzoldn, das alde Räff, heiradn?" – „Das is bei mir Berechnung, mei Baul. Dähr ihr ärschdr Mann war doch bei dr Wach- un Schließgesellschaft – un da fälldrsch iewrhaubd nich auf, wenn'ch nachds schbäde heemgomme."

„Gudn Dahch, Frau Bäggrmeesdrn, hamm Se Hörnchen?“ – „Awwr nadierlich, mein Chunge.“ – „Na, dann schdoßen Se sich nur nich drmidd.“

❀

Endlich hat es Börnchen geschafft. Er wird zur Fahrprüfung zugelassen. Alles scheint bestens zu laufen, der Wagen schnurrt, der Prüfer unterhält sich auf das angeregteste mit dem Fahrlehrer über den letzten Betriebsausflug. Zum Schluß setzt der Prüfer zur Auswertung an und will noch wissen: „So, nun sahchen Se mir schnell noch, woraus ä Rad beschdehd?“ Auch das weiß Börnchen: „Mehrschdendeils aus dähm ärschdn un dähm zweedn Bärchrmeesdr un ä baar Schdaddrädn.“

❀

Theodor Müller, der allgemein nur Müllerschdeo genannt wird, hat es mit den Augen und begibt sich zum Augenarzt. „Also, Herr Müller, Sie sehen doch dort die Tafel mit den unterschiedlich großen Buchstaben.“ Müllerschdeo nickt und blickt mit großem Interesse auf die Buchstabenreihe O K Z X M F P L R. „Können Sie die oberste Reihe lesen?“ – „Läsn schon, Herr Doggdr, awwr nich ausschbrechn.“

❀

„Was hasde da im Gasdn?“ – „’ch hawwe mir ä baar Wärmer gegoofd.“ – „Gugge. Mehlwärmer for deine gleen Biebmäddse?“ – „Quaddsch, du Nußgnagger, Bulswärmer for de Fodn.“

❀

Kirchendiener Schulze muß sich endlich einen neuen Hut leisten. Also begibt er sich zu „Hut-Mode“ am Rathaus. Von der flinken Verkäuferin läßt er sich nahezu alle Modelle vorführen, die am Lager sind: Sombrero, Melone, Zylinder zusammenklappbar und

Zylinder steif, Filzhut mit schmaler Krempe, Filzhut mit breiter Krempe, bayrischer Trachtenhut mit Gamsbart und ohne Gamsbart, Schmidt-Mütze und Baskenmütze, Hut mit Delle, Hut ohne Delle. Endlich hat er den gefunden, der seinen Kopf wirkungsvoll zur Geltung bringt. Er tippt auf das ausgewählte Stück, die Verkäuferin fragt: „Baßd'r?“ – „Nee, 'ch bin nur Gerchndienr.“

❀

Logische Schlußfolgerungen sind eine Stärke der Sachsen. „Sahchen Se ma, Frau Nachbarn, isses wahr, daß Se balde wechziehn?“ – „Isses, isses. Am Ärschdn machn mir nach Schgeidids (Schkeuditz). Da hammer ändlich änne bassende Wohnung.“ – „Isse denn scheen, de neie Wohnung?“ – „Unob. Vor alln Dingn, da lehchd mei Aldr un ich dn greeßdn Wärd drauf, mir griechn änne bässre Nachbarschafd!“ – „So?“ entgegnet spitz die Frau Nachbarin: „Mir oohch.“ – „Wieso denne?“ zeigt sich die Gesprächspartnerin erstaunt, „ziehn Se am Ende oohch wech?“ – „Ähm nich, awwr Sie!“

❀

Die Verlegersgattin und die verwitwete Postobersekretärin treffen sich im Café. Man kommt im Gespräch auf die lieben Männer. Den Herrn Verleger kennt man in der Stadt, aber an den Herrn Postobersekretär kann sich die Verlegersgattin beim besten Willen nicht erinnern. Sie wird aufgeklärt: „Mei Mann is schon zwanzch Jahre dod, er schdarb achd Dahche nach dr Hochzeid.“ – „Oh“, entgegnet die Verlegersgattin, „da haddr ja nich lange leidn missn.“

❀

Im Fleischerladen. Der Käufer: „Nahmd!“ Der Fleischer: „Gun Ahmd! Un Se winschn, bidde?“ – „Hamm Se Warme?“ – „Warme Warme?“ – „Nu nadierlich!“ – „Heddwich, hammer noch Warme?“ Die Stimme Hedwigs: „Warme Warme?“ Der Fleischer: „Nu wasdn sonsd?“ Hedwigs Stimme: „Nee, mir hamm geene mehr.“ Der Fleischer: „Nee.“ Der Käufer: „Nee?“ – „Vrleichd nehm Se galde Warme? Se genn Se ja drheeme warm machn!“ – „Nu meinswähchn, gehm Se mer ä halwes Vertl. ’s is awwr drwächn eejndlich draurich, daß Se geene warme Warme hamm!“

❀

Frau Pietsch hängt fast den ganzen Tag am Fenster und beobachtet, was auf der Straße so alles passiert. Und manchmal passiert wirklich Aufregendes. „Baul“, ruft sie, „schnäll, gomme mah ans Fänsdr.“ – „Was’n nu schon widdr los? Is eenr ausm Ärrnhaus ändschbrung?“ – „Nee, doch da undn laadschd ä Soldade!“ – „Vrdimmich, wenn bloß ämal dähr elende Milledarismus uffheerde.“

❀

„Brauchd denn deine Frau oohch so viel Gäld for de Doaledde wie meine?“ – „Die is schbarsam in dähm Bungdd. Heechsdens än Groschen.“

❀

„Gugge, dort driem is de Saggsnfahne gehißt: grien-weiß.“ – „’ch gäb Se mal een Dib. Das heeßd nich grien-weiß, das heeßd weiß-grien.“ – „Un wieso?“ – „Mr Saggsn sin helle, und das Helle is immr ohm.“

❀

Das jungverheiratete Paar lebt glücklich und zufrieden. Trotzdem warnt die Braut ihren Angetrauten: „Bei deinr ärschdn Undreie, die ’ch änddägge, bammle ich mich an ä Boom.“ Seelenruhig stellt der Bräutigam die Gegenfrage: “Un was machsde bei dr zweidn?“

❀

Straßenbauarbeiter am Neumarkt in Leipzig. Ein Passant kommt den Arbeitern ziemlich nahe. Seine gerade erst dieser Tage im neuen Kaufhaus erworbene Flanellhose wird mit einem nicht gerade kleinen Teerspritzer verziert. „Mänschnsgind", schreit der Fußgänger den Arbeiter an, „baß doch uff! Jädds hasde meine scheene neie Hose vrsaud!" Seelenruhig antwortet der Arbeiter: „Ziehse nur aus. Mr dauchnse indn Gässl, da siehd mr 'n Flägg nich mähr."

❀

Man kann Paul Pappel einfach nichts recht machen: Ein junges Liebespaar flaniert durch den Leipziger Clara-Zetkin-Park und hält sich eng umschlungen. Er macht seine Begleiterin auf den schönen Vollmond aufmerksam, der lächelnd auf das Paar herunterschaut. „Scheen", haucht die junge Dame und schmiegt sich noch enger an ihren Verehrer. Doch man hat nicht mit Paul Pappel gerechnet, der gerade seinen abendlichen Verdauungsspaziergang macht. Er schimpft lauthals: „Scheen soll das sin? Ihr junges Zeich habbd ja geene Ahnung! Da is jädds gee Gedangge mehr von scheen! Vor dr Wende häddedr mal so ä Mond sähn solln!" Und ernüchtert fügt er noch hinzu: „Awwr das is ähm jädds allis nich mähr wie friehr."

❀

„L'art pour l'art" läßt sich leicht ins Sächsische übertragen und heißt nichts anderes als „Gunsd bringt Gunsd".

❀

Paul Pummel hat so langsam die Pensionsgrenze erreicht und freut sich auf den Ruhestand. „Weeßde", erläutert er seinem Freund, „wenn'ch ärschdmal bangsionierd bin, sädds ich mich in ä Schauglschduhl un mache ä Värdljahr iewrhaubd nüschd mähr." „Na un nacherds?" will der andere wissen. „Fange'ch – vrleichd – an, ä häbbchen zu schaugln."

„Nu, ’ch graddeliere oohch scheen! Se hamm doch gärzlich Familchenzuwachs gegriechd. Was isses denne, ä gleener Chunge?“ – „Nee.“ – „Ädwa ä gleenes Mädchen?“ – „Erradn!“

❀

Ein aus dem Gebäude der „Sächsischen Zeitung“ schnell über die Straße rennender Journalist wird von hinten angefahren. Der Übeltäter ist ein Radfahrer. Zwar ist nichts passiert, doch der Journalist beharrt darauf, daß die Polizei geholt wird. Der gemütliche sächsische Polizeibeamte nimmt also den Unfall in aller Seelenruhe protokollarisch auf und befragt den angetütelten Radfahrer: „Hamm Se dnn oohch vorschrifdsmäßig gebimmeld odr nisch?“ Entrüstet gibt der Pedalritter zu Protokoll: „Na, heern Se mal, ’ch bimmle immer eh’r ’ch ein iewrfahre!“

❀

Paul Pummel und Peter Pietsch treffen sich an der Straßenbahnhaltestelle. Pummel hält etwas hoch. „Was issn das?“ will Pietsch wissen. „’ch hawwe mich fodografiern lassn.“ – „Zeiche mal her.“ – „Gugge, das is meine Fodografie.“ – „Die siehd dir sehre ähnlich. Was had denn das gegosded?“ – „Das hawwe ’ch noch gar nich bezahld.“ – „Das siehd dir ooch sehre ähnlich.“

❀

Mit großer Hochachtung in der Stimme macht der Gerichtsrat Komplimente: „Unglaublich, daß Sie, gnädige Frau, es verstanden haben, den kräftigen Einbrecher zu fassen und kampfunfähig zu schlagen!“ „Endschuldchen Se, Herr Gerichdsrad,“ antwortet die vor ihm stehende Dame schuldbewußt, „’ch hawwe gedachd, ’s is mei Oller. Dähr Luhmich war nämlich drei Dahche nich drheeme...“

❀

„Also von dir heerd ma ja scheene Sachn. Isses denne wärglich wahr, daßde de Widdwe Bähnerd geheirad hasd? Sahche mal undr uns Basdorendechdrn: Is das nich ne beese Siem?“ Der Angesprochene nickt und flüstert: „Isse. Awwr ’s hängn fimf Nulln dran.“

❀

An den Bahnhofsschalter in Grimma, Oberer Bahnhof, tritt ein leicht alkoholisierter Herr. „Bidde, Se winschn?“ – „Änne Sonndahchsriggfahrgarde zweeder.“ – „Wohin, biddescheen?“ – „Nu hierhär nadierlich.“

❀

Familie Bähnert hat von allen möglichen Versandhäusern Kataloge kommen lassen und bei nahezu jedem etwas bestellt. Das Ergebnis sind viele schöne Waren und ein riesiger Schuldenberg. „Gomm, Herda, laß uns nach Mallorga fahrn.“ – „Mr missn doch an unsere Schuldn dänngn.“ – „Das genn mir ohch auf Mallorga.“

❀

Herr Gedderitsch ist schon seit Jahren Mitglied des Männerchores „Bläkegut“. Er fragt seinen Nachbarn, ob er nicht auch Mitglied werden will. „Bei eich Middglied wärn? Nie im Lähm!“ – „Warum dnn nich?“ – „’s is doch ganz eefach. Ärschd singdr zwee Liedr, un nacherds saufdr zwee Liidr.“

❀

Der Lederwarenhändler Scholz lernt in einer Hotelbar die hübsche Peggy kennen. Man trinkt ein Gläschen Schampus, läßt ein zweites folgen, der Abend verspricht ein voller Erfolg zu werden. Als sie gehen wollen, klärt ihn Peggy noch schnell auf: „Daßdes weesd, mei Hase, ’ch bleiwe schdandhafd!“ Doch Herr Scholz ist nicht zu erschüttern: „Meinswähchn, ’s is awwr unbequämer.“

Heinz Päzold trägt voller Stolz das Ehrenkleid des Bundes. Im ersten Brief, den er an seine Freunde in Crimmitschau schickt, schildert er so, wie ihm der Schnabel gewachsen ist, die Gefahren, die ein Bundeswehrsoldat zu überstehen hat: „Mir lähm beim Bund außerordndlich gefährlich, un desderweechn schreiwe ich Eich jädds dähn Schreibebrief. Mir missn uns eechal schiddsen, und während ich eich schreiwe, halde ich in dr eenen Hand än geladnen Revolver un in dr andrn ä besondersch scharfn Dolch...“

❀

„Babba, was isn das: ä Schglafe dr Mode?“ Der Vater wirft einen Blick zur Stubendecke und hebt zur tiefgründigen Erläuterung an: „Jjaaaah, mei Chunge, wie soll'ch dr das nur erglärn... Also guggemal, ä Mann, dähr änne Frau hadd und midd dähr Frau ä baar große Deechdr im Aldr von sächzähn bis zwanzich Jahrn, un die willr undr de Haube bringn, un das gannr nur, wennse scheen rausgebuddsd sin, zu so ä Mann gammr mit Fug un Rächd sahchen: Är is ä Schglafe dr Mode.“

❀

„Das is awwr wärglich de Heehe!“ tobt der Geschäftsführer. „Immr wenn'ch ins Zimmer gomme, sidsn Se da un hamm nischd zu duhn! Genn Se mir das mal erglärn, Herr Schulze?“ – „Das is, weil Se neie Schuhe midd Grebbsohln anhamm, Herr Geschäfdsfiehrer!“

❀

Großes Aufgebot im Gerichtssaal. Der Zeuge wird vereidigt, vorher wird er noch gefragt, ob er die christliche oder die atheistische Eidesformel wünscht. Er entscheidet sich nach kürzerem Überlegen für die atheistische. Laut und vernehmlich ruft er in den Saal: „Ich schweere, daß'ch nur de Wahrheed sahche und nüschd andres als de Wahrheed! So wahr mir.. äh... Ja, das schweere'ch.“ Zufrieden nickt der Richter und kommt nun zur Befragung des

Zeugen: „Erleidern Se uns nun, Herr Zeihche, was Se zu dähm Fall alles wissn." Der Zeuge steht auf und sagt laut und deutlich: „Nüschd."

❀

Eine Frau beklagt sich in einer langen und nie endenden Rede über ihren ach so grausamen Gatten. Die Zuhörerin empfiehlt der leidgeprüften Frau, ihm glühende Kohlen auf sein Haupt zu sammeln, was sie natürlich symbolisch meint. Damit kommt sie aber schlecht an: „'ch hawwe dähm grausam Hund scho ämal zwee Gässel gochendes Wassr iewrn Binsel gegossn, dängg Se vrleichd, dasses geholfn hadd?"

❀

Herr und Frau Gramert machen einen Spaziergang durch ihre Heimatstadt Chemnitz und schauen sich ein Juweliergeschäft an. In dessen Fenster glitzert und glänzt es, Gold, Silber, Platin und jede Menge Edelsteine. Also alles, was das Herz einer Frau begehrt. „Gugge mal", weist Frau Gramert ihren Gatten auf ein besonders schönes Stück hin, „sinnse nich großardch, de Diamandn?" Herr Gramert nickt: „Mr sollde weeßgnebbchen nich denggn, daß die Dingr in dähn Muscheln drinne wachsn."

❀

Herr Mehlwurm führt seinen Hund des Abends an den Laternenpfahl und trifft dort seinen Intimfeind Kesselstein. „Is das Ihr Hund, Herr Mehlwurm?" – „Wäm sollr denn sonsd sein?" – „Is das ä Raddnfängr odr ä Affenbinschr?" – „Also, hehe, Raddn fängdr, dassis wahr. Obr oohch Affen binschd, weeß'ch nich."

❀

Steinhaus ist eine Spielernatur und gibt jede Woche zum Ärger seiner Frau etliches Geld für das Lottospielen aus. Gewonnen hat er in den langen Jahren noch nicht eine müde Mark, dennoch ist sein sächsischer Optimismus ungebrochen. Vor vierzehn Tagen ist im Spiel 77 zum ersten Mal ein Gewinner aus Dresden aufgetaucht. Vor einer Woche hat es jemanden in Riesa getroffen. Und auch an diesem Sonnabend schlägt für Steinhaus beinahe die Stunde des Glücks: „Hasde geheerd, Baula, diesmal hadds een aus Oschatz erwischd. Siehsde, schon widdr ä Schdiggchen nähr an Leibzch!“

❀

Peter und Paul gehen zusammen spazieren, es begegnen ihnen viele Mädchen und Frauen: dicke, dünne, lange, kurze, blonde, braune, schwarze, rote. Bei einer der Rothaarigen teilt Paul seinem Spannemann Peter mit: „Gugge, da driehm die Gleene, die hawwe ’ch ämal geliebd!“ – „Lange?“ – „’ch hadde grade geene Uhr um.“

❀

Die sächsische Reisegruppe ist auf dem Weg nach Tunesien. Im Flugzeug kommt es zu ersten Gesprächen. Ein Mitreisender ist neugierig und fragt seinen Nachbarn: „Hamm Se schon ämal de Wüsde Sahara erläbd?“ Der schüttelt den Kopf: „Wofier haldn Se mich! ’ch bin gligglich vrheirad!“

❀

Der Neureiche erzählt: „Als ’ch anfing, lief ’ch ohne Schuhe rum, un jädds hawwe ’ch änne Million.“ Der weniger Reiche staunt: „Sahchen Se bloß! Wär buddsd die denn nu alle?“

❀

„Glaus, du bisd doch ä fiffiches Gärlchen. Erglär mich mal, was das Gehchndeil von Barderre is.“ – „Das Gehchndeil von Barderre sin ä baar Digge.“

Erika himmelt ihren Verehrer an. „Garlchen, mei Schnuggelchen, isses denne wärglich wahr, daßde dich auf dn allrärschdn Bligg in mich vrliebd hasd, mei Hase?" Der Verehrer winkt lässig ab: „Ach, das machich immr so, das schbard een ä Haufn Zeid."

❀

Der kleine Fritz soll postlagernde Sendungen abholen. Als er endlich dran ist, sagt er nur: „'ch mechde de Briefe for uns abholn." Der Schalterbeamte neugierig: „Un for wähn, biddescheen?" Fritz: „Na, das schdehd doch drauf."

❀

Im Laden der Bäckermeistersfrau Herzog ist immer etwas los. Der Kuchen ist eßbar, und auch das Brot ist wunderbar knusprig. Doch in der Nachbarschaft hat ein weiterer Bäckerladen eröffnet, der eine starke Konkurrenz darstellt. Also hängt die Frau Bäckermeister ein kleines Schild ins Schaufenster: „Hier werden laufend frische Brötchen gebacken!" Herr Pietsch kommt, liest das Schild und stutzt: „Is de neie Zeid nich schrägglich? Jädds muß Ihr gudr Mann schon de Breedchen im Laufen baggn!"

❀

Eine neue Firma sucht junge, dynamische Mitarbeiter zwischen 25 und 35 Jahren. Es stellen sich etliche vor, aber der, der den richtigen Pfiff hat, will und will nicht auftauchen. Da taucht als letzter in der Reihe der Bewerber Friedrich, genannt Fritz, Päzold auf. Der Geschäftsführer stellt Fragen über Fragen und kommt nun zu seiner alles entscheidenden letzten Frage: „Sinn Se wenichsdens ä bißchen ehrgeizich?" Empört antwortet der junge, dynamische, flexible Bewerber: „Ä bißchen? 'ch gähwe nich eh'r Ruhe, als bis ich an Ihrm Bladds siddze!"

Pietsch aus der Münzgasse sitzt mit seiner Gattin im Theater. Gegeben wird „Lohengrin". Aber Theater und zumal noch Oper ist natürlich anstrengend, und so flüstert er seiner holden Gemahlin zu: „Du, Emma, 'ch wärde jädds ä häbbchen vor mich hindeesn. Mich machd die ewiche Musigg miede. Wenn die große Gans noch ämal angewalggd gommd, wäggsde mich." Nach einigen Minuten ertönen laute Schnarchlaute. Mehrere Besucher in den Vorderreihen bedenken Frau Pietsch mit Blicken, so daß sie nicht umhin kann, ihren Mann zu wecken. Er blickt auf die Bühne und sieht keinen Schwan, dafür aber Elsa und Lohengrin. Voller Enttäuschung flüstert er: „Un wächen däm vrniggelden Frosch wäggsde mich?"

❀

„Se genn doch Franzeesisch, Herr Mehlworm?" – „Ä weng." – „Das is gud. Da genn Se mir ähne Frahche beandwordn: Wie sahchdr Franzose zu änner G-Saite?" – „Se schdelln bleede Frahchen. Nadierlich Droddoar."

❀

Meisezahl kann es nicht lassen, von seiner Reise nach Venedig zu erzählen. Diesmal aber wird er von Herrn Kunze rasch mit der Frage unterbrochen: „Se hamm doch sichr ooch dähn Lehm von San Margo gesähn?" Meisezahl weiß Bescheid: „Un ob! 'ch habb'n sogar gefidderd!"

❀

Der erregte Käufer stürmt in den Bekleidungsladen, in dem unter anderem auch Regenmäntel angeboten werden. „Das is doch awwr eene eenzche Unvärschämdheed, was Se sich da midd mir erloobd hamm! Dähr wassrdichde Rähchnmandl, dähn 'ch bei Se neilich gegoofd hawwe, is dodal ausm Leim gegange." Mit stoischer Ruhe antwortet der Ladenbesitzer: „Wenn Sen oohch bei Rähchn anziehn..."

Der Lehrer ist beim Plural angelangt und will nun von seinen Schülern Beispiele. „Wie lauded dr Blural von Bangg?" Fritzchens Finger schnippt in die Luft. „Bidde?" – „Bängge." – „Richdch. Un wär von eich Rasslbande gammr dn Blural von Band sahchen?" Paulchen ruft sofort: „Bändr!" – „'ch sähe, ihr habbds begriffn. Nu, Garl, sahche mir zum Abschluß noch dn Blural von Gardoffel." Die richtige Antwort kommt wie aus der Pistole geschossen: „Ähbern!" (mundartlicher Ausdruck für Kartoffeln).

❀

Bei seinem ersten Besuch am Kulkwitzer See stellt Paul Pummel die Frage: „Endschuldchen Se, wo sinn dänn hier de Zälln?" Der splitterfasernackte Nachbar klärt ihn bereitwilligst auf: „Da vorne is de Haldeschdelle von dr Linche 13. Da missen Se ein-schdeichn, bis zum Haubdbahnhof fahrn, änne Garde nach Häringsdorf leesn un losgondeln. Dord griechn Se ooch ne Zälle."

❀

Bei Biebrichs in der Güldengossaer Straße ist Nachwuchs angekommen. Die Freude ist riesengroß. Denn man hat viel vor mit dem jungen Biebrich, er soll einmal ein Großer werden und Aufnahme ins Pantheon berühmter Sachsen finden. „Mr missn", erläutert Paul seiner lieben Gattin, „unsern Schbreßling anhaldn, dasser mal ä dichdcher Mänsch wärd." Frau Biebrich sieht die Sache etwas realistischer und kontert: „Ärschdmal mußr wohl noch abgehaldn wärn missn."

❀

Der neue Leipziger Lortzing-Verein schickt seine Mitglieder mit der Spendenliste aus und bittet um einen Obolus für ein Denkmal des Komponisten. Da kommt der Herr bei Meisezahls aber schlecht an, denn Vater Meisezahl belehrt den Spendensammler: „Meinr Ansichd nach wärsch bässr, das Gäld dr Widdwe zu gähm."

„Babba, hier is wiedr äma so ä bleedes Word, was ich nicht vrschdehn due. Was is ä Ehrndoggdr?“ – „Das is ganz eefach, mei Baulchen. Ehrndoggdr, das is so ähnlich, als wemmr Gäsde hamm, un deine liewe Mama schdelld mich als dn Haushaldungsvorschdand vor.“

❀

Der Vater war längere Zeit verreist und ist ziemlich erschöpft, liegt auf dem Sofa und erholt sich von den Reisestrapazen. Der Filius kommt heulend ins Zimmer und schreit seinen Ärger heraus: „Babba, de Mamma hadd mich schon widdr geschlahchen.“ Darauf der Vater seelenruhig: „Hab nur geene Sorche, ab morchn wärschde widdr von mir vrdroschn!“

❀

Der Leipziger Verleger hält seinem neuen Vertreter einen Vortrag: „Horchen Se mal druff, Se missn sich ä bißchen ranhaldn, unsr Vrlaach muß iewrall begannd sinn, un da fahrn Se mit dr Eisenbahn am besdn ärschd äma in dä aldn Bundesländr, weil die dord ooch Gneede hamm. Schdadziohn machen Se in Freiburch, Garlsruhe, Schduddgard, Franggford, Mainz, Darmschdadd, München, Nürnberch, Osnabrück, Münstr, Brämen.“ – „Is gud, Schäff“, meint der neue Vertreter und macht sich auf den Weg. Nach einer Woche erscheint er wieder im Verlag, heruntergekommen und völlig schweißüberströmt. „Na, nu zeichen Se mal Ihre Abschlisse.“ – „Bei Ihn biebds wohl? Abschlisse? Ich bin Sie drwechen heilfroh, daß'ch wenichsdens de Anschlisse erwischd hawwe!“

❀

„Na, gudn Dahch ohch, Frau Mählhose, hamm Ses denne schon geheerd? Im Leibzcher Zoo hammse ä halwes Duddsend Diechr gemausd!“ – „Bähnerden, Se wolln mich vräbbeln, woderzu brauchd mr denn heidzudahche Diehcher? Doch nich äddwa umse in Benzindank ze duhn?“ – „Gwaddsch midd Bernbriehe. Wodran droggnen Sie sich dnn Ihre Fodn ab? Odr brauchn ausgerechned Sie geene Handdiechr?“

❀

„Frau Griemichen, Sie duhn mich awwr dichdch enddeischen. ’ch hield Se for änne resolude Frau mit Garagdr, un nu heere ’ch von meim Ollen, daß Se Ihrm sogar de Hausdierschlissel midgegähm hamm! Das is doch wärglich de Heehe!“ – „Rähchen Se sich nur widdr ab, Frau Oemichen. Das is ä Drigg, dähr mein Baul am Schdammdisch schdarg machen dud. Dähr Schlissel, dähn ’r dord immr zeichd, baßd gar nich an unsre Hausdiere!“

❀

Ein Durchreisender hat sich vorgenommen, in Leipzig schnell eine Sendung mit der Post aufzugeben. Aber die vor ihm stehende Schlange rückt nur sehr allmählich vor, und seine Zeit wird knapp. Bis ihm der Kragen platzt und er wie ein Rohrspatz schimpft: „Kreuzhimmeldonnerwetter! Wann geht es denn in diesem Saftladen voran! Das ist ja himmelschreiend!“ Der nach ihm Anstehende tröstet: „Härn Se, mei Gudesdr, das is hier de Haubdbosd un geene Fluchbosd.“

❀

„Herr Meisezahl“, lamentiert der Lehrer, „mit Ihrem Sohn bin ich außerordentlich unzufrieden. Hundertmal habe ich ihn schon gefragt, wann Goethe gestorben ist, und nie bekomme ich die richtige Antwort.“ – „Da sinn mir schuld, Herr Lährer, mr sinn nämlich nich auf de Volgszeidung abonnierd.“

❀

Auf der Petersstraße in Leipzig haben zahlreiche Souvenirverkäufer aus aller Herren Länder ihre Stände. Etliche haben sich auf Ansichtskarten spezialisiert. Der Potsdamer kauft beim ersten gleich ein Dutzend für 35 Pfennige pro Stück und ist ziemlich verdutzt, als er die gleichen Ansichtskarten beim übernächsten Händler für nur 25 Pfennige pro Stück sieht. Wutentbrannt kehrt er zur ersten Station zurück und stellt den Verkäufer zur Rede. Der hört sich das Lamento an und teilt dem Herrn aus Potsdam freundlichst mit: „'ch weeß, bloß – dähr vrdiend ähm nich so viel dran als wie ich."

❀

Der kleine Fritz und der kleine Paul unterhalten sich über die neuesten Weltrekorde auf dem Gebiet der Leichtathletik. Schließlich kommt man auf den Fabelweltrekord der letzten Tage zu sprechen. „Das is doch gar nüschd", hält Fritz dagegen, „mei großr Brudr rännd dä hunderd Meder in achd Gomma null Segundn." Paul darauf: „Du schbinnsd ja, das wäre ja Suber-Wäldregord." – „Nu glar, denn dähr gennd änne Abgirzung."

❀

In Dresden treffen sich an der Straßenbahnhaltestelle Wilsdruffer Straße zwei gute alte Freunde, die sich eine Ewigkeit nicht gesehen haben. Sie stehen in der Blüte ihrer Jahre, und Wilhelm tut total überrascht: „Das is vrleichd scheen, daßich dich hier dräffe. Alles noch gud beiänandr?" Er hört seinen alten Freund Emil voller Stolz sagen: „Das gammr wohl sahchn. Brivad glabbd alles noch, un midd meinr nein Arweedsschdelle hawwichs brima gedroffn." „Das is ja großardch is das", kommentiert Wilhelm, und Emil fährt fort: „'ch bin sähr zufriedn. Seid vorchdr Woche hawwe'ch gar siem Mann undr mir..." – „Dunnerliddchen! Du bisd ja ä As. Wieso denn das?" – „Se hamm mich an de Maschine im ärschdn Schdogg geschdelld!"

❀

Paul Maier kommt mit einer Riesenfahne zum Arzt. Dieser gibt ihm den Tip: „Herr Maier, immer wenn Sie Appetit auf ein kleines Schnäpschen haben, sollten Sie zu einer Apfelsine greifen und diese schön gemächlich verzehren.“ Maier starrt den Arzt an und kommt nach längerem Überlegen zu dem Schluß: „Un Se gloom, daß fimfunzwanzch Abbelsin am Dahche gesund sein solln?“

❀

„Gäsdrn schdand in dr Bimmel nähm mir Beethoven, als ’ch middr Sibbzn nach Gohlis fuhr.“ – „Das gloobsde doch sälwr nich!“ – „Awwr äs is wärglich un wahrhafdch wahr.“ – „Gäse, de Sibbzn fährd gar nich nach Gohlis.“

❀

Der richtige Ton macht bekanntlich die Musik, und so klärt also Paul Ball seinen Nachbarn Peter Burzel auf: „Mänsch, wennde nich bald ruhich bisd, dann gladdsch ich dich an dä Wand, daß dich de Leichnfrau middn Leffl abgraddsen kann.“ – „’ch bin doch schon schdille, ’ch sahche gee eenzches Word mähr.“ – „Das is hibbsch von dir, daßmr im Guhdn midd dir redn gann. Wenndä nich ändlich ruhich gewäsen wärschd, wär’ch nämlich richdch grob gewordn.“

❀

Das junge Mädchen eilt in die Schule und wird von einem älteren Herrn gefragt: „Wo machsde denne hin, mei Reeschen?“ – „In de Dornschdunde, Onggl.“ – „Gugge in de Dornschdunde. Weeßde, was de da bisd?“ – „Nee.“ – „Ä richdches Dornreeschen.“

❀

Frau Pietsch hat es wieder einmal furchtbar satt, und so ist der Tag gekommen, an dem sie ihrem Mann die Meinung sagen muß: „Du behandelsd mich ja schlächdr als wie deine Hose.“ – „Un ob! Ohne dich gann’ch mich sähn lassen, awwr ohne Hose ähmd nich.“

„Ausgerechnäd du laadschsd hier dorch de Schdadd? Hasd wohl deine Garede mal schdehn lassen?“ – „Nee, ’ch mußde doch vorchde Woche mein Fiererschein abgähm, ich hadde ä gleenes häbbchen mehr als Nullgommaachd Bromille.“ – „Un wieviel driewer warschde?“ – „Geene Ahnung, mei Gudsdr, ’ch weeß nur, daßde Meißner Vrgehrsbolende sich midd meinr Bludbrowe änn lusdchen Ahmd gemachd hadd.“

❀

Krause flunkert wieder mal und teilt seinen aufmerksam lauschenden Gästen mit: „Ihr deedet Fliechn, doch ich deede Lehm, damiddrsch wißd.“ – „Un wo hasde schon ämal Lehm gedeeded?“ – „Als ob das nich jedr wißde: in dr Dahlner Heide.“ – „Gibbds dnn da iewrhaubd Lehm?“ – „Jädds nadierlich nich mähr.“

❀

Die übergewichtige Frau Bumke will sich ein großkariertes Kleid kaufen. Ihre Nachbarin schlägt die Hände über dem Kopf zusammen: „Wissen Ses denne nich? Garos machen digg!“ – „So? Ich ässe geene Garos.“

❀

„Vrzeihn Se giedichsd, Herr Bolizeirad, wo fährdn die Schraßnbahn dord hin?“ Der Verkehrspolizist belfert den Frager an: „Wenn Se nich auf dr Schdälle von’n Schien rundrgähn, Ihn ins Greize!“

❀

Der Berliner Gast kommt ins Restaurant und muß lange warten. Seine Stirn legt sich in Zornesfalten, er wird rot und röter, und dann brüllt er ins Lokal: „Jibt et denn hier keene Ober?“ Der Tischnachbar klärt ihn beflissen auf: „Nadierlich, Gosi fan dudde, Badderflei un am Wochnende schbielnse Zar un Zimmermann.“

„Baulchen, gomme mal här. 'ch will dr änne Lehre midd aufn Lähmswäch gähm, midd dähr'ch immr gud gefahrn bin. Gebrauche meechlichsd geene Främdwärdr." – „Un warum, Babba?" – „Weil mr nie wissn gann, wasse wärglich bedeiden."

❀

„Heere mal, Alwerdn, ich will dir ämal was sahchen. Du därfd's awwr auf gar geen Fall weidrsahchen." – „Emil, mei schbezcher Freind, da gennsde Alwerden schlächd, dähr gann schweichn wie ä Grab. Wenn 'ch nur ä eenzchen Dohn sahche, bleischdifdsweise Andohn, da gannsde mir auf dr Schdelle eene rundrhaun..." – „Das heerd mr gärne, mei liewr Alwerd. – Das greeßde Heifärd, was uff dr Ärde rumrammeld, bisd du!" Albert platzt heraus: „Erloobe mal!" Emil freut sich wie ein Honigkuchenpferd, gibt ihm die Ohrfeige und danach die Antwort: „Siehsde, nu hasde ähm doch nich de Gusche haldn genn."

❀

Nach langer Zeit treffen sich zwei alte Schulfreunde wieder. Der eine ist in feinstes Tuch gekleidet, duftet nach dem teuersten Rasierwasser, hat eine goldene Schlipsnadel, Manschettenknöpfe und protzige Ringe. Der andere ist ganz normal gekleidet. „Mänschnsgind, was isn aus dir aldr Feife gewordn? Dir scheinds ja gudzegehn. Bisde ädwa Millchonär?" – „Deilweise", hört er die Antwort. „'ch hawwe das Är, das andre schdimmd ooch, jädds fählt mir nur noch de Million."

❀

Ein älterer Herr und eine junge Dame treffen sich im Zug von Leipzig nach München. Der Zugkellner kommt ins Abteil und fragt: „Dee? Imbiß? Gaffee?" Der ältere Herr schüttelt den Kopf, die Tür fliegt zu, und er erklärt seiner Mitreisenden: „Jjaah! Un sähn Se, 'ch gaufe mir brinzibchell nischd im Zuhche! 'ch hawwe vier Därmoßgann im Goffr. In eenr is Gaffee, in eenr is Dee, in eenr Gaggau und in eenr Millich! Das is ä Angebod, da gann dähr Zuhch-Fritze nich midhaldn. 'ch hawwe so alles zesamm und mische mir das nach Gusdo zurächde. Wodrauf'ch Abbedid hawwe. Was darf'ch Sie denne anbiedn, mei scheenes Freilein?" Die junge Dame lächelt verschämt und lispelt: „Vrleich ä Däßchen Dee?" Der Lebemann erhebt sich und sagt: „Awwr gärne", wird kreidebleich und stammelt, „vrflixd, jädds hawwe 'ch dähn Goffr aufgegähm."

❀

Der ungeliebte Besuch von Onkel Emil und Tante Trude ist nun doch noch gekommen. Die Erwachsenen übergehen das mit der üblichen Nonchalance, aber die Kinder haben darunter zu leiden. Diesmal trifft es Klein-Peggy, die vorführen muß, was sie auf dem Klavier schon alles gelernt hat. Widerwillig setzt sie sich an den Blüthner und spielt ein kleines Stückchen. „Awwr das is scheen, mei Hase", bekommt sie als Lob zu hören. Klein-Peggy freut sich: „Das war Andante." „Peggy", wird sie von der strengen Mutter ermahnt, „nu schbielsde noch was an Onggl."

❀

„Oh – oh – oh – Oddo, liebsde – oh – mich?" – „Na – dier – lich – lie – we ich dich..." – „Säh – re? Od – do?" – „Säh – re, mei Bubb – chn! Säh – rä!" – „Oh – oh – oh – Od – do, hei – radsde mich?" – „Nee." – „Rundr!"

❀

„Gindr, mal herhörn! 'ch will eich änne gniffliche Frahche schdelln: Wär gammr erglärn, was Seuchen sin?" – „Nu, Bedr, zerschdeere nur nich de Lufd midd deim gleen Fingr ... also sahche mal." – „Säuchen, Herr Lehrer, sin gleene Schweinchen."

❀

Der Männerchor „Bläkegut" unternimmt einen Ausflug ins tschechische Nachbarland. An der Grenze müssen die Reisedokumente gezückt werden, und der freundliche tschechische Zöllner steuert auf den bereits leicht angesäuselten Biebrich aus Zwiebel-Borna zu. „Paß?“ lautet die kurze Frage. „Nee, Herr Grenzbolizisde, ’ch bin Denor.“

❀

„Ei gugge, dr Herr Hahn. Da gradduliere ’ch Se awwr von ganzem Herzen. Mir is zugedrahchen worden, daß Ihr wärdes Freilein Dochdr so hibbsch Glavier schbielen dud.“ Herr Hahn wirft sich in die Brust. „Ei freilich, das dudse, meine gude Lina.“ – „Un was, wemmr frahchn darf, nich wahr, schbieldse un wie glinggds?“ – „Mehrschdendeils wie ä Haydn-Grach.“

❀

Pietsch und Bähnert treffen sich und lassen ihren Ärger aneinander aus. „Weeßde, wenn’ch dich so angugge, mei liewr Bähnrd, da fälld mir ä scheenes Schbrichword ein: Wäm dr liewe Godd ä Amd gibbd, dähm gibbdr ooch Vrschdand.“ – „Awwr, Biedsch, ’ch hawwe doch gar gee Amd.“ – „Na, gugge, wie’s wiedr mal zudreffen dud.“

❀

In der Kneipe: Grätsch erläutert Heine mit schwerer Zunge, daß der VfB Leipzig viel eher Deutscher Fußballmeister wird als der FC Sachsen. Da kann sich der Sachsen-Fan nicht bremsen und klopft dem Kontrahenten kurzerhand seinen Bierseidel auf den Kopf. Das Ergebnis ist eine schnell wachsende Beule. Erschüttert fragt der Wirt: „Du Heini, weeßde denn, was dadrauf schdehd?“ – „Glar. Zur Erinnrung an gemiedliche Schdundn.“

❀

„Was issn Ihr Beruf?“ – „’ch bin Schdraßenhändler.“ – „Gugge, Schdraßenhändler. Un was gosd hendzudahche änne Schdraße?“

Zwei Frauen treffen sich rein zufällig in Dresden auf der Prager Straße. Die Wiedersehensfreude ist groß und beiderseitig. Man kommt auf Frau Friedel zu sprechen. „Das genn Se sich nich vorschdelln, meine Liewe, wie de Friedln geliddn hadd." – „Ach nee, war die ohch undrdriggd." – „Die hadd wechm ihrn Glaum leidn missn, mr sahrs fermlich an." – „Jaja, die eländn Gommunisdn." „Was erzähln Se dnn nur widdr for ä Gollerabi? De Friedln glaubde, de Schuhgreeße 36 zu hamm, un drbei warer de 38 schon dichdch eng."

❀

Ein Mann stürzt ins Hotel Merkur in Leipzig und bittet den Barkeeper: „Gähm Se mir än Dobbelden, bevor dähr Schgandal losgähd!" Sofort wird der Doppelte serviert. „Bidde noch een, bevor dähr Schgandal losgehd!" Wiederum bekommt er vom Barkeeper seinen Doppelten hingestellt. Und noch einmal verlangt er einen Doppelten. Aber nun faßt sich der Kellner ein Herz: „Derf 'ch Se mal frahchen, um was fier een Schgandal sich das handeld?" Traurig erhebt sich der Herr und sagt resignierend: „Dähr Schgandal gehd jädds los. 'ch hawwe nämlich gee Fängg Geld, um die Schnäbbse zu bezahln."

❀

Zum Medizinalrat Oberarzt Dr. Heileschnell kommt ein besonders schwerer Fall. Dieser trägt ihm sein Problem vor: „Also, horchen Se mal druff, Herr Obermedizinalrad, 'ch hawwe dichdche Schmärzn, wenn ich mich nach vorn beiche, ganz sachde, mein rächdn Arm von meim Rewühgärber wechschdregge und dannoch mein linggn Arm von undn här iewern Riggen lähche. Das dud Sie vrleichd weh." – „Und weshalb veranstalten Sie solche Verrenkungen?" – „Um in mein Iewrziehr ze gomm."

❀

Emil trifft Albert und stellt ihm als erstes die Frage: „Weeßde schon ’s Neisde?“ Aber Albert ist nicht sehr beschlagen, liest keine Zeitung, schaut im Fernsehen nur die Seifenopern an, und das Radio stellt er prinzipiell ab, wenn Nachrichten kommen. „Wie soll’chn dadrzugomm? Was isn los?“ – „Siehsde, mei Alwerd, ’ch weeß ooch nischd. Dadrum frahche ich ähm dich. Eechendlich bisde doch sonsd nich so dämlich. Un wennde nischd weeßd, da mußdes machen wie de Bullevarbresse: Dängg dr ähm was aus.“

❀

Zwei uralte Freundinnen gehen in „Auerbachs Keller“, um wieder einmal gut zu essen. Der Kellner bringt zwei Teller. „Bidde.“ – „Oh, scheen Dangg, Herr Owr. Was isn das: Galbsbradn odr Rindrbradn?“ – „Genn Ses dnn nich undrscheidn?“ Übereinstimmend verneinen die Damen. „Na, dann ganns Ihn doch ohch eechal sin.“

❀

Der schon etwas angejahrte Buchhalter hat sich um eine neue Stelle bei einem großen Unternehmen beworben, das lieber junge, dynamische Mitarbeiter einstellt. Bedauernd meint deshalb der Personalchef: „’s dud mir leid, mei Härre, Se sin schon äldr un unbewechlich.“ – „’ch dachde, Se suchen än Buchhaldr un geen Vordurner.“

❀

„Soso, Sie haben also viele Länder durchwandert. Bewundernswert, da müssen Sie ja die Geographie aus dem Effeff kennen.“ – „Dud mir leid, da bin’ch nich gewäsn.“

❀

Ein Dienstreisender muß nach Berlin. Zu Hause vergißt er, sich zu rasieren, und so betritt er im Dresdner Bahnhof den Friseurladen. „Schnell, schnell, Herr Figaro“, treibt er den Meister der Schere und des Kammes an, „rasieren Sie mich. Ich sehe ja schon aus wie ein Stachelschwein.“ „Soford“, antwortet der Friseur, „de Schdacheln sinn gleich wägg.“

❀

„Sinn Se schon in dn Hafen dr Ehe eingeloofn?“ – „Nee, mir geniechd ab un zu änne Hafenrundfahrd.“

❀

Meisezahl prahlt mit seiner Italienreise, und vor allem hat es ihm Rom, die Ewige Stadt, angetan. „Hasde da äddwa ohch dähn Babsd gesähn?“ – „Ä endziggendr Mänsch, awwr seine Frau schdichdn doch aus.“

❀

„Also, Lehmann, das begreif’ch nich, wie das Geheemnis, das uns de Schneidern in läddsdn Gaffeegränzchen undern Siechel dr Vrschwiechenheed middeilde, nu doch so hadd rumgomm genn. Wo mr doch alle unser Ährnword gegähm hamm...“ – „’ch vrschdeh das ooch nich, Schulzen, an mir, das gannch Ihn sahchen, liehchds jädnfalls nich. ’ch bin nämlich vorsichdch un zuverläßch un baue mir immr änne Sichrung ein. ’ch hawwe mir von alln, dähn ichs wiedrerzähld hawwe, ’s Ährnword gähm lassn, dasses undr uns bleim muß – un nu so was!“

❀

Abgehetzt kommt Frau Mäderich bei Frau Meisel an. „Morchn, Frau Meisel.“ – „Nanu? Sie? Morchn, Frau Mäderich.“ – „Isses denn wahr, ’ch hawwe geheerd, Ihr Mann liehchd im Schdärm?“ – „Unsinn, dähr war bloß besoffn, un da haddedr ä gewaldchn Gadr gehabd, weidr war das nischd.“ – „Waaaaas? Wennch das gewußd hädde, dann häddch mir dähn weidn Weehch bis hierher zu Ihn ja weeßgnebbchen schbarn genn.“

„Das ist aber doch zu stark, Herr Pietsch, Sie halten Ihre Mittagsruhe auf einem Ballen unseres feinsten Tuches.“ – „Se hamm doch immr von mir vrlangd, ’ch soll mich im Geschäfd dichdch ins Zeich lehchn.“

❀

„Was machdn deine Dochdr eechendlich in dr Schdadd?“ – „Die hadds gud gedroffn. Se is nämlich Hilfe dr Hausfrau bei äm aldn Junggesälln.“

❀

Der Lehrer fordert die Kinder auf, einen Satz zu bilden, in dem das Wort „Telefonstangen“ vorkommt. Paulchen als pfiffiger sächsischer Junge antwortet: „De oberschden Deele von Schdangenschbarchel schmeggn am bäsdn.“ Damit ist aber der Lehrer noch nicht zufrieden, jetzt soll ein Satz gebildet werden, in dem vorkommen: Feldmütze, Saal, Konzert. Diesmal weiß Fritzchen die richtige Antwort: „Kon zärrd seine Alde dorchn Saal un fälld middse.“

❀

Ein Herr will auf elegante Art und Weise seine Zeche schuldig bleiben und täuscht tiefen Gram vor, als er sagt: „Jädds märgg ich Riesenrindviehch doch, daß’ch mei Bordmannee drheeme gelassen hawwe. Doch ich will Se nich bedriechen, Herr Wärd, ’ch bringe Sie’s Gäld in vollr Heehe in den nächsden Dahchen vorbei.“ – „Vorbei missen Ses nich bringn, mei Gudsdr. Rein is mir schon liewr. Doch hier is änne große schwardse Dafel, wo mir unsre Schuldner midd scheenr weißer Greide druffbinseln, nich wahr, mei Herr?“ – „’ch bin doch awwr in Gamdds so begannd un mechde nich, daß mei gudr Name bei Ihn an Schwarzn Brädd schdehd. Das dähde mich ächd schenieren.“ – „Musses nich, mei Gudsdr, musses nich. Das siehd geenr, daß da Ihr Name schdehd.“ – „Jädds haddn Se mich awwr erschroggn. Das is gud, daß mei Name nich drangommd." – „Ärrduhm, dran gommd dähr schon, doch damidds geenr siehd, hängmr Ihrn Mandel driewr."

❀

„Härr Direggdor, darf ich heide nachmiddach änne Värdlschdunde wechbleim?" – „Meinswechen. Un weswechen?" – „'ch will mr ne Gullr in de Bärne schießn."

❀

Ein Wanderer kommt zwischen Oschatz und Wurzen nach Dahlen. Vor einem Bauerngehöft steht in aller Ruhe, auf die Mistgabel gestützt, der Bauer. „Gunmorchn." – „Gunmorchn." – „Is das nich ä scheenes Wäddr heide?" – „Gammr so sahchn", gibt der Bauer dem Wanderer recht. „Is das da hindn Ihr Hof?" Stolzgeschwellt fragt der Bauer: „Das siehdmr wohl?" – „Nuja, nunee – hamm Se eechendlich ooch Giehe?" – „Nadierlich hamm mr ooch Giehe." – „Wie viele dänn?" – „So an de fuffzähn Schdigg." – „Sahchen Se ämal, awwr Se wärn endschuldchen: Genn Ihre Giehe eechendlich roochn?" Der Bauer faßt sich an den Kopf, weil er so einen Blödmann von Städter schon seit Urzeiten nicht gesehen hat. „Seid wann genn denn Giehe roochn? Meine genn's jädnfalls nich." – „Dann däde ich fasd dänggn, Ihr Guhschdall brännd."

❀

Pietsch kommt in die Drogerie und verlangt einhundert Mottenkugeln. Der erstaunte Drogist gibt sie ihm. Nach einer Woche erscheint Pietsch schon wieder und verlangt fünfhundert Mottenkugeln. Jetzt wird der Drogist aber doch neugierig und fragt: „Derf'ch wissn, wozu Se de vieln Moddngullr beneedchn?" Pietsch stöhnt: „Na was dänggn Sie, wie viele Gullrn ich brauche, bis ich eene Modde gedroffn hawwe."

„Hamm Ses schon geheerd? Dr Doggdr Gliger hadd vierunddreißich zähne!“ – „Vierunddreißich Zähne? Da muß dähr doch sei Gebiß undr Nadurschudds schdelln.“ – „Wer sahchd dnn was von ä Gebiß? 3410 is seine neie Delefonnummr.“

❀

Zill schimpft wie ein Rohrspatz auf seine sächsischen Landsleute: „Ich gann de Saggsn vrdammd ämal nich leidn, ni!“ „Das findch awwr buddsich“, wird er von einem Landsmann gefragt, „schdamm Se dnn nich sälwr aus Dräsdn, dr geenichlichen Residenzschdadd? Da sinn Se doch ärschd rächd ä ächdr Saggse!“ „So änne Gemeinheed“, jammert Zill, „wenn’ch nu in ä Schdall geboren wordn wäre – wär ’ch da ädwa oohch ’ne Guh?“

❀

„Hasd du Baul ärchendwo gesähn?“ – „Dähn siehsde sobald nich wiedr, weilr nämlich wechn Vrledsung des Urheberrechds angeglaahchd is.“ – „Wasde nich sahchsd? Baul? Dähr hadd doch dadrvon gar geene Ahnung!“ – „Das dänggsd du, doch dähr hadd dadsächlich änne Uhr gemausd.“

❀

Griemichens haben lange probiert, endlich hat es geklappt: Der Nachwuchs, ein Stammhalter, ist angekommen. Jetzt geht die schwierige Suche nach dem Vornamen los. Endlich hat man einen passenden gefunden. Also flitzt Herr Griemichen zum Standesamt und will den Namen in den Dokumenten verewigen lassen. „Wie sollr dnn heeßen?“ fragt der Beamte. – „Dankward.“ – „Ich will nich wissn, was das Bärschchen ämal wärd, ’ch will wissn, wie ’r heißen soll, vrbibbch!“

❀

Mehlhose geht im Supermarkt einkaufen und fährt wieder nach

Hause, wobei er Griemichen im Bus trifft. Griemichen holt aus Mehlhoses Beutel eine große Frucht hervor, hebt sie in die Höhe und fragt laut: „Machsd du dir eechendlich was aus Ananas?“ „Glar“, kommt die prägnante Anwort, „ab un zu Bohle.“

❀

Auf dem Einwohnermeldeamt in München. Herr Mehlhorn aus Dresden-Blasewitz möchte seinen Wohnsitzwechsel anmelden. Der neugierige Beamte fragt: „Ja, warum san jetzt Sie nach Minga zog’n? Weil S die Berg und Seen gar a so gern meg’n?“ – „Nee!“ – „Oder wegen unsre Weißwürscht und’m Bia?“ – „Nee!“ – „Ja, saggradi! Sie kommen’s doch aus Dresden von de Sachsn! Da müss’n S doch an Grund han, daß S wegzoogn san!“ – „Richdch ergannd, meine Herrn. Ich gonnde dähn eländn Dialeggd eefach nimmer heern.“

❀

Herr Wummdich aus der Kleinstadt Borna ist Kunstsammler. „Mei eenzcher Schbord“, vertraut er seinem Geschäftspartner an, „is Bildr sammln. Was gloom Se denne, wass’ch alles schon fier Gorüfäen in meinr Sammlung hawwe. Von dn Modern gonnd ’ch Maddeur, Dibge, Ring (Mattheuer, Tübke, Rink) ergaddern, un von dn Aldn gelangs mir, ä Bild von Liewermann (Liebermann) un von Gorindn (Corinth) an Land ze ziehn.“ Der Geschäftspartner, selbst Sammler, möchte seine Bilder günstig verkaufen und sein Geld lieber in Aktien anlegen. Ein Bild mißfällt ihm besonders, also versucht er es seinem Geschäftspartner anzubieten: „Heern Se, ’ch gennde Ihn midd ä Gaulbach in de Seide dräden...“ – „Ach nee, lassen Se nur, ’s is nädd gemeind von Ihn, awwr ä Agwarium hawwe ’ch leider geens.“

❀

„Wo gomm Se denn hähr?“ – „Ausm Deadr.“ – „Was hamm Se dänn gegähm?“ – „Fuffzn Margg.“ – „Nee, ’ch will wissn, was for

Schdigge.“ – „Zwee Fimfer, drei Eener un ä Zweemarggschdigg.“ – „’ch meene doch, was de Schauschbielr gegähm hahm?“ – „Geene Ahnung, die wärn wohl umsonsd drinne gewäsn sein.“ – „Nu sahchen Se mir doch endlich mal ’n Namen von dähm Drama, mei Gudesdr.“ – „Ach so, ‚Wie’s eich gefälld‘.“ – „Herrjehmerschnee, ob mersch gefälld odr nich gefälld, die schbieln doch, wasse nach ihrm Blan schbieln missn.“ – „‚Wie’s eich gefälld‘.“ – „Mei liewr Bäzold, ’ch bin ja von drheeme aus ä ruhcher Badron un lasse mich nich so leichd auf de Balme bringn, awwr nu missen Se mir ändlich vrradn, wasse gegähm hahm?“

❀

Herr Fiedler aus Chemnitz nebst Gemahlin hat eine Reise nach Ägypten gebucht und schaut sich alles an. Er kommt an einer Moschee vorbei und hat keine Ahnung, daß gerade Fastenzeit ist und die Derwische dies kundtun. Das geschieht mit für europäische Ohren und Augen ziemlich seltsamen Lauten und Verrenkungen. Herr Fiedler aus Chemnitz schaut dem Treiben eine ganze Weile zu, guckt ratlos seine Gattin an, aber nun hat ihn die Neugierde gepackt, jetzt will er es wissen. Denn wann kommt man schon wieder nach Ägypten? Also fragt er den Derwisch: „Endschuldchen Se, mei Gudsdr, ’ch bin dr Herr Fiedler aus Chemnitz in Saggsn, und ’ch hädde da ma änne Frahche: Ihn is wohl nich ganz hibbsch?“

❀

Beim Heimweg aus der Kneipe trippelt vor Eduard ein offenbar ansehnliches Persönchen. „Freilein, wolln Se nich ä bißchen midd mich gehn?“ Zu seiner großen Überraschung antwortet die Dame aus dem Halbdunkel: „Awwr gärne. Doch wieso sahchsde denn Sie zu mir un Freilein, Babba?“

❀

Peggy hat ihren Kopf durchgesetzt: Ihre Verlobung mit Mike muß zu Ostern stattfinden. Als die Zeremonie vorüber ist, wird sie gefragt, weshalb sie partout auf Ostern als Verlobungstermin bestanden habe. Die Erklärung ist einleuchtend: „Weil mei Meig so änn scheen Eiergobb hadd."

❀

Die Unterschiede sind ja bekanntlich sehr unterschiedlich, aber den Vogel schoß doch der begeisterte Theaterzuschauer Albert Kunze ab, der nämlich den Unterschied zwischen einem Teekessel und der berühmten Shakespeare-Gestalt Othello herausarbeitete. Kunzens Albert brachte es auf den Punkt, als er sagte: „Im Gässel sieded dr Dee, awwr im Odello, da deeded der sie."

❀

Endlich hat es Herr Dimm geschafft und kann sich nun Ladenbesitzer nennen. Das Geschäft hat nur einen einzigen Haken: Es floriert überhaupt nicht. Also bestellt er sich den Vorbesitzer und tobt: „Sie hamm gesahchd, das Geschäfd wäre änne Goldgruwe!" – „Isses ooch. Mei ganzes Vermöchn hawwe 'ch drinne begrahm."

❀

„'ch bin sehre enddeischd von dir, Gurdi. Deine Nodn, diede widdr äma heemgebrachd hasd. Du mußd dir ä Beischbiel an Bismargen nähm, der war in deim Aldr Glassenärschder." – „Un in deim Aldr, Babba, warer Reichsganzler."

❀

Wieder einmal hat es mit dem Einbruch nicht geklappt, und so steht der Langfinger zum x-ten Male vor dem Richter. Der fragt: „Angeglaachdr, haddn Se bei Ihrm Einbruch einen Genossen?" – „Wo dänggn Se denn hin, Herr Richdr, 'ch war schdoggnichdern."

„Un wie hadd Se dnn eechendlich de Sixdinische Gabelle gefalln?“ – „Ach Goddchen“, winkt der Weltreisende Meisezahl ab, „gans guhd. Doch offen geschdandn: ’s Gewandhausorgesder undr Masur’n is mir liewer.“

❀

Familie Bäbelmann geht essen. Man studiert die Speisekarte, ist sich aber wegen der vielen fremdländisch klingenden Gerichte nicht ganz sicher, was man wählen soll, und so bleibt man beim guten alten Schnitzel. Der Kellner kommt nach einem kleinen Weilchen mit zwei Tellern zurück, auf denen statt der gewünschten mageren Schnitzel ein vor Fett triefendes Fleisch, paniert und gebraten, liegt. „Gällner, horchen Se mal druff, das is doch ’s Geehchndeil von mahchr!“ beschwert Herr Bäbelmann sich. Der Kellner zuckt die Schultern und bedauert: „Wehchn Ihn genn mr de Schweine nich ärschd nach Garlsbad zur Abmacherungsgur schiggn.“

❀

„Frau Menzel, Se lähm also in dähm Glaum, daß Ihr Ollr richdich bedudeld war, alsr in dr Gneibe dähn Baledod hadd middgehn lassn?“ – „Liewe Frau Schindelmaier, ’ch genne mein Olln un sahche Sie: Dähr war schdernhacheldigge voll wie änne Radehagge. Odr dänggn Se vrleichd, daß dähr Luhmich im nichdernen Zuschdand een midd ausgefransdn Gnobblechern erwischd häd-de?“

❀

Vor den Schranken des Kreisgerichts Crimmitschau steht ein Mann, der eine sorgenvolle Miene zur Schau trägt. Teilnahmsvoll wendet sich der Richter an ihn: „Angeklagter, Sie formulierten vorhin, habe ich Sie recht verstanden, daß Sie so etwas Ähnliches wie Furcht empfanden, als Sie dem Herrn Baier die Brieftasche entwendeten.“ – „Das genn Se awwr laud sahchn, Herr Richdr. Ich ferschdede schon, dasse leer is.“

Mehlhorn und Bähnert unterhalten sich über das weibliche Geschlecht. Bähnert kommt zu der Feststellung: „De Fraun sin vrschiedn." Mehlhorn schüttelt den Kopf: „Meine noch nich."

❀

„Goddvrdimmich, wänn dähr Bängl weidr so blägt, gann'ch geen eenzchen vrnimfdchen Gedanggn fassn!" – „Is hibbsch, mei Männe, das hammer gleich, 'ch singme was vor." – „Lassn weidrblägn."

❀

Da treffen sich die Frau Gedderitsch und die Frau Zietsch, und schon beginnt die Auseinandersetzung: „'ch hawwe geheerdm, Geddritschen, Se solln schlechd iewr mich gedäderd hamm?" – „Ich? Iwwr Sie? Das gloom Se doch sälwer nich. Also was ich bin, ich rede doch nich ä mal so un ä mal so. Ich bin doch gee Mänsch midd zwee Gesichdrn." – „Sinn Se froh, wemmr so ä Gesichde hadd wie Sie, da is oohch eens grade gud genuch!"

❀

Werner Böbel muß zum Militär. Der Hauptfeldwebel tritt vor die Kompanie und erläutert den nächsten Einsatz, man soll ins Ausland geschickt werden. „Da heeßds uffbassen, Männr. Das wärd gee Zuggerschleggen. Da mißdr druffhaldn, wenns heißd Mann gehchen Mann." Böbel tritt einen Schritt vor: „Herr Haubdfeldwewel, wenn Se mir mein Mann vorhär zeichen – ich däd mich midd ihm im Gemiedlichen einichen."

❀

Nach einer Woche taucht Günter Märbert wieder einmal in seiner Stammkneipe auf. Die Freude ist allenthalben groß, insbesondere beim Wirt. „Gündi, scheen daßde gommsd, du hasd nämlich von vorcher Woche noch fimf Bier un drei Schnäbbse schdehn." –

„Gud, daßde mich ärinnerschd, de Schnäbbse sin warm un's Bier is jädds schal, gannsd alles wegschiddn."

❀

Der junge Dichter meint stolz zu seinem Kollegen: „Schdäll dir vor, 'ch hawwe noch nie in meim Lehm äddwas von mein famosn Arbeedn zuriggeschiggd gegrichd." Der neidische Kollege: „Lehche doch 's nächsdemal Riggbordo bei."

❀

Herr Griemichen ist schon lange in dem Alter, wo dritte Zähne zum Leben gehören. Der Filius hingegen hat zum erstenmal in seinem Leben jenes unbeschreibliche Erlebnis gehabt, daß man ihm einen Zahn ziehen mußte. Neugierig interviewt er seinen Erzeuger: „Du, Babba, hamm Se dir oohch schon ämal än Zahn gezohchen?" – „Eeen? Fasd fuffzich!"

❀

„Dscha, mei liewr Herr Märberd, da is nüschd mehr zu machn. An dähm Zahn hamm Se geene Freide mehr, un desderwehchen wern mir dähn jädds ziehn. Damidd Se nüschd märggn, wär'ch Se midd Lachgas bedeiben." – „'ch wußde schon immr, daß Se biedädlos sin. Lachgas – wo'ch Drauer drahche."

❀

Der Herr aus Bayern hat eine Eroberung gemacht. Er freut sich: „Joi, sakra, dös is fei fein. Wie i hör, hot Eahna Wiagn in Sachsen gstandn?" Die eroberte Kathi korrigiert mit sanftem Augenaufschlag: „Ja, mei Sebb, awwr ärschd seid meim dreizähndn Lähmsjahr."

❀

„So än feichen Hund wie dich erläbd mr wärglich säldn„ regt sich

Biebelmann gegenüber seinem Mitstreiter Bäbelmann auf. „Als dähr Värbrächer in de Gneibe gam un de Gasse middgenomm had, hawwe ich wänichsdens noch versuchd, mich dähm ändgehchenzuschdelln un mir daderbei änne Beile gehold. Du awwr bisd gleich undern Schdammdisch vrschwundn!“ – „Hasde nich gesähn, wie vorwiddsich ich da drunder vorgeguggd hawwe?“

❀

Der „Schienenbus“ zwischen Beucha und Großsteinberg zuckelt gemächlich vor sich hin. Ein Fahrgast, der zum erstenmal in den Genuß des ruhigen Reisens kommt, wird immer wütender und reißt endlich die Tür zum Schienenbuschauffeur auf. „Sajen Se mal, Sie Flitzpiepe, jeht det nich schneller? Meine, können Sie nicht etwas schneller vorwärtskommen?“ – „Nu glar, mei Gudsdr, doch ich derf dn Bus während dr Fahrd nich vrlassn.“

❀

Der berühmte sächsische Schriftsteller Friedrich Wilhelm Keenerliesten betritt ein Kurzwarengeschäft und wird von der herbeieilenden Verkäuferin gefragt: „Se winschn bidde?“ – „Änne Drauerschleife.“ – „Da genn Se enne breede oder ne schmale griechn.“ – „Was isn da dr Undrschied? ’ch dängge geschdorm is geschdorm?“ – „Nuja, nunee, wissen Se, der Grad dr Liewe for dn Vrschdorbenen beschdimmd de Breede. For Ihre liewe Gaddin däden Se änne breede nähm un for Ihre werde Frau Schwichermuddr änne dinne.“ – „Wissen Se was, Meechen, gähm Se mir än schwarzn Zwernsfadn, mir is nähmlich dieser Dahche mei Verlehchr geschdorm.“

❀

Von allen Plakatsäulen der Stadt schreit es in Großbuchstaben: Einmaliger Vortrag des Gedankenlesers Siehdurch! An vielen Plakatsäulen bleiben die Menschen stehen, um zu gucken, wann dieser einmalige Vortrag stattfinden wird. Herr Bäbelmann trifft

Herrn Mehlwurm vor einem solchen Plakat. „Se wolln wohl midd Ihrer Frau Gaddin oohch zum Voohrdraach des Gedanggnläsers, Herr Mehlwurm?“ Doch der winkt schnell ab: „’ch habb’s mir gerade iewrlechd, mei liewr Herr Bäbelmann, ’ch gehe liewr ärschd ma alleene hin.“

❀

Hans Säwelbeen ist mehr als verärgert. Denn tatsächlich hat es ein ihm außerordentlich unsympathischer junger Mann gewagt, um die Hand von Fräulein Säwelbeen anzuhalten. Irgendwie hat er alles falsch angestellt, und Hans Säwelbeen hat den Filou hochkantig die Treppe hinuntergeschmissen. Der arme Jüngling sitzt verdattert auf dem Treppenabsatz, da trifft ihn aus halber Höhe ein Filzschuh mit Wucht ins Kreuz. Säwelbeen schreit: „Un danggn Se bloß Ihrm liewn Godd, daß’ch noch de Laadschn anhawwe!“

❀

Vier Soldaten werden vom Verteidigungsminister gefragt, weshalb sie sich an einem Manöver in Afrika beteiligen. Der Sepp aus Hintertupfingen gesteht: „Himmelsakra, um a mal orndlich zu raufn!“ Hein aus Hamburg sagt: „Weils dort unten hübsche Deerns gibt.“ Fritz Piefke aus Berlin: „Soll ick mir die kostenlose Weltreise entjehn lassen?“ Johannes genannt Hans Schulze aus Zwickau kneift die Augen zusammen und donnert: „Aus Bluddurschd, Herr Minisdr!“

❀

Sandmüller kommt des Abends freudestrahlend in die Kneipe, wo er seine ganzen Stammtischbrüder in bester Stimmung vorfindet. „Horchdemaldruff, Leide“, begrüßt er seine Saufkumpane, „wißdr, was’ch mir heide gegoofd hawwe? Ä Ferd!“ Allgemeines Staunen, welches schließlich in dem Ausruf gipfelt: „Ausgerechnäd du geizcher Hund, dähr sich immr um de Rundn driggd, hasd ä Ferd gegoofd? Deine Alde gibbdr doch immer nur än Zähnr midd – un du willsd ä Ferd gegoofd hahm?“ – „’ch hab mir doch gee ganzes Ferd gegoofd, ärschdemal drei Fund.“

❀

Karl wird im Gefängnis die Brille gestohlen. Weil er so wütend ist, wird er beim Gefängnisdirektor vorgelassen. „Was hamm Se denn for ä Begehren, mei Gudsdr?“ – „Herr Dereggdor, ich brodesdiere uffs schärfsde! Ich beschwere mich! In so einem Hause is mr nu gezwungn zu lähm!“ – „Was issn los?“ – „Herr Dereggdor, in Ihrm Hause weild ä Dieb!“

❀

Im „Roten Ochsen“ ist wieder Stimmung. Es kommt zu tiefsinnigen Gesprächen an der Theke. „Wie issn das bei dir“, will der Trinknachbar wissen, „wennde ahmds aus dr Gneibe heeme gommsd, machd da deine Alde oohch jäds Mal so än Deebs?“ – „Ich bin nich vrheirad, das bassierd mir nich.“ Ungläubig wird der Trinknachbar gemustert: „Un weswehchen gehsde da ahmds eichendlich aus?“

❀

Herr Bähnert ist in Eile und saust mit fliegenden Rockschößen in Richtung Bahnhof Dresden-Neustadt. Ihm entgegen kommt, ruhig, gemächlich, sächsisch, der Herr Zwille. „Na, Herr Bähnert“, fragt er, „wohin so eilich?“ Ziemlich abgehetzt keucht der: „’ch will offn Bahnhof, ’ch muß machn, daß’ch hingomme, um drei gehdr ab.“ – „Oh, wohin wolln Se denn fahrn?“ – „Ni doch, Herr Zwille. Ich will nich verreisn, awwr mei Saalnachbar, dähr machd in de Albn zum Windrschbord, un, ni wahr, wär weeß, obch dähn wiedrsehn due. Se wissen doch, ’s bassierd doch jädds soviel, da gammr wärglich nich wissen.“ – „Nu herrn Se awwr auf, Herr Bähnerd, ’s muß doch nich immer glei was bassiern.“ – „Das nu freilich ni“, bestätigt Herr Bähnert, „awwr bässr is es, un außrdähm – mei Saalnachbar dähds mir sehre iewelnähm, wenn'chn ni 's ledzde Geleid gähm däde."

❀

Es ist ein sagenhaftes Sauwetter: Regen, Schnee, Hagelschauer, und das alles zu mitternächtlicher Stunde. Emilie steht im Nachthemd vor dem Fenster und weckt plötzlich ihren ruhig vor sich hinschnarchenden Gatten: „Ä Wäddr is das draußen, 'ch gloowe gar, dä Wäld ged undr!" Emil dreht sich verärgert auf die andere Seite und murmelt: „Wennde de Bosaun herrsd, wäggsde mich."

❀

„Garle, du gannsd dich midd mir frein, 'ch wärde demnächsd de Lina heiradn." – „Du drausd dr vrleichd was. Weeßde denne nich, daß die undr Bolizeiaufsichd schdehd?" – „Waaaas?" – „Nu glar. Seid fuffzn Jahrn." – „Awwr wieso denn das, so ä hibbsches Meechen, un ich Droddel falle aufse rein." – „Ä was, nimms nich so schwär. Ihr Vadr is doch bei dr Bolende."

❀

„Muddi, heiradn Musn? Un wähn heiradnse?" – „Chunge, Chunge, du schdellsd Frahchen. Warum willsdn das wissn?" – „Weil 'ch wissen mechde, wo de Musensehne härgomm."

❀

Frau Pietsch hat sich eine Zweitfrisur zugelegt. Das findet allgemein Anklang, nur nicht bei Herrn Pietsch, der eben immer etwas zu maulen hat. Frau Pietsch hat natürlich keine Kunsthaarperücke erstanden, sondern eine aus wunderbar glänzenden, echten Haaren. „'ch mechde bloß ämal wissn, was dich for ä Deifel geriddn hadd, dasde de Borschdn von änn anderm Weiwe auf deim Gobbe dräächsd!" Frau Pietsch ist solche Anfeindungen gewöhnt und bleibt auch diesmal die Antwort nicht schuldig: „Un gannsd du

Bleedian mir sahchn, wesderwechen du eichendlich 's Lädr von äm andern Oggsn an dein Bladdfießn drähchsd?"

❀

Weinbrechts haben endlich den ungeliebten Trabant gegen einen nagelneuen Gebrauchtwagen eingetauscht und natürlich auf Abzahlung erworben. Die ganze Familie startet zum ersten Ausflug. Die Strecke von Leipzig-Grünau nach Markranstädt zeichnet sich durch zahlreiche Kurven aus, die man tückisch nennen kann. Eine von diesen wird während der rasanten Fahrt immer krummer, und die am Wege stehenden Bäume denken überhaupt nicht daran, auch nur die geringste Kleinigkeit beiseite zu rücken. So fliegt Herr Weinbrecht links aus dem Auto, Frau Weinbrecht rechts, die Kinderchen purzeln auf beide. Es ist zum Glück niemandem etwas passiert – sieht man mal vom Auto ab, für das jetzt selbst ein Schrotthändler nur wenig zu geben bereit wäre. „Was bleibd uns", jammert Frau Weinbrecht, „nun von unserm scheen nein Audo iewrich?" Herr Weinbrecht tröstet: „De erleichderden Zahlungsbedingungn."

❀

Herr und Frau Börnchen begeben sich auf Hochzeitsreise. Er hat vor dem Ereignis Abschied vom Junggesellenleben gefeiert und folglich einen mächtigen Brand. Beim ersten Halt stürzt Herr Börnchen aus dem Zug, saust in die Bahnhofswirtschaft und zischt eine Limo. Und noch eine Limo. Und die Limo Nummer drei. Frau Börnchen ist neugierig hinterhergeeilt und mault: „Awwr Baul, willsde unsr ganzes Erschbardes alle machn?" Paul Börnchen wirft sich in die Brust: „Hildchen, dadran mußde dich ab jädds gewehn – ich bin ähm änne Renessangsnadur."

❀

„Wärdn Se einem gudn Freind midd Gäld aushälfn duhn?" – „Nu glar. 'ch hawwe nur geen Freind, das isses."

Man geht glücklich gestimmt aus der Semperoper in Dresden nach Hause. „... also dähr lyrische Denor is ja Schbiddse gewäsn, mr gann midd Fuch un Rächd bei dähm von Gählngold schbrechn." Der daneben ausschreitende Heizungsfachmann, sprich Kohlenhändler, hat andere Erfahrungen mit dem Künstler gemacht: „Mir wärsch liewr, dähr Gude hädde Gohlngäld."

❀

Die Gattin ist dahingegangen, und es geht an die Formulierung des Textes, der die Kranzschleife zieren soll. „Welchen Spruch möchten Sie denn gerne gedruckt haben", fragt der Kranzschleifendrucker Herrn Neumann, „Ruhe sanft oder Auf Wiedersehen?" Neumann wird fast vom Schlag getroffen in dieser schweren Stunde: „Sinn Se noch normal? Auf Wiedersähn?"

❀

Der junge Mann bedauernd: „Heiraten kann ich Sie leider nicht. Aber ich gebe Ihnen, hochverehrtes Fräulein, einen Platz in meinem Herzen." Die selbstbewußte Sächsin: „Scheen Dangg oohch, doch ich bin nich gärne im Gewärche."

❀

Bei einer Schauspielereignungsprüfung im Döbelner Theater sagt der Intendant dem schwitzenden Prüfling: „Dud mir leid, mei Bäsdr, Se ham wärglich nich genuch Dalend forsch Deadr." „Herr Indendand", beschwört ihn der junge Mann, der unbedingt Schauspieler werden will „'ch hawwe awwr doch änne solche Vorliewe for de Bräddr." Worauf ihm der Intendant den guten Rat gibt: „Da missen Se ähm Dischlr wärn."

❀

Meisezahl war am Stammtisch eingebrochen. Mit starker Schlagseite steht er an seiner Wohnungstür und kriegt partout den

Schlüssel nicht ins Loch. Mit einem Schwung geht die Tür auf, und in derselben steht die liebe Gattin. Meisezahl bringt mit allergrößter Mühe heraus: „Endschulche, Mausi, 'ch hawwe een – hupp – iewrn Dorschd – hupp – gebicheld, 's soll nich – hupp..." Weiter kommt er nicht, denn sie brüllt mit Stentorstimme, die selbst einem angenagelten Brett Beine machen würde: „Gee Word mähr! Odr 'ch mach mich auf dr Schdelle zr Widdwe!"

❀

Der Gläubiger kommt flehend zu Herrn Pietsch: „Gäsdrn war 'ch Sie dreimal hindränandr middr Rechnung bei Ihn." Ungläubig fragt Herr Pietsch: „Un da gomm Se heide schon wiedr?"

Weeßte, Kalle, det Faxpapier war alle, da hab ick eenfach det dreilarije Klopapier jenommen, det tut's doch ooch, oda?!

BERLINER WITZE

Ein Zugereister beobachtet, wie eine Gruppe Jugendlicher hinter einem Mann herschleicht und ihn nicht aus den Augen läßt. „Hey, warum lauft ihr denn immer hinter diesem Mann her? Ist er etwa eine Berühmtheit?“ – „Nee, det nich“, entgegnet ein Junge prompt, „aba een Loch hat er inne Tasche!“

⌘

„Albert, wie redest du denn mit deiner Mutter!“ – „Mensch Mutti, det hat doch der olle Goethe vazapft!“ – „So? Der ist kein Umgang für dich – du hast Hausarrest!“

⌘

In einem Köpenicker Restaurant beschwert sich ein Gast: „Die Zyklopensuppe war nich besondert kräftich!“ – „Zyklopensuppe?“ staunt die Bedienung. „Sie hatten doch Hühnerbrühe.“ – „Nee, Hühnerbrühe is nich. Die Brühe hat ma bloß mit eem Ooge anjeblinzelt!“

⌘

Ein Passant beobachtet eine körperliche Auseinandersetzung und mischt sich ein: „Warum haben Sie diesen Kerl derart zugerichtet, er hat Ihnen doch nichts getan, oder?“ – „Nee, jetan nich, aba er stand jrade so jünstich!“

⌘

Zwei Berliner schlenderten über den Potsdamer Platz und betrachteten sich die Gaslaternen. „Sach ma, Klinke“, fragt der eine den anderen, „wozu sind denn hier sonne Menge Jaslaternen?“ – „Nu“, antwortete der andere, „et sind jrade neune; viere müssen immer brennen, damit man die anderen fünwe sehn kann.“

Auf der Straße findet zwischen zwei Steppkes eine Keilerei statt. Da geht eine resolute Dame dazwischen und sagt: „Wer von euch hat denn anjefangen?“ Da sagt Hermann: „Der Klaus hat ma eenfach zurückjehauen!“

⌘

In Rixdorf kommt ein Gendarm in die Drogerie: „Ick möcht ne Rolle Klopapier!“ Der Drogist hochnäsig: „Das heißt: Toilettenpapier!“ – „Aha!“ erwidert der Gendarm. „Ick möcht ooch noch’n Stickchen Seife!“ – „Soll’s Toilettenseife sein?“ – „Nee!“ der Gendarm schlagfertig, „ick will ma ja nur det Jesicht damit waschn!“

⌘

Olli hat in seiner Stammkneipe wieder einen über den Durst getrunken. Er torkelt auf die Straße und kann sein Auto nicht finden. Ein Gast stürmt ihm hinterher und rät ihm: „Ick würde det Auto ja nich nehmen. Nimm ’n Bus!“ – „Det würd ick liebend jerne, aba ’n Bus paßt nich in meene Jarage!“

⌘

Eine Kellnerin im Kiez bot dem arroganten Gardeleutnant die Reste des Mittagessens an: „Na, wolln Se den Kalbsknochen abknabbern? Sonst jeb ick noch een bisken dazu un jeb et den Hund!“

⌘

Ein mächtig angetrunkener Tourist, der Sprache nicht mehr mächtig, steht hilflos im Tiergarten und gedenkt, noch ein paar Bierchen in der Pilsener Bierstube am Potsdamer Platz zu sich zu nehmen. Als ein Schutzmann an ihm vorbeigelaufen kommt, fragt er ihn sofort nach dem Weg: „A-a-ch, kö-kö-kön-nen Sie mir vielleicht zeigen, wie ich zum Po-Po-Po-...“ Der Schutzmann winkt verständnisvoll ab: „Ja, ja, jehn Se doch rieber in det kleene Häusken, wo jroß ‚Herren' druffsteht." Darauf der Angetrunkene: „N-n-nee-in, i-i-ich mö-mö-möchte ja in det Pi-Pi-Pi...!" Ein zweites Mal winkt der Schutzmann ab: „Jaja, kleen kenn Se ooch da, un det sojar jratis!"

⌘

Zwei alte Bekannte treffen sich auf dem Ku'damm. Der eine sagt zum anderen: „Komm, laß uns int Porsch jehn, da is noch wat los!" – „Wie", sagt der andere erstaunt, „det Porsch kenn ick nich"! – „Na, det Bierlokal am Potsdamer Platz!" – „Ach du meenst det Pschorr!" – „Det schon, nur kann ick det nich saren, sonst fällt ma det Jebiß aus'm Maul!"

⌘

Ein Amerikaner besucht den Zoologischen Garten in Berlin. Wie die Amerikaner eben sind, läßt er sich privat von einem Aufseher bei einem Rundgang alles erklären. „Sehn Se, det is Maschke, det erste neujeborene Jorillababy in die Jefangenschaft", erklärt der Aufseher stolz. „Oh, no!" erwiderte der Amerikaner. „We have very viele diese Babys in unsre Zoos." Sie gehen weiter und erreichen das Wildgehege. „Det hier is eene Eenmalichkeit, weiße Elefanten, sehr seltene Jattung!" – „Well, that seems wonderful, but is not right, wir in USA haben eine Farm nur mit diese Tiere." Dem Wächter geht dieser Amerikaner langsam auf die Nerven, und so führt er ihn ins Aquarium zur Riesenschildkröte. „Wat Se nu hia sehn, is eene echte Berlina Riesenwanze, un wenn Se immer noch behaupten, Se hättn in Amerika noch jrößere, dann kannste mia mal ...!"

⌘

Nach einer langen Nacht in der Disco setzt sich Eric auf seinen Feuerstuhl und fährt nach Hause. Dummerweise wird er von der Polizei angehalten. „Führerschein!" – „Hab ick nich!" – „Zulassung?" – „Hab ick ooch nich!" Langsam ungeduldig fragt der Beamte: „Aber Ihren Namen können Sie uns doch verraten, oder?" – „Nee, den hab ick ooch vajessen. Aba ick mach Ihnen een Vorschlach in Jüte, Herr Wachmeesta, Sie lesen mia det Berlina Telefonbuch vor, denn komm ick sicha wieda druff!"

⌘

Das Ostkreuz ist einer der unübersichtlichsten Bahnhöfe Berlins. Ein allem Anschein nach eiliger Ausflügler brüllt den Diensthabenden an: „Auf welchem Gleis fährt der Zug nach Leipzig ab?" Der verschüchterte Diensthabende versucht Auskunft zu geben: „J-j-jede a-a-andere Person hätten Se f-f-fraren können, und Se hätten de-de-den Zug noch je-je-jekricht! De-de-der Zug is nu wech!"

⌘

Ein smarter Leutnant unternahm allerlei Anstrengungen, um einer sehr feinen Dame auf dem Kurfürstendamm unter den Hut zu äugeln. Diese fühlte sich belästigt und fragte: „Soll ick vielleicht leuchten?" – „Nein danke, gnä' Frau", antwortete der Leutnant, „bei meiner Ehre, ich bin mir Licht genug!" – „Sehn Se, is ma wieda schade, det Se nich häng bei uns uff'n Flur!"

⌘

Ein Pferdebesitzer aus dem Böhmischen Dorf zu einem Berliner Droschkenbesitzer: „Ick sare dir, meen Jaul is'n janz intellijenta. Wenn ick ma wech bin, denn siehter sich imma so um, als oba ma verzweifelt suchen wollt!" „Ja, ja," erwidert der Droschkenbesitzer, „det is'n eenmalijet Tier, wat seinesjleichen sucht!"

⌘

„Pappa, kannste ma saren, wat een Wiedehopf is?" – „Det is'n meschuggena Fisch." – „Det vasteh ick nich, in meen Buch steht:

‚der hipft von Zweich zu Zweich‘!“ – „Na siehste, hab ick doch jesacht, det der meschugge is!“

⌘

„Entschuldigen Sie bitte, ist dies die richtige Richtung zum Brandenburger Tor?“ – „Jehn Se nur in die Richtung immer jradeaus. Nach 40000 Kilometern komm’n Se hin, jehn Se aba in die andre Richtung, sin et nur 500 Meter!“

⌘

Arzt zum Patienten: „Können Sie mir vielleicht verraten, warum Sie sich immer kratzen müssen?“ – „Kenn Se ma vielleicht saren, wo ick mir jucken soll?“

⌘

Aufgeregt läuft ein Passant über den Ku’damm und ruft nach der Polizei. Schließlich trifft er einen Polizisten, der ihn nach dem Grund seiner Brüllerei fragt: „Wat brülln Se denn hier so rum?“ „Meene Schwiejermutta hat sich unterm Dach uffjehängt!“ antwortet dieser aufgeregt. „Ham Se se denn wenichstens abjeschnitten?“ fragt der Polizist. „Nee“, entgegnet ihm der Schwiegersohn. „Ick werd’ ma hüten, se wa ja noch lebendich!!“

⌘

Der Kampf um die korrekte Aussprache ist in Berlin immer wieder gescheitert. Als zwei Schulmädchen auf dem Schulhof Gummitwist spielten, fragt die eine ihre Spielgefährtin: „Kannste mia ooch ma springen lassn?“ Die Lehrerin greift energisch ein: „Aber Lisa, das heißt doch: ‚Kannst du mich mal springen lassen‘.“ – „O.K., also laß ick Se ma springen!“

⌘

Freudiges Ereignis in der Charité. „Na Peter, der Storch hat dir gerade ein kleines Brüderchen geschenkt. Möchtest du es mal sehen?“ – „Ach nee, lieba möcht ick den Storch sehn!“

⌘

Olli und Horst sitzen in der Kneipe bei einem Glas Bier. Da springt Horst plötzlich auf und ruft panisch: „Ick muß nu schnell jehn, ick habe noch ne Vaabredung mit eenem, dem ick fuffzich Mark schulde!“ – „Wo haste dir denn vaabredet?“ – „Na hia!“

⌘

In der Apotheke. Ein Mann verlangt eine Packung Kopfschmerztabletten. Der Apotheker fragt freundlich: „Soll ich Ihnen die Tabletten einpacken?“ – „Nee, lassen Se ma, ick will se ja nich vaschenken.“

⌘

Auf dem Berliner Jugendgericht fragt der Richter den Angeklagten: „So, so, du hast also die Zigaretten gestohlen. Kennst du nicht das siebte Gebot?“ – „Nee, Herr Richta, tut ma aufrichtich leid“, erklärt der Jugendliche, „ick kann nur bis uff die Dreie zähln!“

⌘

Auf dem Bahnsteig A des Berliner Hauptbahnhofes fragt ein außer Atem geratener Reisender die Bahnsteigaufsicht: „Kann ich noch den Zug nach Hannover erwischen?“ – „Det wees ick nu wirklich nich, wie schnell Se nu loofen könn!“

⌘

Aus einer Kneipe torkelt ein Gast auf die Straße. Ein Passant spricht ihn an: „Heern Se ma, Se ham ja den Hut vakehat uff die Birne!“ „Woher wolln Se det nu wissn, Se ham ja keene Ahnung, in welche Richtung ick nu will!“

Ein Berliner begegnet einem Rheinländer in der Hasenheide, der seinen Hund Gassi führt. „Kiek ma an, wat is'n det für ne eijentümliche Promenadenmischung?" – „Det is ne Mischung zwischen nem Rinviech und nem Berlina." – „Det freut mir aba", kontert der Berliner, „denn sind wa sozusaren beede Verwandte von det Hündchen."

⌘

Ein Therapeut fragt seinen Patienten: „Haben Sie jemals Ihre Frau betrogen?" – „Wen hätt ick denn sonst betrüjen solln, Herr Dokta?"

⌘

Ein Mann stolpert in eine Kalkgrube und brüllt laut um Hilfe, die auch prompt kommt. „Sind Sie hier reingefallen?" – „Nee, ick wohne hier!"

⌘

Eine junge Frau kommt zum Arzt und beklagt sich, daß sich kein Kinderglück einstellen möchte. Der Arzt überlegt: „So, Se kriejen also keene Kinda nich. Liecht det inda Familie? Hat ihre Mutta vielleicht keene Kinda?"

⌘

Der Besitzer vom Kempinski möchte das Ansehen seines Restaurants prüfen. Daher steigt er in ein Taxi und fragt den Fahrer: „Entschuldigen Sie bitte, aber ich bin fremd hier in der Stadt. Wo kann man hier gut speisen?" – „Nirjens uff der Welt finden Se wat besseret als im Kempinski, meen Herr!" Kempinski lehnt sich zufrieden zurück und gibt dem Taxifahrer ein ordentliches Trinkgeld, wofür er sich sogleich bedankt: „Vielen Dank, Herr Kempinski!"

Zwei Angler unterhalten sich in einem Café an der Havel. „Den jrößten Hecht meenet Lebens hab ick jestern hier jeangelt!“ – „So, zeich doch ma mit die Hände wie jroß.“ – „Kann ick nich, det Café is zu kleen!“

⌘

Tumultartige Szenen vor dem Kino spielen sich ab. Ein neugieriger Berliner (eine Wesensart der echten Berliner) eilt herbei, um seine Neugier zu befriedigen. „Wat is'n hia los?“ – „Weeß ick nich, der letzte, der Bescheid wußte, is jrade wechjejangen.“

⌘

Eine ledige Frau zu einer jungen Mutter: „Warum schreit denn die Kleene so?“ – „Die Kleene is een halbet Jahr alt un kricht nu Zähne!“ – „Und darum schreit se? Vasteh ick nich. Will se denn keene?“

⌘

Der Offizier begrüßt die Rekruten mit den Worten: „Meene Herrn, nu ma flott anjetreten in alphabetischer Reihenfolje, der Jröße nach!“

⌘

Der kleine Timi fragt seine Mutter: „Warum dauert det mit Vata sein Medizinstudium schon so lang, Mama?“ – „Det weeß ick so jenau ooch nich, Timi, aba ick gloob, Papa wartet, bis die Patienten oll un krank werden!“

⌘

Endlich hat sich Gerlinde entschlossen, für zehn Tage nach Italien zu reisen. Um dort nicht unvorbereitet den Urlaub zu verbringen, möchte sie sich einen Reiseführer kaufen. In der Buchhandlung fragt sie: „Im Sommer will ick mit meen Kind nach Italien reisen. Könn Se mir een jutet Buch empfehlen?" Der Verkäufer drückt ihr stumm ein Buch in die Hand. „Wat? Italien in eener Woche? Det kann ick nich jebrauchen, wat soll ick mit die restliche Zeit machen?"

⌘

In einem Mädcheninternat wird die schüchterne Ingrid Hagen gefragt: „Was wird dir widerfahren, wenn du eines der Zehn Gebote brichst?" Nach reiflicher Überlegung antwortet Ingrid schließlich: „Ick denk ma, denn sind et nur noch neune."

⌘

Die großen Berliner Kaufhäuser gelten als die fortschrittlichsten in der ganzen Welt. In einem davon gibt es zum Beispiel im Restaurant einen Parkplatz für Kinderwagen, damit die Eltern in Ruhe speisen können. Lebhaft diskutierten dort zwei Säuglinge miteinander: „Det kann ja wohl nich anjehn, meene Mutta läßt ma doch tatsächlich die janze Zeit in dieser Kiste in meene nasse Windeln liejen!" – „Du hasset ja noch jut! Meene springt den janzen Dach zu Hause mit nischt an rum, un ick muß ma mit de kalte Milch bejnüjen!"

⌘

Zwei Schulkameraden treffen sich nach einiger Zeit wieder und tauschen Informationen aus: „Kennste det Luischen noch? Die war die Beste inde Klasse, un nu isse in Babelsberch beim Film." – „Klar doch, hab ick jehört, hat se nich'n Oskar jekricht?" – „Nu, der mißt schon fast fünwe sein!"

⌘

Hilde wird von einem smarten Wissenschaftler gefragt: „Meine liebste Schönheit! Wäre es Ihnen eine Freude zu erfahren, daß ich mich mit dem Gedanken trage, Sie als Gattin mein eigen nennen zu dürfen?“ – „Ick hab zwar nich allet vastanden“, sagt Hilde nach einigem Zögern, „aba eens muß ick dir lassen, 'n juten Jeschmack haste schon bewiesen!“

⌘

Wie das Leben eben so spielt, kommt Michael auf dem Weg zu seiner eigenen kirchlichen Trauung zu spät. Auf dem Weg nach Lichtenrade zur Dorfkirche bleibt er auf der Stadtautobahn stecken. Ein freundlicher Polizist bietet ihm an, seiner Braut Bescheid zu sagen. Michael nimmt es dankend an und sagt: „Wenn Se so freundlich sin un meener Marina saren, se soll nich heiraten, bevor ick komme!“

⌘

Ein Taxifahrer wartet am Haltestand geduldig auf einen Fahrgast. Nach langer Zeit kommt ein Kunde, hundertfünfzig Kilo Lebendgewicht, und versucht vergebens, sich in das Taxi zu zwängen. Der Taxifahrer schaut sich das Schauspiel schmunzelnd einige Zeit an und sagt schließlich: „Von mia aus kenn ma ooch zweema fahren!“

⌘

In der berühmtesten Berliner Nervenheilanstalt, der Bonhoeffer-Klinik – von den Berlinern liebevoll Bonnies Ranch genannt –, wird eine Inspektion durchgeführt. Der städtische Vertreter fragt einen Patienten, der scheinbar „normal“ seine Zeitung liest: „Entschuldigen Sie bitte, sind Sie hier beschäftigt?“ – „Oh Jott, nee, ick bin doch nich meschugge!“

⌘

In einer Neubausiedlung am Rande der Stadt zeigt ein Bewohner seinen Freunden stolz die neue Wohnung. Jedoch fragt einer:

„Hör ma Schulze, stimmt det eijentlich, det die Wände so dünne sind?" – „Dünne kannste jar nich mehr saren, wenn ick mia ma richtich iba meene Olle uffreje un meen Herz rast, muß meen Nachbar Beruhijungsmiddel nehm."

⌘

In einem noblen Wirtshaus beschwert sich ein Gast: „Herr Ober, das Hühnerfilet war aber vor vierzehn Tagen besser!" Der Kellner erstaunt zurück: „Det kann nich sein, meen Herr. Det war von detselbe Huhn."

⌘

Zwei Hafenarbeiter im Treptower Hafengelände: „Wat machst'n da?" – „Ja, jar nischt!" – „Det is jut, wenn de fertich bis, könn wa ja jehn!"

⌘

Herr Matzke meint, sich unrasiert mit seiner neuen Freundin treffen zu müssen, die sogleich anmerkt: „Hast wohl jestern Fisch jejessn, wa?" – „Wie kommste denn da druff?" – „Na, weil dir die Jräten durch de Backen wachsen!"

⌘

In der Schule wird über das Leben philosophiert. Der Lehrer fragt: „Was ist das Schönste im Leben eines Menschen?" Kalle meint: „Det Scheenste is imma noch mit eene Frau im Bette zu liejen!" Der Pauker ist außer sich und zitiert den Herrn Vater für den nächsten Tag in die Schule. Doch Kalle kommt ohne seinen Vater, stellt sich vor den Lehrer und sagt: „Meen Vata möchte Ihnen ausrichten lassen, det er is derselben Meinung wie icke, un wenn Se irjendwie anders über det Leben denken, soll ick mir vor Ihnen in acht nehm."

In einem Berliner Eßlokal sitzen sich ein Norddeutscher und ein Berliner gegenüber. Der Berliner ißt seinen „Broiler" (Hähnchen) wie gehabt mit den Fingern, worüber sich der Norddeutsche mokiert: „Entschuldigen Sie bitte mein Herr, aber bei uns nimmt man in die linke Hand die Gabel und in die rechte das Messer!" Der Berliner kontert mit vollem Mund: „Det is ja janz nett, aba womit essen Se denn den Broiler?"

⌘

Ein großes Fest steht an. Herr und Frau Plum feiern silberne Hochzeit. Da fragt der Sohn seinen Vater: „Sach ma Vata, wie wollt ihr 'n det Fest bejinnen?" Der Vater antwortet trocken: „Ick täte ja ne Schweijeminute einlejen, aba ob Muttan...!"

⌘

Drei Berliner streiten sich sehr lautstark: „Ick hau dir aus'n Anzug, und du stehst im Hemde! Der zweete Schlag is Leichenschändung!" – „Ick hau dir uff'n Deez, det de durch de Rippen kiekst wie'n Affe durch's Jitter!" – „Ick hau dir vor'n Rangierbahnhof, det dir sämtliche Jesichtszüje entjleisen!" – „Jib ihm eens vor die Männerschönheit, det er mit de Jallensteine Murmeln spielen kann!" – „Wat? Du willst mia haun, wenn ick dabei bin?"

⌘

In Berlin herrscht Zeitungskrieg. An jeder Ecke bekommt man eine Zeitung in die Hand gedrückt. In der U-Bahn stoßen zwei der Verkäufer Rücken an Rücken zusammen und beschimpfen sich lautstark. Am Ende sagt der schwächere und kleinere von beiden: „Eijentlich hätt'ste 'n Jong vadient, det de nich mehr weest, wo de jrade uffstehst! Aba mia tun deene Nachkommen leid!"

⌘

Im Berliner Zoo werden zwei Pferde aus Platzmangel zu den Zebras gesperrt. Empört sich das eine Pferd: „Also ick finde det jeschmacklos, uns mit deen Kriminellen zusammenzusperren!“

⌘

Der Bankier Schenke wird in die Charité eingeliefert. Er hat beim Abendbankett eine Gräte verschluckt und droht an dieser zu ersticken. Der Arzt entfernt den Fremdkörper aus dem Hals. Auf die Frage, was er dem Arzt schuldig sei, erwidert der dem Bankier: „Jeben Se ma nur'n Zehntel von dem, wat Se ma jeben wolltn, als Se noch die Jräte im Schlauch hattn!“

⌘

In den Berliner Behörden stapeln sich die Akten. Der Platzmangel nötigt eine Sekretärin, ihren Chef zu fragen, ob sie die älteren Exemplare nicht „entsorgen“ könne. „Jewiß, Frau Gant, die alte Pappe kann wech! Aba tun Se ma een Jefallen un machen Se ne Abschrift!“

⌘

Die Frau eines schwerhörigen Mannes wundert sich, warum ihr Gemahl immer noch nicht zu Hause ist. Endlich kommt er abends wieder. Sie begrüßt ihn in der Gewißheit, daß er sie sowieso nicht versteht: „Na, oller Sack, biste wieda bei die Leute jesessen un hast junge Frauen anjepfiffen?“ Er antwortet: „Nee, tut mir leid, ick hab ma een Ohrhörer jekooft!“

⌘

Eine Ehefrau fragt schon mal vorsichtig nach: „Herbert, würdest du ville trinken, wenn ick dir verlasse?“ Prompt kommt die unerwartete Antwort: „Een Fest ohne Alkohol is doch keen Fest nich, oda?“

Zwei Berliner Autofahrer krachen frontal aufeinander. Der eine Fahrer brüllt sofort los: „Träum ick, oda haste Tomaten uff die Oogen?“ Der andere brüllt sogleich zurück: „Nee, jewiß nich, sonst hätt ick dir ja nich jetroffn!“

⌘

Auch Ostberliner Schüler müssen nun Englisch in frühen Jahrgangsstufen lernen. Hanno fragt: „Ick versteh jar nischt! Warum muß ick Englisch lernen?“ – „Aber Hanno, die halbe Welt spricht mittlerweile Englisch.“ – „Dann brauch ick det ja nu nich ooch noch zu lernen!“

⌘

Der Briefträger hat so seine Erfahrungen gemacht. Darum bleibt er an der Pforte stehen, da auf dem Schild steht: Vorsicht Hund! Als er klingelt, kommt eine ältere Dame den Gartenweg entlang, und hinterher wackelt ein kleiner greiser Hund. Da fragt der Briefträger: „Und wejen die Töle machen Se sonn Uffstand?“ – „Det is ja nur, weil die Leute imma uff meen Waldi rufftreten!“

⌘

Die Dachziegel der Pfarrkirche müssen ersetzt werden. Drei Dachdecker arbeiten hart in schwindelnder Höhe. Plötzlich verliert der eine den Halt und stürzt in die Tiefe. Ruft der zweite hinterher: „Kieck an, brauchst jar nich wieda raufkomm!“ Der dritte empört sich: „Warum rufste det nach?“ Da antwortet er: „Er fällt doch an die Turmuhr vorbei, und außerdem isset jleich fünwe!“

⌘

Herr Metzger kommt erst am frühen Morgen nach Hause. Da entrüstet sich seine Frau: „Wie kannste nu so spät nach Hause komm! Ick hab ma mächtich Sorjen jemacht. Ick hab keen Ooge nich zujemacht!“ Da brummt er verschlafen: „Jloobste icke?“

Häufig gewähren die Berliner Kneipenbesitzer Rabatt. Nach jedem vierten Getränk gibt es dann schon mal ein Gratisgetränk. Der Umsatz steigt, da jeder mindestens vier trinkt, damit es sich auch lohnt. Da kommt ein „Neuer“ in die Wirtschaft und sagt zum Wirt: „Jeben Se mia ma een aus, aba bitte jleich den vierten!“

⌘

In einem preiswerten Restaurant beschwert sich ein Gast: „Herr Oba, kenn Se ma komm? In meena Suppe sin sechs Streichhelza!“ – „Det kann ick jar nich jlauben“, sagt der Kellner und schaut in die Suppe, „det sin keene Streichhelza, meen Herr, det is Stangenspar-jel!“

⌘

Eine sehr betagte Lehrerin bespricht im Deutschunterricht den Zusammenhang zwischen den Zeiten Vergangenheit, Gegenwart und Zukunft. „Wie heißt es, wenn ich zum Ausdruck bringen möchte, daß ich morgen heiraten werde?“ Da meldet sich Kalle und sagt: „Denn is et schon hechste Zeit, Frau Lehrerin!“

⌘

Der Pfarrer predigt vor der sündhaften Gemeinde über Strafen Gottes. Höllenqualen würden sie alle erleiden. Die Gemeinde zeigt sich bewegt, und die ersten vergießen reumütig ihre Tränen. Später schluchzt die gesamte versammelte Gemeinde, und schließlich kann auch der Herr Pfarrer seine Tränen nicht mehr verbergen und gesteht: „Wat weeß ick, wat weeß ick, vielleicht is det ja ooch allet nich wahr!“

⌘

Ein Berliner Polizist hält einen Autofahrer an, der Schlangenlinie über den Pariser Platz fährt. „Name?“ – „Ernst Reuter!“ – „Wolln Se mir va'aschen?“ – „Nee!“ – „Also, Name?“ – „Ephraim Lessing!“ – „Na, warum nich jleich so!“

Der Schalterbeamte fragt den Reisenden: „So, Sie wollen also nach Frankfurt. Wollen Sie über Leipzig oder über Hannover fahren?" – „Übert Wochenende!"

⌘

Herr Laschke läuft seinem Arbeitskollegen nach und ruft: „Ick hab jehört, dat deene Frau wat Kleenet bekommen hat. Junge oder Mädchen?" – „Wat denkste denn sonns!" antwortet der Arbeitskollege.

⌘

In einem Antiquitätenladen in Wilmersdorf beschwert sich ein Kunde. „Wissen Se, wat mir an die ollen Dinger am meisten stört?" – „Nein!" – „Die modernen Preise!"

⌘

In Kladow gibt ein Mann eine Anzeige auf: „Jestern is ma die Uhr jestohlen worden, Herr Polizist!" – „Sin Se sich da ooch sicha? Oda ham Se se nur verliejen?" – „Nee, det weeß ick janz jenau, dat ick se nich hab verliejen, Herr Wachtmeesta!" Der Beamte nimmt also die Anzeige entgegen. Nach vier Wochen erscheint der Mann wieder bei der Polizeiwache. „Et tut mir leid, Herr Wachtmeesta, aba ick hab meene Uhr wiederjefunden!" Der Polizist gerät in Zorn: „Kick an, jetzt, wo wa det Schwein uff de Spur sind!"

⌘

Nach durchgezechter Nacht und einem Kasten Bier im Bauch geht Hanse nach Hause. Vor ihm richtet sich eine große, lila Giraffe auf, die den Weg versperrt. Hanse lallt: „Wenn de mia weita den Wech vasperrst, hör ick uff zu saufen, un denn jibt et dich nich mehr!"

„Mensch Kurt, wie bisse 'n an den steilen Zahn jekommen?" – „Janz eenfach, per Anhalter." – „Per Anhalter?" – „Ja, ick hab nach alter Sitte um ihre Hand anjehalten!"

⌘

Herr und Frau Klinke fahren im Aufzug eines Kaufhauses in das siebte Stockwerk. Durch die Anwesenheit weiterer hübscher Damen fühlt sich Herr Klinke sehr angeregt und läßt seine Blicke in eindeutiger Weise schweifen. Plötzlich stößt eine der Damen eine Drohung aus: „Dir werd ick de Hammelbeene langziehn, mia in't Jesäß zu zwicken!" Kaum gesagt, verläßt sie den Aufzug. Nach einer Weile peinlicher Stille versucht Herr Klinke, seine Frau von seiner Unschuld zu überzeugen. „Jloob mir, ick hab se nich jekniffn!" Sie antwortet daraufhin: „Det du se nich jekniffn has, det weß ick!"

⌘

Ein protziger Dahlemer fährt in seinem neuen Rolls-Royce zu einem Freund nach Mitte. Dort angekommen, muß er erst einmal alles zeigen. Sein Freund bewundert schließlich das Leopardenfell, das beschlagene Armarturenbrett sowie das automatisch auffaltbare Dach. Danach machen sie eine Spritztour zum Ku'damm. Plötzlich brüllt der Freund hektisch auf: „Deene Jläser, deene Jläser haste nich uff, Mensch!" Der Dahlemer antwortet gelassen: „Mach dir ma keene Sorjen nich, de Frontscheibe is nach Rezept jeschliffn!"

⌘

Große Aufregung bei Familie Stecker. Töchterchen Anna schleppt einen Mann an. Die Mutter fragt den Zukünftigen: „Heerens, kenn Se überhaupt det Annachen ernähren?" – „Jewiß", antwortet er, „wenn et sein muß'n janzen Kiez, ick bin nämlich Bäcker!"

Ein Mann betritt ein Tabakgeschäft und möchte ein Paar Handschuhe kaufen. Der Verkäufer erstaunt: „Det tut ma leid, meen Herr, ick verkoof nur Artikel für Roocher.“ – „Det macht nischt, ick bin Roocher!“

⌘

Ein Gespräch auf der Mariendorfer Rennbahn. „Ick hab beim Rennen hundert Märker verloren.“ – „Det jeschiet dir janz recht, wat läufste denn ooch so schnelle!“

⌘

Ein Besucher des Zoologischen Gartens steht erstaunt vor dem Löwenkäfig und wundert sich, warum der Löwe zusammen mit einer Ziege untergebracht ist. Als ein Wärter vorbeikommt, fragt er ihn: „Det mit'r Zieje is ja'n Klopps, wie machen Se denn dette?“ – „Det is janz eenfach,“ sagt der Wächter, „wa wechseln jeden Tag die Zieje!“

⌘

Auf Berliner Kinderspielplätzen zählt man manchmal mehr Hunde als Kinder. Als jemand einmal eine Katze an der Leine ausführte, rief eine Göre erstaunt: „Kick ma Mama, der Hund is eene Katze!“

⌘

Ein Liebespaar hat heimlich in Las Vegas geheiratet. Da sagt die Braut: „Det is wundascheen, heimlich vaheiratet zu sein. Besonders hat sich meen Vata drieber jefreut!“

⌘

„Wo hat Hilde denn Klavierspielen jelernt?“ – „In der Klosterschule.“ – „Det merkt man!“ – „Wieso'n dette?“ – „Die eene Hand weeß nich, wat die andre tut!“

Großer Boxkampf im alten Berliner Sportpalast. Nach der dritten Runde fragt der Boxer seinen Coach: „Kann ick den Kampf noch jewinn?“ Darauf antwortet der Betreuer dem angeschlagenen Boxer: „Wenn de weiterhin so jekonnt an seine Birne vorbei in die Luft piekst, denn kricht der in der nächsten Runde eene Lungenentzündung!“

⌘

Im Künstlertreff Prenzel'Berg unterhalten sich zwei hoffnungsvolle Talente. Plaudert der eine: „Weeßte, meene Mutta wollt nie, det ick een Künstla werd!“ Daraufhin der andere: „Det is wahre Mutterliebe, deene Mutta ihr Winsche zu erfülln!“

⌘

Während des Musikunterrichts der fünften Klasse. „Wer kann mir sagen, welches der maßgeblichste Unterschied zwischen einem Klavier und einer Geige ist? Ja, Peter?“ – „Det Klavier brennt länga!“

⌘

In die Stadtbücherei Charlottenburg wird ein mit Fettflecken überzogenes Buch zurückgebracht. Der Leiter der Bücherei ist empört und schickt dem Entleiher ein Paket mit Ölsardinen, versehen mit der Nachricht: „Sehr jeehrter Bücherfreund, ick bestätije den Empfang det Buches und möchte Ihnen Ihr Lesezeichen zurückjeben!“

⌘

Ein Bauarbeiter kommt mit Depressionen zum Psychologen. Der Psychologe rät: „Sie müssen sich in Ihre Arbeit mehr reinknien!“ Der Patient antwortet: „Ick weeß nich, ob det nu det richtje is, Herr Dokta, wenn ick doch den janzen Tag an der Mischmaschine stehen muß!“

Ein Gast zum Ober: „Herr Ober, einen Kaffee ohne Sahne bitte!“ Der Ober: „Sahne is nich, kenn Se nich een ohne Milch bestelln?“

⌘

„Det Frauke is wirklich eene treue Seele.“ – „Wieso ’n dette, se is schon jeschieden zweemal und jeheiratet hatse dreimal!“ – „Det is richtich, aber se hat imma noch den jleichen Hausfreund!“

⌘

Eine Bank wird überfallen. Der Räuber rennt zur Kassiererin und schiebt ihr einen Zettel zu. „Bitte alles Geld in den Beutel packen, eine Pistole ist auf Sie gerichtet!“ Ruhig schreibt die Bankangestellte auch einen Zettel: „Lieba Räuba, kieck man recht freundlich, denn eene Kamera is uff dich jerichtet!“

⌘

Ein Berliner rempelt zeitunglesend einen Passanten so stark an, daß er hinfällt. Da sagt er zu ihm: “Oh, hinjefalln biste? Komm her, ick heb dir uff!“

⌘

„Meene Oma hat Zähne wie de Sterne; nachts komm se raus!“

⌘

Zwei Volkspolizisten unterhalten sich. „Was würdest du am liebsten mit Erich machen?“ – „Ick neem ma an, detselbe wie du!“ – „Tut mir leid, Heinz, ick muß dir verhaftn!“

⌘

Martin entpuppt sich nach der Hochzeit als Pascha. „Wieso is’n det Essen imma noch nich uff ’m Tisch?“ Seine Frau antwortet:

„Warte noch fünf Minuten, Schatzi!“ – „Wieso soll ick fünf Minuten warten?“ – „Denn geh ick mit dir mit int Restaurant!“

⌘

Im Zoo gähnt das Nilpferd Knautschke, wie eben Nilpferde gähnen. Daraufhin ein Besucher: „Det is schade, so’n jroßet Maul un keene Changse uff Beförderung!“

⌘

Zwei Berliner unterhalten sich in ihrer Kiezkneipe über Gott und die Welt. Da fragt der eine: „Haste schon jehört, det der Fritze behauptet, det wir sehn uns ähnlich? Wenn ick den zu fassen krich, jibt et eens uff die Birne!“ – „Laß et jut sein, Hans, det hab ick schon erledicht!“

⌘

Eine Schulklasse macht einen Ausflug zum Teleskop nach Treptow. Klaus schaut durch das große Rohr, staunt und sagt schließlich: „Det is jradezu eene Wohltat, jeordnete Vahältnisse zu sehn!“

⌘

Die Luft flimmerte vor Hitze, als sich ein Schäfer mit seinem Hund in eine Kirche flüchtete, um sich ein wenig Schatten zu gönnen. Der Pfarrer nahm den Neuankömmling in Augenschein und predigte, daß ein Schäfer nie seine Herde verließe. Da stand der Schäfer wieder auf und sagte für alle hörbar zu seinem Hund: „Haste Worte, laß uns jehn, der Pastor stenkat!“

⌘

Der Arzt möchte eine Patientin genauer untersuchen und bittet sie, sich zu entkleiden. Als sie nun ausgezogen vor ihm steht, hat sie noch immer einen großen Hut auf. „Wollen Sie den Hut nicht auch ablegen?“ – „Nee, Herr Dokta, det will ick nu nich, wenn nu jemand reinkommt!“

⌘

Töchterchen Paula wird flügge und zieht hinaus, um selbständig zu werden. Eines Tages erhalten die Eltern einen Brief, in dem steht: „Mir geht es hervorragend, und wegen der guten Verdienstmöglichkeiten bin ich Stripteasetänzerin geworden. Komme vorerst nicht nach Hause.“ Der Vater ist völlig verzweifelt und tobt. Daraufhin sagt die Mutter schlichtend: „Vielleicht is det jar nich schlimm, Maxe, wenn de Biehne man jut jeheizt is!“

⌘

Ein Berliner kommt nur noch mit der Unterhose bekleidet vom Spielkasino nach Hause. Seine Frau sagt zu ihm: „Na, ick weeß ja nich ..., aba jut, det de immer weeßt, wann Finito is!“

⌘

„Det regt mir uff!“ sagt eine Nachbarin zur anderen. „Den janzen Tag ham meen Oller und unser Steppke Autos im Kopp!“ – „Det is doch prima, ne billijere Garage kenn Se doch jar nich kriejen!“

⌘

Im Finanzamt stöhnt plötzlich ein Beamter und legt seinen Kopf auf seinen Schreibtisch. Ein Kollege eilt zu ihm und fragt: „Wat is denn los?“ – „Mia is total miese!“ – „Wat haste denn jemacht?“ – „Ick hab det Rundschreiben zu schnelle jelesen!“

⌘

Frau Wudke besucht mit ein paar Freundinnen die Oper. Als sie nach Hause kommt, fragt ihr Mann: „Na, wie hat’s dir denn jefalln?“ – „Eijentlich jut, nur det Singen, det jefällt ma nich!“

Der Richter empört sich und brüllt den Angeklagten an: „Warum zum Teufel haben Sie der Klägerin die Scheiben mit einem Stein eingeschlagen, nachdem sie Ihnen freundlicherweise den Kuchen geschenkt hatte?“ Der Angeklagte erwidert: „Herr Richta, det war keen Stein nich, ick hab den Kuchen jenommen!“

⌘

Im Köpenicker Rathaus findet zu Ehren der ältesten Berliner Bürgerin mit stolzen 102 Jahren eine Feier statt. Der Bezirksbürgermeister fragt die alte Dame: „Haben Sie vielleicht irgendwelche Probleme?“ Daraufhin antwortet die kesse Dame: „Nee, seit meen Enkel im Altersheim is, jibt et keen Jrund mehr nich zu klaren!“

⌘

Der Lehrer sagt auf dem Elternsprechtag zu Frau Klink: „Ihr Sohn hat einen ausgeprägten Wissensdurst! Von wem hat er den denn geerbt?“ – „Det Wissen, Herr Lehra, det hat er von mia, dajejen hat er den Durscht wohl von sein Vata jeerbt!“

⌘

„Wer kann einen Satz bilden mit Danzig und Nachtmütze?“ – „Wenn ick mit meene Braut ausjeh, denn danz ick de janze Nacht mit se!“

⌘

Ein Berliner erzählt stolz seine zwiespältigen Machenschaften. „Nee, sare mir nischt jejen Vasicherungen! Erst ham wa den Pelz von meener Mutta versetzt un sin dann mit det Jeld im Urlaub jewesen un mit die Reisevasicherung ham wa'n wieda ausjelöst!“

⌘

Ein Berliner erzählt seiner Frau von der ersten Geschäftsreise seines Lebens: „... ick uff det Schiff un denn de Sturm..., uff der Reise wär ick fast zweemal ersoffn!“ Die Frau unterbricht den Redefluß ihres Gatten: „Eenmal hätt ma schon reichen müssen!“

⌘

„Wie war'n deene Hochzeitsnacht?“ fragt die Freundin. „Na ja, det war nischt Besonderet, wie de letzten Male ooch!“

⌘

Zwei Freunde des Angelsports treffen sich auf der Straße. Fragt der eine: „Na, warste wieda angeln jewesen det Wochenende?“ – „Ja!“ – „Und, haste wat jeangelt?“ – „Forellen.“ – „Wie viele haste denn jeangelt?“ – „Keene!“ – „Woher willste denn wissn, det de Forellen jeangelt has?“

⌘

Peter stört wieder den Unterricht, so daß die Lehrerin energisch durchgreifen muß: „Peter, du mußt leider nach dem Unterricht noch eine Stunde hier bei mir bleiben!“ Peter antwortet: „Det soll ma recht sein, Frau Lehrerin, ick weeß nur nich, wat die Leute von uns denken solln!“

⌘

„Hanse, ick weeß nich, wat ick meener Ollen zum Jeburdsdach schenken soll!“ – „Mensch, frach se doch eenfach.“ – „Nee, det kann ick ma nich erlauben, soviel Piepen hab ick ja jar nich uff die Bank!“

⌘

Die Lehrerin fragt die Schüler: „Wie hieß der erste Mann?“ Bernhard antwortet: „Adam!“ – „Schön, Bernhard, und du kannst mir sicher auch verraten, wie seine Frau geheißen hat, oder?“ Nach längerer Überlegung: „Madam!“

Vor dem Roten Rathaus treffen sich zwei ehemalige Arbeitskollegen. „Ick bin jetzt schwer reich“, sagt der eine. „Wieso’n dette, haste soviel malocht?“ – „Nee, aba se saren doch imma, Zeit is Jeld. Und Zeit hab ick nu jede Menge!“

⌘

Bei Mattes Piepenbrink klingelt ein Hausierer an der Tür und fragt: „Wolln Se ma een Paar Hosenträjer abkoofen?“ – „Nee“, antwortet dieser, „meene Hosen kann ick mia noch selbst halten!“

⌘

Hermann kommt flennend zur Mutter nach Hause gelaufen und hat eine riesige Beule am Kopf. Die Mutter fragt besorgt: „Hermann, was hast du denn gemacht?“ – „Der Peter hat ma mit Wasser volljespritzt!“ – „Aber Hermann, davon bekommt man doch keine Beule!“ – „Um det Wasser war ja ooch eene jroße Flasche!“

⌘

Der kleine Olli war unartig und bekommt von seinem strengen Vater eine gehörige Tracht Prügel. Wütend sagt daraufhin der Sohnemann: „Det hab ick mir jleich jedacht, Kinda wolltet ihr anschaffen, aba denn se nich richtich behandeln!“

⌘

Ein Pastor will nach längerer Zeit wieder einmal verreisen. Er gibt seinen besten Freund und Begleiter, einen Papagei namens Lora, beim Küster in Pflege. Nach vier Wochen kommt der Pastor wieder in seine Gemeinde zurück und geht als erstes zum Küster, um sein Haustier abzuholen. Der Küster überreicht ihm auch den Vogel. Zu Hause setzt sich der Geistliche vor das Bauer, tippt liebevoll gegen den Käfig und sagt: „Na, meine liebe Lora, warst du auch immer schön lieb zu deinem Herrn?“ Nach einiger Zeit kommt die klare Antwort: „Leck mia doch, mach keene Fiesematenten, wills wohl eene Abreibung ham, dir stoß ick außen Anzuch!" Der Pastor ist sprachlos und rennt zum Küster. „Können Sie mir bitte mal verraten, wie mein Vogel an diese schlimmen Ausdrücke gelangt ist?" Der Küster antwortet gelassen: „Nee, det kann ick nich, det mußa sich allet selbst ausjedacht ham!"

⌘

Im Biologieunterricht wird Kalle gefragt: „Warum fliegen die Zugvögel immer nach Süden?" – „Weil de Zeit zum Loofen nich reicht!"

⌘

Zwei alte Bekannte treffen sich nach ein paar Jahren wieder. Fragt der eine: „Studieren Ihre Söhne immer noch?" – „Alle dreie studieren noch ande Uni! Der eene Jura, der andre Physicke un det Nesthäkchen irjendwat mit Computern." – „Aber haben Se nich viere?" – „Det is richtich, der is Hilfsarbeiter un verdient de janze Knete!"

⌘

Jedes Weihnachten das gleiche Problem. Paul weiß wieder nicht, was er seiner Schwester schenken soll. Er entscheidet sich für ein Buch. Also geht er in eine Buchhandlung und schaut sich um. Leider kann er nichts Passendes finden, folglich fragt er den Buchhändler: „Wissen Se, wat man eener kleen Schwesta zu Weihnachten kann schenken?" – „Koof doch det Neue oda det Alte Testament!" – „Hmm, det is ne jute Idee – dann koof ick det Neue, se steht uff det Moderne!"

⌘

Peter sagt zu seiner Mutter: „Der Vata is wieda in 'n Keller jejangen zu basteln!" – „Ach Peter, kiek doch ma in die Zeitung, welcher Dokta heute Notdienst hat!"

„Meen Sohn jeht nu schon auf'm Jimnasium in Steglitz", erzählt Frau Cieplik stolz ihrer Freundin. „So? Und was lernt er da?" – „Da lernen se tichtich fremde Sprachen! In een paar Jaahn kann meen Piefke allet uff Englisch, Fränzösisch und Aljebra vaklickern!"

⌘

Es ist Sommer, und die Dienstmagd hat Anspruch auf drei Wochen Urlaub. „Heerens, wolln Se nich zu Ihre Eltern fahrn!" – „Nee, ick will ma hia richtich ausruhn un kiecken, wie Se hier abeeten."

⌘

„Wat machste eijentlich den janzen Abend zu Hause, Justav", fragte ein Freund den anderen. „Nu, ick jeh janz frieh ins Bette!" – „Na, und wat machste vorher?" – „Janz eenfach, ick muß ma ausziehn!"

⌘

Erstaunt fragt ein Arbeitskollege den anderen: „Det is ma neu, seit wann drehst 'n du deine Zijaretten?" Dieser antwortet: „Seit ma meen Doktachen Bewejung vaordnet hat!"

⌘

Gespräch zwischen einem Tegler und einem Köpenicker Arbeiter. „Du siehst aba schlecht aus, machste dir Sorjen um det liebe Jeld?" – „Nee", sagt der andere, „Sorjen muß ick ma ja wohl nur machen um det, wat ick ooch besitzen tu!"

⌘

„Die neuen Hunderter sind mir eijentlich zu jroß", sagt der Mann zu seiner Frau. Die antwortet: „Weeßte, det soll nu nich det Problem sein, ick helf dir jerne, die zu vakleinern!"

Zwei Berliner unterhalten sich. Sagt der eine: „Ick les jrade een Buch!“ – „Worum jeht et?“ – „Der Mann flirtet mit nem Määchen.“ – „Ah, det is een Roman?“ – „Se valieben sich.“ – „Oh, det is een Liebesroman?“ – „Se heiraten un finden ooch eene Wohnung.“ – „Jetz is ma allet klar, det is ’n Märchen!“

⌘

In einem Berliner Frisiersalon arbeitet eifrig eine Auszubildene an der beträchtlichen Mähne eines jungen Mannes. Mit Schweißperlen auf der Stirn fragt sie den Kunden: „Ham Se frieja ma eene Baskenmitze jetraren?“ – „Det hab ick, wieso fraren Se, det is nu schon Jahre her?“ – „Ick hab so wat Ähnlichet jefunden!“

⌘

„Ach“, seufzte er, „die erste Liebe ist doch etwas Schönes.“ „Stimmt“, sagte sie zurück, „aba mit dir is et eijentlich ooch janz scheen!“

⌘

Der Klassenschlechteste bricht sich auf dem Hof ein Bein. Nach sechs Wochen kommt er wieder in die Schule. Der Lehrer fragt: „Na, Fritzchen, kannste wieda richtich loofen?“ – „Besser denn je, Herr Lehrer!“ – „Na, denn wünsch ick dir als nächstet eene Jehirnerschütterung!“

⌘

Familie Mahnstein steht auf dem Bahnsteig. Herr Mahnstein überlegt ganz intensiv: „Ick bin da, du bis ooch da, die Kinda sin da, jetzt fehlt mir nur noch der Küchentisch.“ „Der Küchentisch?“ fragt verwundert die Frau. „Was solln wia denn mit een Küchentisch im Ualaub?“ – „Sei mir nich böse, aba uff unsren Küchentisch liejen de Fahrkarten!“

Ein Mädchen, das von einem Ausflug mit den Herrschaften zurückgekommen ist, berichtet ihrer Freundin vom Erlebten. Der Wagen war aus der Kurve geraten und hatte sich überschlagen. „Ja, et is noch een wahret Jlück, dat bei det Unjlück jlücklichaweise keen Mallör nich passiert is!“

⌘

Ulli fährt mit ihrem Motorrad zu schnell über den Mehringdamm. Die Polizei hält sie an. „Sie sind erheblich zu schnell gefahren!“ – „Ach, jetz versteh ick!“ sagt Ulli. „Jetzt weeß ick ooch, wieso die Häuser an mia vorbeijeflooren sin, und ick dacht schon, det wär der Alkohol!“

⌘

Nun wartet der Direktor vom Partnerbetrieb schon geschlagene zwei Stunden auf dem Bahnsteig, im Glauben, abgeholt zu werden. Schließlich spricht er einen ebenfalls wartenden Fahrer an: „Entschuldigen Sie bitte, sollten Sie mich eventuell hier abholen?“ – „Det kann schon sein.“ – „Hat denn Ihr Chef nicht beschrieben, wie ich aussehe?“ – „Det schon, aba et sin schon so viele mit dicker Wampe un ner Säuferneese hier vorbeijeloofen, da wußt ick ooch nich, wer nu der Richtije is!“

⌘

Herr Kuhde hat den Schnellzug nach Wismar verpaßt und ist nun gezwungen, einige Stunden im Bahnhofsrestaurant auf den nächsten Anschluß zu warten. Er bestellt sich mehrere Kannen Kaffee und verspeist einige Stückchen Kuchen. Plötzlich hört er einen riesigen Knall, und es fliegen Glassplitter, Holzbalken, Töpfe und viele andere Gegenstände um ihn herum. Nachdem sich dieses Durcheinander gelegt hat, schaut er zum Eingang und sieht, daß ein Zug in das Restaurant gefahren ist. Vom ersten Schock erholt, stellt er sich vor den Triebwagen, verbeugt sich und sagt: „Ach nee, det is aba zu gütich! Ick hätt mir schon hinausbemüt!“

Eine Berliner Ehefrau läßt sich in der Mark Brandenburg auf einer Schönheitsfarm aufpolieren. Nach vier Wochen teilt sie ihrem Gatten in einem Brief ihre beträchtlichen Erfoge mit: „Die Hälfte meenet Jewichts hab ick abjenommen. Wie lang soll ick noch bleiben?“ Der Gatte schreibt zurück: „Tu mir een Jefallen und bleib nochma zwee Wochen!“

⌘

Herr Hülsen geht zum Friseur und setzt sich in den Sessel vor dem Spiegel. Nach einiger Zeit kommt dann der Meister persönlich und fragt seinen Kunden: „Na, wie hätten Sie es denn gerne, mein Herr?“ Darauf antwortet Hülsen schnippisch: „Wenn Se mir so fraren, Meester, umsonst!“

⌘

Ein Berliner geht in Halle nach einem Stadtrundgang in eine Cafeteria, um sich von den Strapazen zu erholen. Als die Wirtin dem Tourist die Tasse Kaffee an den Tisch bringt, sagt sie: „Sieht sehr nach Regen heute aus, nicht wahr?“ Der Berliner: „Aba wenn ick jenau hinkiecke, seh ick schon, det det Kaffee is!“

⌘

Im Krankenhaus Spandau soll ein Patient einen Einlauf bekommen. Nach anfänglichen Schwierigkeiten kann Schwester Tina den Patienten von der Notwendigkeit des Einlaufs überzeugen. Als er merkt, wie die Flüssigkeit in seinen Körper fließt, kommt es zu einer heftigen Körperreaktion. Die Krankenschwester fragt erschrocken: „Ist Ihnen der Einlauf zu heiß?“ – „Nee, det nich, nur een bisken zu bitta!“

⌘

Große Autoschau auf der IAA. Es werden auch in diesem Jahr alternative Modelle ausgestellt. Ein potentieller Kunde steht ein wenig hilflos vor einem Kleinstwagen. Er fragt den Aussteller: „Soll det etwa een richtijet Auto sein?“ Der Vertreter glaubt, vergackeiert zu werden, und antwortet: „Noch is det keen richtijet Auto, det is een Geländewaren im dritten Monat!“

⌘

Frau Zweig macht einen Einkaufsbummel über die Wilmersdorfer. Da entdeckt sie ein wunderschönes blaues Abendkleid. Eilig geht sie in den Laden und fragt den Verkäufer: „Ick möcht janz jerne det blaue Kleid im Schaufenster anprobieren!“ Der Verkäufer fragt verwundert zurück: „Wollen Se nich lieba in die Kabine jehn, liebet Fräulein?“

⌘

„Tach Paule! Sach, wie jeht et dir denn so?“ – „Ach janz jut, et jeht so!“ – „Na, wenn et jeht, denn jeht et ja!“

⌘

Auf der Friedrichstraße sitzt seit Jahren ein Schuhputzer, der den Leuten, meist Touristen, die Schuhe poliert. Einmal spricht er aber eine Berlinerin an: „Entschuldijen Se, ick werd Ihnen für eene Mark die Schuhe so blanke putzen, dat Se Ihr Jesicht drin spiejeln kennen!“ Die Frau geht vorbei, ohne ihn eines Blickes zu würdigen. Da ruft er der arroganten Dame hinterher: „Bei so een Jesicht kann ick det fast vastehn!“

⌘

Ein Patient beklagt sich beim Arzt: „Wissen Se Herr Dokta, meen Kopp klopft, meene Knieje knirschen, meene Oorjen heern Schrott, und ick fühl mir ooch miserabel!“

⌘

In einer Kaserne werden die Neuen mit den Grundkenntnissen der

Waffen vertraut gemacht. „In wieviel Teile zerfällt dieses Gewehr?“ Hannes antwortet nach kurzer Überlegung: „Det kommt druff an, Herr Unteroffizia, wie man et hinschmeißt!“

⌘

Der Vater geht mit seinem Sohn im Wald spazieren und versucht ihm, so gut es nur irgend geht, die Natur näher zu bringen. Der Sohn ist auch sehr interessiert und stellt hin und wieder ein paar Fragen. „Vata, wat sin det für Beeren am Strauch?“ – „Meen Sohnemann, det sin Blaubeeren.“ – „Blaubeeren? Wieso sin se denn rot?“ – „Weil se noch jrien sind!“

⌘

Liebermann gewinnt sinnigerweise bei einer Verlosung eins seiner eigenen Werke. Enttäuscht nimmt er sein Bild wieder mit nach Hause, schaut es sich eine ganze Weile an und denkt sich: „Na, wenn ick jewußt hätt, det ick meen eijenet Bild jewinne, hätt ick ma wat Bessret ausjeheckt!“

⌘

Der gute alte Sauerbruch macht wie immer eine lange und intensive Visite. Da beobachtet er eine Frau, an der Bettkante hockend, wie sie traurig einen Patienten anschaut. Sauerbruch nimmt sich ihrer an. Kaum tritt er in die Nähe der Frau, legt sie auch schon los: „Ach, Herr Professa, sein Jedächnis will nich mehr richtich funktionian. Ick rede und rede, und dann merk ick, det er jar nich uff meene Worte reajiert. Wat kann denn det für eene Krankheit sein, Herr Professa?“ – „Krankheit is jut“, sagt Sauerbruch, „det is eene Jabe Jottes!“

⌘

Bei der Hochzeit seiner einzigen Tochter läßt sich der Bauer aus Kladow nicht lumpen und tischt ein üppiges Hochzeitsmahl auf.

Nach den Tischreden bittet er die geladenen Gäste an das Büfett mit den Worten: „Ihr könnt essen, wat ihr wollt, wenn ick mir überleje, wat det allet jekost hat, werd ick mir zurückhalten!"

⌘

Der König ist Gast im Theater. Der neue Hauptdarsteller spielt Richard III. Am Ende der Vorstellung ertönt rasender Beifall. Nur der König hält sich sichtlich zurück. Der Intendant versucht, den König von der hervorragenden Vorstellung zu überzeugen: „Is der Mann nich jroßartich, Majestät? Wie er sich bewegt, wie er spricht, det is 'n richtijer Kenich!" Darauf antwortet der König: „Uff der Biehne is det ooch keene Kunst!"

⌘

Von außerhalb kommt ein Patient voller Erwartungen nach Berlin, um sich dort ärztlich behandeln zu lassen. In einem Krankenhaus sagt er zum Arzt: „Oh weh, ick hab es in die Kniee, Herr Dokta." – „Hmm, det is Jicht!" – „Un wat soll ick nu dajejen tun?" – „Wenijer Fleisch essen und allet warm halten!" – „Wat bin ick Ihnen denn jetzt schuldich?" – „Jar nischt, da allet nischt nützt!"

⌘

Die Polizei stöbert durch die Kreuzberger Hinterhöfe und fragt die Leute aus. Sie klingelt an einer Tür, und Frau Kaste öffnet. „Entschuldijen Se bitte, kenn Se een mit eenem Ooge namens Malenke?" – „Nee", antwortet diese, „aba wie heeßt denn det andre Ooge?"

⌘

Zwei Berliner unterhalten sich über die Qualität der Berliner Zoos. „In Friedrichsfelde is allet Schwindel, da hab ick Tiere jesehn, die jibt et jar nich!"

Herr Müller kommt mit den üblichen Zivilisationskrankheiten zum Arzt. Der Arzt rät ihm: „Sie müssen einfach Sport treiben!“ Herr Müller: „Aba Herr Dokta, ick ringe doch den janzen Tag mit meener Existenz!“

⌘

In einem der renommiertesten Hotels der Stadt beschwert sich ein Gast: „Entschuldigen Sie bitte, aber in meinem Zimmer fließt das Wasser von den Wänden. Ist das bei Ihnen immer so?“ – „Nee“, sagt der Portier, „det is eijentlich nur, wenn et rechnet!“

⌘

Olli kommt nach Hause und sieht, wie sein Freund Hosche aus dem Schlafzimmerfenster seiner Frau Gerlinde klettert. Da brüllt Olli los: „Ach, hier bisse die janze Zeit jewesen, un uns fehlt de dritte Mann zum Skat!“

⌘

Am Berliner Ostbahnhof versperrt ein Fahrgast einem Berliner den Weg mit den Worten: „Ach, entschuldigen Sie bitte, ich bin fremd hier.“ Da antwortete der Berliner gestreßt: „Ick verzeih Ihnen!“

⌘

Der Pfarrer predigt über viele schöngeistige Inhalte: Viele Menschen seien durch ihr Schicksal eher angenommen als andere, das Übel dieser Welt möge den Pfad der Tugend wiederfinden, und die natürlichen Unterschiede aller Wesen unterliegen der göttlichen Gnade. Um diese Unterschiede zu verdeutlichen, gibt er Beispiele aus der Pflanzenwelt. „Die Rosen brauchen die Strahlen der nährenden Sonne – für den Gummibaum ist die pralle Sonne der tödliche Feind etc.!“ Nach dem Gottesdienst kommt eine Dame zum Pfarrer und sagt: „Herr Pfarrer, det war ma wieda eene richtije Predicht, womit ick ooch wat anfangen kann!" – „So?" fragt der Pfarrer. „Was hat Ihnen denn besonders gefallen?" – „Also det mit den Jummibaum, jetzt weeß ick wenichstens, warum der imma einjejangen is!"

⌘

Als Jutta zum drittenmale durch ihr Examen an der Berliner Universität fällt, wird sie von ihrem Professor nach den Ursachen gefragt. Dieser erhält folgende Begründung: „Det is ja ooch keen Wunda, derselbe Priefer, derselbe Saal und ooch noch dieselben Fraren!"

⌘

Der Enkel unterhält sich mit der Oma. „Omi, du kenns doch die scheene Vase, die schon seit Jenerationen zu uns jehört, nich?" – „Ja, was ist denn mit der Vase, mein Enkel?" – „Unsre Jeneration hatse zerschlaren!"

⌘

In Berlin gibt es, obwohl es eine Großstadt ist, immer noch Dorfstrukturen. Im kleinen Böhmischen Dorf, auf der Niemetzstraße im heutigen Neukölln, kam es jüngst zu einem großen Aufruhr. Alle Fenster standen offen, und die Menschen schauten auf die Straße. Ein Weddinger wunderte sich und fragte nach: „Wat jibt et denn hier so Besonderet?" – „Eijentlich jar nischt", sagte die gute Frau Horlitz, „da jing nur eener vorbei, den kannten wa nich!"

⌘

Im Charlottenburger Amtsgericht wurde eine Zeugin vom Richter nach ihrem Alter befragt. Nachdem sie für längere Zeit die Auskunft verweigert hatte, sagte der Richter genervt: „Wenn Se nich bald mit Ihrem Alter rausrücken, denn laß ick Se von die Leute schätzen!"

Ein Tourist ist in den Teltowkanal gefallen, kann aber leider nicht schwimmen. Da die Gegend nicht sehr belebt ist, muß er eine ganze Weile um Hilfe rufen, bis endlich zwei Hafenarbeiter des Weges kommen. „Wat brüllste denn so?“ – „Ich kann nicht schwimmen!“ – „Ick kann ooch nich schwimmen, aba brüllen tu ick deswejen nu nich!“

⌘

Zwei Berliner in einem der schönen Biergärten Berlins. „Weeßte, Hans, et jibt kaum wat Scheeneres als een Jlas Bier!“ – „Doch“, sagt der andere, „zwee Jlas Bier!“

⌘

Bei einem Galaempfang hochrangiger Offiziere ist auch die Erna eingeladen. Sie schaut sich das Treiben an und fühlt sich in dieser Gesellschaft einfach nicht wohl. Lautstark verkündet sie: „Nee, bei so’ne Offiziersfeier kriejen mich keene zehn Ferde mehr hin! Dienstboten halten se sich, haben aba selba kaum wat zu fressen. Alle Leute werd ick det erzählen.“ Sofort wird der Erna Einhalt geboten: „Wenn Se det weitererzählen, kommen Se wejen Verrats militärischer Jeheimnisse int Zuchthaus!“

⌘

Herr Hamacher und Sohn Timmy gehen auf den Rummel. Der Vater bestellt sich eine große Bockwurst, und Timmy geht wieder einmal leer aus. Nach einiger Zeit fragt der Sohn verschüchtert, ohne seine Blicke von der Wurst zu lassen: „Du, Vata, mußte die Wurst alleene essen?“ Der Vater hört nachdenklich einen Moment lang mit dem Kauen auf und antwortet: „Stimmt, hast ma wieder recht, Timmy. Ick bestell mir noch’n Kartoffelsalat dazu!“

⌘

Ein Herr läuft schon eine ganze Weile hinter einer schönen Berlinerin her und überlegt sich, wie er sie nun gewinnen könnte. Schließlich spricht er sie an: „Entschuldigen Sie, mein Fräulein, Ihr Gesicht habe ich bestimmt schon einmal irgendwo anders gesehen.“ – „Nee, det kann nich sein, solang ick denken kann, hab ick meen Jesicht an der jleichen Stelle!“

⌘

„Mein lieber Sohn, du kannst dem Herrn doch nicht einfach die Zunge rausstrecken!“ – „Aba Vata, det muß ick bei den Herrn doch imma machen, det is doch unsa Dokta!“

⌘

Die Mutter schimpft mit ihrem Sohn, als er sein schlechtes Zeugnis präsentiert: „Erst haste eene Fünwe in Rechnen, dann eene Fünwe in Schreiben und dann noch eene in Betraren! Wat soll’n da Vata denken, wenn er außem Jefängnis kommt?“

⌘

Bei einer Polizeikontrolle auf der Potsdamer Straße werden zwei Berliner mit ihrem Auto angehalten. Der Polizist fragt den Fahrer: „Könnten Sie mir mal bitte Ihre Papiere zeigen?“ – „Det jeht in Ordnung!“ – „Haben Sie vielleicht etwas getrunken?“ – „Aba Herr Wachtmeesta, wenn Se druff bestehen, mach ick Ihnen eenen Handstand!“ Gesagt, getan. Der Berliner steigt aus, macht, während Passanten applaudieren, einen sehenswerten Handstand. Dem Polizisten ist die Situation peinlich, und er läßt die beiden weiterfahren. Im Wagen fragt der andere den Fahrer: „Seit wann kannste denn een Handstand?“ – „Det kann ick nur, wenn ick besoffen bin!“

⌘

Hoher Besuch bei Baronin von Chemnitz. Die Zofe informiert die Baronin: „Der gnädige Herr Pollatscheck reflektiert gerade im

Eßsalon." – „Ham Se ihm denn nich jezeicht, wo det Klosett sich befindet?"

⌘

Der Gottesdienst ist zu Ende. Der Pastor schließt mit den Worten: „Een paar Worte zu de Kollekte. Der Besucher, der imma die Knöppe in de Kollekte jeschmissen hat, den bitt ick nu, mir eene Rolle Jarn hineinzulejen!"

⌘

Die kleine Fähre zur Pfaueninsel geht unter. Ein Mann, der nicht schwimmen kann, sagt ganz leise zu sich: „Ei wei Backe, eijentlich wollt ick ma ja vabrennen lassen!"

⌘

In einem Zug bei Berlin: „Entschuldigen Sie bitte, wie lang hält denn der Zug?" – „Det kann ick so jenau nich saren, aba ick hab ma jehört, bei juter Fleje mehr als zwanzich Jahre!"

⌘

Ein kleiner Zirkus im Familienbetrieb schlägt seine Zelte auf einem Parkplatz in Spandau auf. Als es anfängt zu regnen, hört man den Direktor schreien: „Macht ma hinne, det Zebra muß schnell rein, et fängt an zu reechnen!"

⌘

„Saren Se ma", spricht ein Berliner einen anderen an, „hab ick Se nich schon ma im Wedding jesehn?" – „Nee, det kann nich sein, ick bin nur in Wilmersdorf!" –„Hmm, denn müssen et andere zwei jewesen sein!"

Am Hofe von Friedrich dem Großen fanden öfter Musikaufführungen statt. In der Pause stand der König an der Pforte zum Salon und beobachtete das Treiben, als eine Schönheit sich zierte, an ihm vorbeizugehen. „Passez beauté!" sagte der König galant und forderte sie höflich mit einer ritterlichen Handbewegung auf, sich nicht zu zieren. Diese Chance ließ sich eine schon betagte Dame des Hofes nicht entgehen und schlenderte ebenfalls am König vorbei, der dies mit einem „Beauté passée" quittierte.

⌘

Endlich darf die Frau des Hauses auch mal mit dem Auto fahren. Auf der Straße ruft sie plötzlich: „Paule, die Bremsen funktionieren nich!" Trocken kommt die Antwort: „Versuch eenfach, jejen wat Billijet zu fahrn!"

⌘

Die Mutter möchte ihre pubertierende Tochter zum Essen bewegen und fragt: „Weeßte denn ooch, wat passiert, wenn de nich ißt?" – „Na logo! Ick bleib schlank, seh nich so aus wie du und kann Mannequin weaden!"

⌘

Tante Hedwig will es noch einmal wissen. Sie geht zum Friseur und läßt sich einen modernen, burschikosen Haarschnitt verpassen. Stolz wird die neue Haarpracht bei der nächsten Familienfeier präsentiert. Kläuschen ist besonders ehrlich: „Liebes Tantchen, jetzt siehste jar nich mehr aus wie ne olle Frau!" Tante Hedwig freut sich natürlich über jedes Kompliment und fragt weiter, um noch mehr zu hören: „Und wie seh ick deener Meenung nach aus?" – „Wie een oller Mann!"

Gespräch in der Berliner U-Bahn: „Also, ick hab mir jestern jut in der Oper unterhalten!“ – „So, mit wem?“

⌘

Der Ehemann kommt nach Hause, setzt sich in den Sessel und zündet sich gemütlich eine Zigarette an. Die Frau riecht den Qualm, kommt sofort angelaufen und schimpft: „Ick denk, der Arzt hat dir det Roochen verboten?“ – „Det hatter ja ooch, aba ick hab mir mit ihm übaworfen, jetzt kann er sich ruhich ma ärjern!“

⌘

Ein älterer erfahrener Boxer ist jetzt der Coach der Berliner Truppe. Bei einem wichtigen Kampf empfiehlt er seinem Schützling: „Wenn dir nach eenem Hammerschlach ma janz schwindelich wird un du kieks Dreien in die Fresse, denn schlach jenau mittenmang in dieselbije. Ick hab ma den Fehler jemacht un immer uff die äußeren druffjehaun! Det war meen letzter Kampf!“

⌘

In der Schule sollen den Pennälern die Wettergeschehnisse näher gebracht werden. Also fragt der Lehrer unter anderem: „Kann mir einer vielleicht sagen, wo ein Gewitter entsteht?“ Schwierige Frage, dennoch meldet sich Karl-Gustav: „Bei meener Jroßmutta!“ – „Wie kommst du denn darauf?“ – „Det is doch klar wie Kloßbrühe, jestern noch sacht se, det Jewitter hatse inne Knochen jehabt!“

⌘

Es steht ein Verkehrssünder vor Gericht. Der Richter fragt den Angeklagten: „Aber Sie wissen doch, warum wir Sie hierher gebeten haben?“ – „Ick bin zu langsam jefahren, Herr Richta!“ Der Richter erhebt sich und brüllt: „Zu langsam? Mensch, Sie sind mit hundert Sachen über den Mehringdamm gerast!“ – „Det sach ick doch, zu langsam. Wenn ick hundertfünzig jefahren wär, hätten Se mich nich jekricht!“

⌘

An einem Schalter im Bahnhof Zoo wendet sich ein Gast an die Kassiererin: „Ick hätte jerne eene Rückfahrkarte!“ „Wohin denn?“ erkundigt sich diese. „Ick gloob, meen Schwein pfeift! Nach Berlin natürlich!“

⌘

Der Chef: „Aber Christian, du bist ja heute wieder besoffen!“ – „Nee, Chef, det is noch von jestern!“

⌘

Urlaub in der Karibik. Reiner und Barbara vergnügen sich im Wasser. Da fragt Barbara: „Freuste dir denn jar nich, det ick so jut kann tauchen?“ – „Nee, warum soll ick, du tauchst ja imma wieda uff!“

⌘

„Wat stößte denn meen kleen Brüderchen, det werd ick gleich meen Vata saren!“ – „Dummer Penz, du hast doch jar keen Vata!“ – „Schafskopp, mehr wie du!“

⌘

Der Richter fragt den Angeklagten: „Was ist Ihnen lieber, sechs Wochen Moabit (Gefängnis) oder fünftausend Mark?“ – „Jeben Se ma fünftausend Mark, Herr Richta!“

⌘

Frau Korinzki blättert in einer Illustrierten und ließt ihrem Mann vor, daß Krankheiten zuerst an den Schwachstellen ausbrechen. „Siehste, det hab ick jleich jeahnt, deswejen haste ooch imma Kopfweh!"

⌘

Herr Müller will seinen Kindern nach einer längeren Geschäftsreise eine Freude machen und kauft ein Spielzeugauto. Er überreicht es ihnen mit den Worten: „Hier habta wat besondert Scheenet, nur teilen müßt ihr euch det schon selba!"

⌘

Ein Besucher in einem Berliner Spezialitätenrestaurant: „Herr Ober! Dieser Fisch stinkt erbärmlich!" Da erwidert der Ober: „Meen Herr, det kann nu jar nich sein, der is heute morjen aus der Ostsee jekommen." – „Denn mußa wohl zu Fuß jeloofen sein!"

⌘

Der Zoologische Garten möchte gerne einen neuen Vogelkundler einstellen. Um seine Tauglichkeit zu prüfen, wird ein Vogel so in einen Käfig gesetzt, daß nur die Beine zu sehen sind. Der Bewerber muß dann den Vogel spezifizieren. „Können Sie mir nun verraten, wie dieser Vogel heißt?" – „Nee, det kann ick nu nich!" – „Wie war doch gleich Ihr Name?" – „Det müssen Se selbst rauskriejen, Herr Prüfer!" kontert der Bewerber und zieht sich die Hosenbeine bis zu den Oberschenkeln hoch.

⌘

Zwei Berlinerinnen wollen endlich einmal zur besseren Gesellschaft gehören und machen einen Ausflug zur Mariendorfer Rennbahn. Da sie keine Ahnung von Pferden haben, tippen sie einfach auf irgendeines. Dieses Pferd kommt schließlich als letztes durch die Zielgerade. Da sagt die eine: „Eijentlich bin ick janz froh, ick hätte eh nich jewußt, wohin mit de Pferde!"

Jedes Jahr findet in Berlin ein internationaler Marathonlauf statt. Diesmal gewinnt der krasse Außenseiter Hafti das Rennen. Ein Reporter fragt den Gewinner: „Dies ist das erstemal seit zehn Jahren, daß ein Außenseiter den Lauf gewonnen hat. Wie ist das möglich gewesen?“ Der Läufer: „Det war janz eenfach. Vierzich Kilometer Anlauf un denn volle Pulle in det Ziel rin!“

⌘

Ein Betrunkener steht am U-Bahnhof vor einem Getränkeautomaten und wirft permanent Geld hinein. Ein Passant schimpft: „Wollen Se nich damit uffhörn?“ – „Warum soll ick, wo ick doch jerade meene Jlückssträhne hab!“

⌘

Auch Berliner müssen nach der Wende zur Bundeswehr. Bei der Musterung in Treptow werden die angehenden Soldaten nach ihren Stationierungswünschen gefragt. „Ick will uff jeden Fall direkt in die Hardthöhe nach Bonn!“ antwortet Willi. „Ihn hat wohl wat int Hirn jeschissen, sind Se total meschugge?“ – „Nee, aba wenn det Voraussetzung is, bin ick det meinetwejen ooch!“

⌘

In Heidelberg fährt ein Berliner mit seinem Auto in falscher Richtung in eine Einbahnstraße. Ein freundlicher Polizist hält den Ortsunkundigen sofort an und fragt, wohin er denn wolle. Dieser antwortet: „Ick will eijentlich ‚Zur Penne‘, dort is ne Veranstaltung, aba det hat nich sollen sein. Nu is et zu spät, mir kommen se ja alle schon entjejen!“

⌘

Abends um neun klingelt es plötzlich an der Haustür von Frau Granich. Sie erblickt einen Installateur, den sie jedoch gar nicht bestellt hat. „Entschudijen Sie, Frau Rüben, ick komm wejen det verstopfte Klosett.“ – „Ich bin aber nicht Frau Rüben. Die ist schon vor einem halben Jahr hier weggezogen.“ – „Sehn Se, gnä’ Frau, det hab ick jefressen, erst bestelln die feinen Herrschaften dringend een Handwerka, un denn ziehn se Hals über Kopf eenfach wech!“

⌘

Ein Tourist fragt einen Einheimischen, mit welcher U-Bahn er denn nach Dahlem kommt. Der antwortet: „Mit der Sieben un der Sechs kenn Se nich fahren!“ – „Das ist schade!“ – „Mit der Fünwe und Viere kenn Se ooch nich fahren!“ – „Das interessiert mich eigentlich nicht!“ – „Die Drei un die ...!“ Der Tourist unterbricht den Berliner: „Dann wird es wohl die Eins sein?!“ – „Wenn Se doch allet schon wissn, wieso fraren Se mich denn?“

⌘

Die Lehrerin fragt die kleine Sibylle nach ihren Berufswünschen: „Na, Sibylle, wat willste denn ma werden?“ – „Wenn ick ’n jroßen Busen krich, denn werd ick Schauspielerin, krich ich aba ’n kleenen, denn werd ick Lehrerin!“

⌘

Herr Kneese fragt seine Frau: „Hör ma, hat mia eijentlich der Manske jegrüßt?“ Seine Frau, die keine Berlinerin ist, versucht es immer wieder: „MICH!“ – „Aha, dia?“ – „Nee, dich!“ – „Also doch mia!“

⌘

Unterhalten sich zwei Kreuzberger in der Kneipe: „Ick hab jehört, det bei jedem meiner Atemzüge een Mensch stirbt uff de Welt!“ – „Denn würd ick et an deiner Stelle ma mit Zähneputzen versuchen!“

In der Hasenheide treffen sich zwei Hundebesitzer. Da fragt der eine: „Hören Se, Ihr Hund sieht so jut aus, hat der een Stammbaum?“ – „Stammbaum?“ wundert sich der andere. „Kann ich nich saren, noch pißta jejen jeden Baum!“

⌘

Am Schalter der Bahn. „Biste noch ’n Schüla, oda sin Se schon erwachsen?“

⌘

„Herr Ober, kenn Se ma vielleicht saren, warum der Teller nich jespült is?“ – „Aba meene Jnädichste, det is Ihre Suppe!“

⌘

„Entschuldijen Se, kenn wa uns nich?“ – „Det kann ich nich saren!“ – „Doch, ick hab Se doch jestern uff de Party am Oranienplatz jesehn.“ – „Det kann jut sein, denn det wa meene!“

⌘

In einer recht vornehmen Massagepraxis in Wilmerdorf verkehren nur die feinsten Leute. Der Masseur gibt der zarten Dame ungewohnterweise einen heftigen, lautstarken Klapps auf ihren Allerwertesten. Sie brüskiert sich: „Sin det die neuen Sitten bei de feinen Leute?“ – „Nee, det nich, aba meene Läute is im Eimer, un so weeß der Nächste, det er nu rinkommen kann!“

⌘

Endlich kommt Herr Altenpohl von der anstrengenden Arbeit im Finanzamt nach Hause. Frau Altenpohl, die schon stundenlang mit Sohn Lars auf ihn gewartet hat, fragt: „Kennste ma ma saren, warum de jetz erst komms?“ – „Entschudije, aba ick hab verschlafen!“

Zwei Bauarbeiter beobachten gespannt, wie auf dem Ku'damm eine riesige Frontscheibe in ein Schaufenster eingesetzt wird. Nach einer Weile sagt der eine: „Komm Heinz, die lassen se doch nich falln!"

⌘

Der Chef schimpft den jungen Angestellten aus: „So jehtet nu wirklich nich, jetzt pennste schon während der Arbeitszeit!" – „Aba Chef, ick hab ja von de Jeschäfte jeträumt!"

⌘

In der U1 nach Ruhleben sitzen sich ein Steppke und ein sehr korpulenter Mann gegenüber. Der Junge starrt den dicken Mann penetrant an. Nach einiger Zeit wird es dem Mann zu dumm, und er droht: „Wenn de nich aurenblicklich irjendwoanders hinkiekst, freß ick dir uff!" Der Junge erwidert schlagkräftig: „Det kann jar nich sein, Se ham den andern noch nich verdaut!"

⌘

„Herr Ober, kenn Se ma een besonders jroßet Stück Fleisch bringen, ma rejen Kleenichkeiten imma so uff!"

⌘

Frau Wagemut holt sich Rat bei einem Psychologen. „Herr Dokta, meen Oller is meschugge. Seit 'n paar Wochen gloobt er, er sei 'ne Stehlampe!" Der Doktor antwortet: „Da kann ick ooch nich viel machen, aba treten Se ihm doch mal anständich uff de Füße!" – „Det hab ick ja schon versucht, aba denn sitz ick imma im Dunkeln!"

⌘

„Karlchen, stell dir ma vor, der Klapperstorch is in der Nacht zu unser Trautchen jekommen!“ – „Det braucht ihr mir nich zu saren! Unsere Wände sind so dünne – det hätt ick euch vor neun Monaten saren können!“

⌘

Ein Berliner schlendert mit seiner Frau über den Markt, als sie an einem Blumenstand vorbeikommen. Verwundert sagt die Verkäuferin: „Det kann ick nich vastehn, wenn Se mit der anderen Frau Jemalin hier vorbeijehn, koofen Se ma imma een Strauß Blumen ab!“

⌘

Der Zeuge möchte nicht unter Eid aussagen. Der Richter wird schon ungeduldig und hakt nach: „Heerens, Herr Zeuje, wieso wolln Se denn nich schwören?“ – „Ick hab Angst vor det Schwören! Wenn ick ma jeschworen hab, ham se ma imma eenjelocht!“

⌘

„Hermann, wat machste denn fürn Jesicht?“ – „Haste noch nie nachts Zahnschmerzen jehabt?“ – „Nee, jrade nachts nich, da trenn ick ma von det Jebiß!“

⌘

Ein verschuldeter Kladower Bauer sitzt in einem Restaurant und läßt es sich gutgehen, als ein Gläubiger eintritt und sich schnurstracks dem Bauern nähert. „Det hab ick jern, mia die Piepen schulden, aba hia ne Jans fressen!“ Der Bauer antwortet noch mit vollen Wangen: „Wat wolln Se denn, det war meene Jans, ick hab se nich mehr können ernähren!“

⌘

Herr Dunke betritt die Badeanstalt, um ein Bad zu nehmen. Die

Frau an der Kasse: „Nee, wie de Zeit verjeht, nu muß schon wieda een halbet Jahr rum sein!“

⌘

Klein Hannes steht mit der Mutter vor dem Elefantengehege, als er fragt: „Du, Mutta, wo komm eijentlich die Elefantenbabys her, aba erzähl ma nich, det der Klapperstorch se bringt!“

⌘

In einem Hotel beschwert sich ein Gast beim Abendessen: „Det hab ick noch nie über mia jedulden missen – eene Flieje in der Suppe!“ Der Ober bleibt gelassen: „Sehn Se, det sin die ersten Boten für den schönen Frühling!“

⌘

Zwei Stammgäste auf dem Kiezfest. „Also ick finde, du hast nu jenuch jesoffen!“ – „Wieso’n dette?“ – „Du siehst schon janz vaschwommen aus!“

⌘

Manfred und Günther verdienen sich während der Schulferien ein paar Groschen mit Zeitungaustragen dazu. An einem Schlechtwettertag zieht es Manfred vor, die Zeitungen da zu lassen, wo sie sind, um sich noch mal im Bett rumzudrehen. Als er durch einen Türknall wach wird, steht Günther klatschnaß im Zimmer. „Wat haste denn jemacht?“ – „Det jönn ick keen Hund, aba irjend jemand mußte doch die Leute Bescheid saren, dat et keene Zeitungen heut nich jibt!“

⌘

Ein gerissener Pferdezüchter verkauft einer Pferdeliebhaberin ein klappriges Pferd. Nach drei Wochen ruft die neue Besitzerin empört an: „Wat ham Se ma denn da vakooft? Det Roß lach heut tot im Stall!“ – „Nu brat mir eener ’n Storch, det hätte der bei mia waren müssen!“

⌘

Hoher geistlicher Besuch in Berlin. Ein Kardinal gibt sich die Ehre. Auf seinem Programm steht auch der Besuch einer Schule. Er nimmt an einem Religionsunterricht teil. Der Lehrer fragt die Kinder: „Was ist Ehe?“ Betretenes Schweigen. Doch dann meldet sich der kleine Olli Kröpsch: „Ehe is die zeitlich bejränzte Vabüßung von de Sünden!“ Der Lehrer schaut etwas hilflos zum Kardinal. Der aber sagt: „Lassen Sie, Herr Lehrer, was wissen wir denn davon!“

⌘

„Mama, der Mann hält seine Zeitung verkehrt rum!“ – „Laß jut sein, meen Kind!“ – „Mama, der Mann streichelt nu den Mülleimer!“ – „Laß ma mit deene Jeschichten!“ – „Mama, nu will er sich neben de Bank setzen!“ – „Loof hin, und jib ihm seine Jläser endlich wieder!“

⌘

Herr und Frau Lareschke möchten mit ihrem zweijährigen Sohn seit langem mal wieder in ein Konzert gehen. Die Dame an der Kasse meint: „Wenn der Piefke schreit, müssen Se aba det Konzert verlassen. Det Jeld kriejen Se dann wieder.“ Nach einiger Zeit wird es der Frau Lareschke zu langweilig, und sie flüstert ihrem Mann zu: „Kneif ma det Paulchen!“

⌘

In der Grundschule wird Arnold gefragt: „Wieviel sind vier und vier?“ – „Na, achte!“ „Das ist schon mal ganz gut.“ Da erhebt Arnold die Stimme: „Wat heeßt hier janz jut, bessa jehtet ja wohl nich, wa?“

Ein Angler fischt aus dem Müggelsee einen Riesenfisch. Stolz flaniert er mit seiner Beute an den anderen Anglern vorbei, um mit seinem Fang zu prahlen. Da ruft ein Angler: „Haste wohl Pech jehabt, wa, nur eenen eenzijen Fisch!“

⌘

Ein Geisteskranker ist aus der Irrenanstalt ausgebrochen. Er geht in einen U-Bahnschacht und versteckt sich dort für ein paar Tage. Nach einer Woche kehrt er zurück und wird von den Wächtern in Empfang genommen. „Mensch, wo warste denn so lang?“ – „Ick wohnte bei een Verrückten. Der machte nie det Licht an, aba er hatte ne Riesen-Eisenbahn!“

⌘

Ein Mann und eine Frau kommen ins Tempelhofer Standesamt, beide schon weit über siebzig Jahre auf dem Buckel. Da fragt der Standesbeamte neugierig: „Wolln Se wirklich heiraten?“ Da kommt die Antwort: „Von wollen kann keene Rede nich sein, aba unsre Eltern wollen et so!“

⌘

Die Polizei hält eine Autofahrerin an: „Entschuldijen Se, aba ham Se nich die Pfeile jesehn?“ – „Icke? Nee! Jibt et denn hia in Berlin Indiana?“

⌘

Im Tiergarten treffen sich zwei Hundebesitzer: „Wat is ’n det fürn Hund?“ – „Det is een Polizeihund!“ – „Der sieht ma aba jar nich wie eene von die Sorte aus!“ – „Soll er ja ooch nich, wa sin von die Jeheimpolizei!“

⌘

Eine Bekannte fragt nach, woran der Gatte denn gestorben sei.

Die Witwe sagt: „Er is an eener Jrippe jestorben!“ – „Na, dann war et ja nischt Ernstet!“

⌘

In einem Berliner Freibad will ein Mann mit seinem Anzug schwimmen gehen. Er wird sofort vom Bademeister angehalten: „Sie, Se dürfen aba nich mit'n Anzuch schwimmen jehn!“ – „Det soll een Anzuch sein? Det is meene Jänsehaut!“

⌘

Ein unzufriedener Kunde dringt bis in die Chefetage vor. Wütend reißt er die Türe auf und brüllt die Sekretärin an: „Wo is der Chef, den stoß ick außen Anzuch!“ Die Sekretärin antwortet: „Der Chef ist leider nicht da!“ – „Det kann nich sein, ick hab ihn ebend noch an det Fensta jesehn!“ Prompt kommt: „Sehn Se, er Sie ooch!“

⌘

Plauderstündchen in geselliger Damenrunde. „Ick hab ooch nie Zeit! Morjen muß ick zum Friseur. Mit Jrauen jehe ick hin!“ – „Det gloob ick dir. Und wie ick dir kenne, kommste mit roten wieda zurück!“

⌘

Herta hat es bekanntlich immer schwer. Auch diesmal regnet es im Olympiastadion in Strömen. Der Schiedsrichter läßt das Spiel trotz des schlechten Wetters austragen. Da fragt der Kapitän den Schiedsrichter: „Herr Schiedsrichta, solln wa erst mit oder jejen die Strömung spieln?“

⌘

Ein Liebespaar fühlt sich im Restaurant unbeobachtet. Da tuschelt der Verliebte seiner Geliebten ins Ohr: „Weeßte wat, ick könnt dir nu ufffressen!“ Da ergänzt der Ober plötzlich aus dem Hinterhalt: „Und wat darf ick dazu zu trinken bringen?“

⌘

Der Lokalmatador im Pferderennen gibt damit an, sein Pferd zu essen, wenn er das Rennen heute verlieren wird. Natürlich verliert er das Rennen. Eine Woche später trifft ihn ein Kollege in einem Imbiß. „Na, Hermann, wat is mit de Wette?“ – „Na, nu tu ma eenma ’n Jefallen und laß ma meen letztet Stick in Ruhe essen!“

⌘

Hänschen gibt mit gebeugtem Haupte seine Hausarbeiten ab. Die Lehrerin begutachtet die Arbeit und äußert Bedenken: „Das sieht mir aber sehr stark nach der Handschrift deiner Mutter aus!“ – „Det kann schon sein, Frau Lehrarin, ick hab ooch meene Mutter ihr Kritzel benutzt!“

⌘

Der staatstreue Beamte läßt sich nicht pensionieren. Die Kollegen lästern schon. Da bemerkt ein jüngerer Kollege: „Jehn Se doch eenfach in Pension, da können Se noch Reisen machen, bevor det Jepäck leichter is als Ihre Medikamente!“

⌘

Eine Verkehrskontrolle hält einen Schlangenlinien fahrenden Autofahrer an. „Ham Se etwa wat jetrunken?“ – „Icke, nee!“ – „Würdn Se sich eener Probe unterziehn?“ – „Det uff jeden Fall, Herr Wachtmeesta, in welche Pinte jehn wa denn zuerst?“

⌘

Ein Hobbybastler hat sein Motorrad so auseinandergebaut, daß man es kaum noch als ein solches identifizieren kann. Da kommt ein Passant, schaut sich das Treiben einige Zeit kopfschüttelnd an und fragt schließlich: „Hörn Se, kann man mit die Maschine ooch ausländischen Rundfunk hörn?“

⌘

Ein Herr wird auf der Straße angesprochen. „Entschuldigen Sie bitte, Sie haben einen wunderschönen Mantel an, aber völlig verschlissene Hosen. Warum haben Sie nicht gleich die passende Hose dazu gekauft?“ – „Jekooft? Icke? Nee, koofen is nich, oda kennen Se mir saren, wie man ne Hose in een Restaurant klemmen kann!“

⌘

„Herr Ober, wäre es eventuell möglich, mir das Essen zu bringen, das die nette Dame hinten in der Ecke zu sich nimmt?“ – „Also, det is zwar hia nich üblich, aba ick kann se ja ma fraren!“

⌘

Ein Tischnachbar wundert sich: „Warum machen Se eijentlich immer die Oogen zu, wenn Se wat trinken?“ – „Ick darf et nich anders, der Dokta hat ma verboten, zu tief int Jlas zu kieken!“

⌘

Sommerschlußverkauf in Berlin. Tausende drängeln sich um die Wühltische. Frau Hauke hat sich auch einen günstigen Platz bei den Hüten ergattert und geht nach einiger Zeit mit ihrem Schnäppchen zur Kasse. Die Kassiererin fragt: „Soll ick Se den Hut einpacken?“ – „Nee, lassen Se ma, den behalte ick uff!“ – „Aba hatten Se nich een alten Hut bei sich?“ – „Det schon, aba den haben Se eben vakooft!“

⌘

Herr Zwiesel hat Verwandtschaft im Hause. Die halbe Familie hat sich in Berlin zur Verhüllung des Reichstages angekündigt. Sein Bruder macht es sich gerade im Sessel mit der Tageszeitung bequem, als der Hund zu ihm läuft und die Zeitung nicht mehr aus den Augen läßt. Schließlich gibt der Bruder nach und steckt dem Hund die Zeitung ins Maul. Daraufhin sagt Herr Zwiesel: „Det is doch'n oller Anjeber! Lesen kanna nich, der kiekt sich imma nur die Bilder an!"

⌘

Wieder sind zwei Geisteskranke aus der Nervenheilanstalt entflohen. Am Straßenrand finden sie ein altes Lenkrad und düsen damit zu einer Tankstelle. Der Tankwart schüttelt nur den Kopf. „Ick gloob, bei euch is ne Schraube locka!" Erwidert der eine Irre: „Sehn Se, kaum is ma mit sein neuet Auto unterwechs, jibt et schon Reparaturen!"

⌘

Drei Angeklagte müssen vor Gericht. Nachdem die Personalien aufgenommen wurden, sagt der Richter zum ersten Angeklagten: „Nu, vaklickern Se uns ma, wat Se vabrochen ham." – „Ick hab eijentlich nur eene Flasche in de Havel jeschmissen!" – „Det is ja keen Vabrechen, Se können jehn!" Er fragt das gleiche den zweiten Angeklagten. Der antwortet: „Ick hab ma nischt zuschulden kommen lassen! Ick hab meenem Vorjänger nur bei det Werfen jeholfen!" – „Hmm, det is ooch keen Vabrechen, Se können ooch jehn!" Der dritte antwortet aber: „Seien Se ma nich böse, Herr Richta, det ick noch nischt hab jesacht, aba ick bin die Flasche!"

⌘

Der Ehemann kann es noch nicht glauben, seine Gattin versucht eine Diät. „Memselken, meenste det richtich ernst mit de Schlankheitskur?" – „Aba ja doch, ick lese ja nich ma det Fettjedruckte in de Zeitung!"

„Det is scheen mit die Hochzeit. Weeß der Jatte denn, det det Paula 'n Klumpfuß hat?" – „Nee, eene Überraschung ham wa uns für nach de Hochzeit uffjehoben!"

⌘

Große Parade an der Glienicker Brücke. Ein Auto nähert sich und wird mitten auf der Brücke von Polizisten gestoppt. „Se sind een Jlückspilz! Se sind der hunderttausendste Benutzer dieser Brücke." – „Hab ick denn wat davon?" – „Se kriejen vom Senat zehntausend Mark!" – „Au prima, denn kann ick endlich meen Führerschein zu Ende machen!" Da sagt die Beifahrerin: „Klaus, du redest aba imma 'n Stuß, wenn de jetrunken has!" Vom Rücksitz hört der Polizist: „Det hab ick euch jleich jesacht, det wa mit det jeklaute Auto nich weit kommen!"

⌘

Familie Schabinski verbringt den Sonntag auf einem Ausflugsdampfer. Während die Frau Uferlandschaften an sich vorüberziehen läßt, zieht der Herr es vor, unter Deck ein Nickerchen zu machen. Plötzlich kommt Frau Schabinski aufgeregt zu ihrem Mann und brüllt: „Det Schiff, det Schiff sinkt!" Herr Schabinski antwortet gelassen im Halbschlaf: „Wat machste denn sonne Panik, is det etwa dein Schiff?"

⌘

Ein Berliner Geschäftsmann hat in Rostock einen komplizierten Unfall verursacht und läßt sich dort von einem Anwalt vertreten. Dieser boxt ihn heraus und telegraphiert triumphierend nach Berlin: „Die Gerechtigkeit hat gesiegt!" Sofort kommt die Antwort: „Bitte schön, Herr Anwalt, lejen Se sofort Berufung ein!"

⌘

Den Kellnern fällt schon seit einiger Zeit ein Gast auf, der schlecht gekleidet ist, sich aber nur die besten und teuersten Gerichte bestellt. Als der Ober ihm noch eine Flasche Champagner vorbeibringt, fragt der Gast: „Wat machen Se mit Jästen, die keen Jeld nich ham?“ – „Denen verhelfen wir mit einem Fußtritt vor die Tür!“ Da steht der Gast langsam auf, dreht sich zur Tür und bückt sich. „So, Herr Ober, ick möcht zahln!“

⌘

Eine Frau kommt zum berühmtesten Ernährungsspezialisten der Stadt. „Aber Frau Weigant“, sagt der Arzt, „Sie sehen gar nicht glücklich aus. Schmecken Ihnen etwa meine verordneten Speisen nicht?“ – „Ach Herr Dokta, det is ne Numma! Die Diät schlägt so uffs Jemüt, det ick noch nich ma Lust hab, die Sachen zu essn, die Se ma vaboten ham!“

⌘

Eine stolze Hundebesitzerin wird auf der Straße angesprochen: „Det is aba een jroßer Pekinese!“ – „Den hab ick in Peking jünstich jekooft!“ – „Is det nich zu teua? Den hätten Se doch ooch hier können koofen.“ – „Ick hab eenfach hier in Berlin keenen Parkplatz nich jefunden!“

⌘

Frau Kuritschek beschwert sich bei dem Vermieter über ihre neue Wohnung im Hansaviertel. „Im Altbau war vielet bessa, da haben wenichstens die Nachbarn nich haben weinen müssen, wenn ick inne Küche meene Zwiebeln hab jeschält!“

⌘

Wieder geht ein Organist der Friedenauer Gemeinde in den Ruhestand. Ein alter ehrenamtlicher Mitarbeiter hält die Laudatio: „... un deswejen is et schade, dat Se jehn müssen!“ Der Organist ruft dazwischen: „Se werden schon een neuen un besseren finden!" Der Redner antwortet spontan: „Nee, det jloob ick nu nich. Bisher war jeda Orjanist dümmer als der andre!"

⌘

Ein Lehrer wird abends angerufen. „Meen Junge kann morjen nich zu Schule jehn, der is krank." Der Lehrer fragt nach: „Mit wem hab ich denn die Ehre?" – „Mit meenen Vata!" antwortet die Stimme.

⌘

Erntedankfest in Kladow. Die Leute kommen völlig übermüdet zum Sonntagsgottesdienst in die Kirche. Der Pfarrer hält zwar eine temperamentvolle und mitreißende Predigt, aber einige schlafen doch fest ein. Die Konfirmanden jedoch schwätzen hörbar laut. Da unterbricht der Pfarrer die Predigt und richtet seine Worte an die Jugendlichen: „Könnt ihr nich leise reden, hier wolln einje Leute schlafen!"

⌘

In Tiergarten irrt ein Tourist orientierungslos herum. Endlich trifft er auf einen Polizisten. „Entschuldigen Sie bitte, wie kommt man zum Philharmonischen Orchester?" – „Det is nich eenfach", sagt der Polizist, „imma fleißich üben!"

⌘

Eine ältere Dame betritt eine völlig überfüllte U-Bahn. Niemand will ihr einen Platz anbieten. Da geht sie zu einem sitzenden Fahrgast hin und fragt: „Entschuldijen Se, meen Herr, kann ick Se vielleicht meen Stehplatz anbieten!"

⌘

In Berlin soll eine Statue auf dem Böhmischen Platz eingeweiht werden. Die Meinungen über das Kunstwerk gehen weit auseinander, da es sich um eine unbekleidete Frau handelt. Die Leute im Kiez kennen nur das eine Gesprächsthema. Im Supermarkt treffen sich zwei Berlinerinnen. „Det is wirklich eene Schande is det mit de Statue! Det is wirklich nich jut für den Kiez!" – „Da muß ick Se beipflichten, Frau Heschke, der Senat hätte warten können, bis de Kinda sin erwachsen!"

⌘

Ein ausgebuffter Berliner verlangt in einer Bäckerei zwanzig Schrippen. „Det macht fünffuffzich, meen Herr!" sagt die Verkäuferin. „Det kann nich sein, ick hab schon bezahlt!" – „Da würd ick ma aba dran erinnern, Sie!" Da zückt der Berliner seine leere Geldbörse, läßt die Verkäuferin einen Blick hineinwerfen und behauptet: „Sehn Se, da is keen Jeld nich drin, also hab ick bezahlt!"

⌘

Herr Beelitz wird vom Arzt untersucht. Nun läßt er die Frau seines Patienten zu sich rufen und sagt zu ihr: „Das kann ich nicht verstehen, Sie hatten mir doch geschrieben, daß Ihr Mann einen Schlag bekommen hätte – er leidet aber an Rheumatismus!" – „Det war ma schon bewußt, Herr Dokta, aba ick konnte eenfach det Wort nich schreibn!"

⌘

Herr Graschke kann nicht mehr so gut sehen wie früher. Folglich geht er das erstemal zu einem Arzt, um sich durchchecken zu lassen. Der Arzt möchte Herrn Graschke gründlich untersuchen und verlangt von ihm, daß er sich ausziehen möge. Der Patient schaut etwas erstaunt, zieht sich aber nicht aus. Der Doktor wird nun forscher: „Ich möchte gerne, daß Sie sich entkleiden!" Herr Graschke geht einen Schritt vor und sagt zu dem verblüfften Arzt: „Mir ausziehn? Aba Herr Dokta, wo meenen Se denn hab ick meene Oogen!"

Zwei Berliner sitzen sich im Zugabteil gegenüber. Sagt der eine verwundert: „Fährt der Zug etwa schon?“ – „Nee“, sagt der andere, „bei de Reichsbahn schieben se imma ersma die Bahnhöfe wech!“

⌘

Premiere im Kino Zoo Palast. Ein Zuschauer möchte gerne noch eine Karte für den neuen Film erwerben. „Det tut mir leid, aba det Filmtheata is bis uff den letzten Platz ausvakooft!“ – „Na denn jeben Se ma doch den letzten Platz!“

⌘

Herr Plum möchte den alten Flügelbenz seiner Freundin Barbara aus der Werkstatt holen. Der Werkstattleiter klärt ihn auf: „... und wa haben Se noch vier neue Kerzen injebaut!“ – „Det is aba freundlich, Meesta, meene Barbara steht imma uff Adventskränze!“

⌘

Herr und Frau König kommen aus dem verdienten Urlaub zurück. Sofort erkundigen sich die Freunde nach der Reise. „Na, wie war et denn in de Schweiz?“ – „Det war ne mitteljroße Katastrophe! Wa hatten det Zimma hundert, un die Eens is abjefalln!“

⌘

Der Oberkellner beobachtet, wie ein Gast mächtig mit seinem Steak zu kämpfen hat. Vorsorglich erkundigt er sich: „Entschuldigen Sie, mein Herr, gibt es etwas am Essen auszusetzen?“ – „Na, ick werd jleich süß, det Fleesch is zäh wie eene Schuhsohle. Ick möchte det zurückjeben!“ Der Kellner antwortet dem Gast: „Det jeht ja nu nich, Se sehn doch, dat Se det Fleesch schon vabogen ham!“

Der Optiker rät seinem Kunden: „Beim Autofahren müssen Sie aber stets die Brille aufsetzen, da Sie kurzsichtig sind." – „Also ick fahr lieba ohne die Jläser, da fühl ick ma viel sichara!" – „Aber wieso das denn?" – „Wissen Se, wenn ick die Jläser uffsetze, dann stören ma die janzen Autos uff der Straße!"

⌘

Bei der Musterung in Treptow werden die Soldaten mehr oder weniger gründlich vom Arzt untersucht. Auch Jenz hat es erwischt. Der Stabsarzt fragt ihn: „Haben Se irjendwelche Beschwerden?" – „Nee, nur meen Mittelfinga is seit einijer Zeit janz steif!" – „So, wie war denn der Finga früha?" Da macht Jenz den Finger krumm und sagt: „So unjefähr, Herr Dokta!"

⌘

Karl fährt ziemlich forsch Taxi. Ein Kunde beschwert sich deshalb. „Müssn Se denn imma knapp bei Rot über die Ampeln fahrn?" – „Aba det tu ick doch nur Ihnen zuliebe, det spart pro Ampel drei Minuten!" Da sagt der Kunde trocken: „Ick weeß jar nich, wat ick mit de Jesparten anfangen soll!"

⌘

Ein Exboxer wird auf der Straße angesprochen: „Na, oller Kasten, kannste ma vielleicht saren, wie ick int Steglitzer Krankenhaus komm?" – „Det ist keen Problem, schneller als de kieken kanns, du brauchs mir nur nochma ‚Oller' zu nennen!"

⌘

Im Religionsunterricht werden die Schüler gefragt: „Wer war der erste Mensch?" „Adam!" ertönt es wie aus der Pistole geschossen. „Gut, aber wer war die erste Frau?" „Seine Mutta, Herr Lehra!"

Zur Zeit der Wende zeichnete sich ein bekannter Berliner Politiker durch sehr spärlichen Haarwuchs aus. Als er einmal mit seinen politischen Gegnern in einem Café saß, strich ihm einer über die Glatze und sagte: „Det fühlt sich an, wie der Po von deine Frau!“ Er streichelt sich ebenfalls über seine Kopfhaut und sagt: „Det is zwar schon wat her, aba et könnt schon sein!“

⌘

Ein versnobter adeliger Neuberliner prahlt bei Tisch mit seinen Vorfahren. Da unterbricht ihn ein Gast sichtlich angenervt: „Mich erinnern Se an eene Kartoffel!“ – „Wieso denn das?“ – „Bei die Kartoffeln is det Beste imma unter de Erde!“

⌘

Es klingelt. Frau Pan macht die Tür auf. Da steht ein gutgekleideter Herr vor ihr. „Hätten Sie eventuell eine kleine Spende für das Alkoholikerheim in Neukölln?“ – „Aba sicha“, antwortet Frau Pan und ruft ihren Mann.

⌘

Ein Pfarrer durchstreift seine Gemeinde. Da sieht er zwei spielende Gören. „Was spielt ihr denn da Schönes?“ – „Wa spieln, wer de jrößte Lüje erzählen kann, der kann sich ’n Eis koofen!“ – „Das ist aber ein unschönes Spiel. Ich habe in meinem Leben noch nie gelogen!“ Da gibt das eine Kind dem Pfarrer vier Groschen und sagt: „Da hamwa beede Pech jehabt!“

⌘

In einer Zoohandlung erkundigt sich ein Mann nach einem Papagei. Er zeigt auf ein Tier und fragt: „Wat solln det Tier kosten?“ – „Eintausnd Mark! Aba dafür kann et ooch sprechen un singen!“ – „Hmm, un det Tier daneben?“ – „Det kostet zweetausend Mark! Aba dafür spricht et in zwee Sprachen!“ Und schließlich erkundigt er sich nach dem dritten Tier. „Det Tier is unverkäuflich. Der übersetzt die anderen!"

⌘

Fragt ein Ostberliner den anderen: „Wat meenste, wat passiert, wenn der Fernsehturm umfällt?" – „Denn jibt et een jroßen Knall!" – „Falsch, denn kannste mit 'm Aufzuch nach Westberlin fahren!"

⌘

Ein Kellner zum Gast: „Entschuldijen Se, meen Herr, aba Ihr Jlas is leer. Soll ick Ihnen noch eens bringen?" Da antwortet der Gast: „Se sehn doch, det meen Jlas leer is, wat soll ick denn denn mit zwee leere Gläser!"

⌘

„Na, Frau Gorski, wat halten Se denn von den neuen Sexshop in unserer Straße?" – „Ick find den uninteressant, ick koof lieba weiter bei Bolle meene Lebensmittel!"

⌘

Eine Straßenbahn in Pankow wird von einem Polizisten angehalten. Der Fahrer springt wütend aus dem Zug. „Ick kann 't eenfach nich jlooben. Wia solln imma pünktlich sein, un nu halten Se mich an. Sin Se meschugge, oda wat?" Der Polizist macht ein dummes Gesicht und entgegnet: „Det is Beamtenbeleidijung! Jeben Se ma Ihre Papiere, un fahren Se rechts ran!"

⌘

Die Lehrerin überprüft, was die Kinder denn schon alles können, und fragt: „Kann einer von euch schon lesen?" Da melden sich zwei Kinder. „Aha, was steht denn bei euch an der Haustür,

Emil?“ – „Hölzig, Frau Lehrerin!“ – „Fein! Und was steht bei dir auf dem Zahnbecher Klaus?“ Nach längerem Zögern kommt endlich die Antwort: „Det is Eijentum der Stadt Dresden!“

⌘

Ein Postbeamter traut seinen Augen nicht, als er einen Brief mit der Bemerkung liest: „Der Empfänger is leider jestorben, aba wohin, det weeß ick nich!“

⌘

Frau Weigant schüttet bei ihrer Arbeitskollegin das Herz aus: „Det Leben macht ma keen Spaß. Allet, wat Spaß macht, is vaboten oda unmoralisch, oda et macht dick!“

⌘

Der Berufsberater fragt nach dem Lebenslauf eines jungen Mannes. Der gibt auch bereitwillig Auskunft: „Na, ick bin in Leipzich jeboren und in Berlin zur Penne jegangen!“ – „Aber warum haste denn keen Abschluß nich jemacht?“ – „Ick hab so oft jefehlt!“ – „Und warum?“ – „Wissen Se, bei dem Schulwech!“

⌘

In der Zeichenstunde sollen die Schüler das Haus malen, in dem sie wohnen. Der Lehrer geht durch die Reihen, bleibt beim Maxe stehen und bemerkt: „Das Haus ist sehr schön, Maxe, aber der grüne Rauch aus dem Kamin ist doch geschwindelt.“ – „Nee, Herr Lehra, Mutta hat jestern Spinat jekocht!“

⌘

Der große Unterschied zwischen London und Berlin liegt darin, daß es in Berlin so gut wie keinen Nebel gibt. Wenn es aber mal „nebelt“, dann spielen die Autofahrer verrückt. Mitten in einer solchen Suppenküche hängt sich ein Autofahrer an die Schlußlichter seines Vorderwagens. Plötzlich bremst dieser, sein Hintermann fährt mit einem großen Knall auf. „Wat bremsen Se denn so bleed?!" – „Entschuldijen Se, wat suchen Se in meener Jarage?"

⌘

Der hohe geistliche Besuch aus Rom läßt sich den Osten der Stadt zeigen. Neben der Besichtigung der Hedwigs-Kathedrale steht auch ein Besuch des Berliner Doms auf dem Programm. Beeindruckt geht der Besucher aus dem Dom und schaut zum Palast der Republik. Ehrfürchtig betrachtet er das Gebäude und sagt: „Einen schönen Dom habt ihr und das passende Pfarrhaus dazu!"

⌘

In der Grundschule am Hansaplatz sollen Kinderlieder eingeübt werden. Der Lehrer macht daraus ein lustiges Spiel, gibt Worte vor, und die Kinder müssen dazu ein passendes Lied herausfinden. „Mond! Na, Fritze, kennst du nicht ein Lied, in dem der Mond vorkommt?" – „Doch, der Mond is uffjejangen!" – „Schön! Entchen?" – „Alle meene Entchen, Herr Lehra!" – „Sehr gut, Lars. Schaf?" Es meldet sich längere Zeit kein Schüler. Doch da meldet sich Hannes: „Mit de Schafe is seit der Wende nischt. Papa hat jesacht, det se ihre Schäfchen int trockene jetan ham müssen!"

⌘

Ein Berliner fährt mit seiner Gattin Fahrrad. Auf einem Feld sieht er, wie eine Frau sich ständig nach etwas bückt. Interessiert steigt er vom Fahrrad und spricht sie an: „Entschuldijen Se, wat heben Se denn die janze Zeet uff?" – „Ick sammle die Pferdeäppel auf, damit ick se dann uff de Erdbeeren lejen kann!" Der Berliner geht wieder zu seiner Gattin und sagt: „Siehste, et muß nich imma Sahne sein!"

Die neue Apotheke im Kiez hat die modernste Personenwaage der Stadt. Alles wird von einer digitalen Stimme beantwortet. Da steigt eine korpulente Dame auf die Waage. Nach einiger Zeit ertönt die krächzende Stimme: „Keene Jewichtsangabe! Die Waage is nur für eene Person zujelassen!“

⌘

Herr Fliege macht mit ein paar Freunden eine Dampferfahrt von Wannsee nach Tegel. Seine Frau hat ihm neben Butterstullen auch eine Flasche Bier eingepackt, jedoch mit dem Hinweis, sie bitte erst in Tegel zu trinken. Schon hinter Spandau treibt ihn der Durst, und er holt die Flasche aus dem Korb. Überrascht liest er auf der Flasche: „Det hab ick mir jleich jedacht, det de nich bis Tejel warten kanns!“

⌘

Aufgeregt ruft Kurt den Gustav an: „Justav, haste schon jehört?“ – „Wat denn?“ – „Det Jeld soll jetzt janz abjeschafft werden! Ick hab heute morjen noch jemanden jesprochen, der keens mehr hatte!“

⌘

In einer einfachen Imbißstube beobachten zwei Stammgäste, wie ein Sachse versucht, sich die Pommes frites nachzusalzen. Er hat so seine Schwierigkeiten, denn der Salzstreuer ist verstopft. Endlich nimmt er einen Zahnstocher und piekst sich die Löcher frei. Da sagt der eine Stammgast zum anderen: „Die Sachsen hab ick ja noch nie haben richtig vastehn kennen, aba technisch bejabt sin se!“

⌘

Kommt eine Kundin an die Fleischtheke. „Ick hätte jern vier Pfund Hackepeter!“ Da sagt die Verkäuferin: „Det heeßt neuerdings Kilo!" – „Hmm", sagt die überraschte Kundin, „denn jeben Se ma eben vier Pfund Kilo!"

⌘

Erster Schultag. Manche Schüler sind verschüchtert, andere wiederum strotzen schon sehr vor Selbstbewußtsein. Der kleine Siegfried kommt in die Klasse und schmeißt seine Schultasche mit einem kräftigen Ruck auf sein Pult. Der Lehrer läßt sich das nicht gefallen, geht zum kleinen Siegfried und rüffelt: „Die Tasche mußt du aber unter dein Pult legen!" Klein Siegfried steht auf, stellt sich vor den Lehrer und erwidert: „Rejeln kenn ick von Hause aus nich – die Tasche bleibt da, wo se is!"

⌘

Kurz vor Ladenschluß betritt ein Kunde den Gemüseladen. „Entschuldijen Se, aba heute morjen ham Se ma, als ick det Jemiese jekooft hab, falschet Wechseljeld jejeben!" – „Tut mir leid, aber spätere Beanstandungen können wir leider nicht akzeptieren!" – „Det wollt ick ja nu wissen, denn behalt ick de Zehne, de Se ma zuville jejeben haben!"

⌘

In einem alten Hotel beschwert sich ein Gast: „Hörn Se, det jeht ma eindeutich zu weit, ick hab ja schon viel in der Welt jesehn, aba sowat. Ick hab Wanzen in meen Zimmer!" Der Pförtner entgegnet: „Wat wolln Se eijentlich, für die paar Piepen könn Se nich een janzen Zoo verlangen!"

⌘

Pauline erzählt stolz der Mutter ihrer Freundin: „Wia haben jestern 'n jant drollijen kleen' Pudel jekricht." Die Mutter fragt: „Dann werdet ihr den doch sicher selber großziehen, oder?" – „Nee, det könn mia nich, der wird von alleene jroß!"

Eine große Sopranistin begibt sich in die Obhut eines Zahnarztes. Nach der Behandlung findet der Doktor lobende Worte: „Also, ich bin begeistert! Trotz der starken Schmerzen haben Sie keinen Mucks von sich gegeben!“ – „Det is doch klar“, sagt die Sängerin, „keen Jeld, keene Töne!“

⌘

Herr Liefermann kommt mit einem gigantisch großen Hund zum Hundepsychologen. „Herr Psiecholore, mit det Tier is et ’n Kreuz! Der läuft imma hinter die kleenen Autos her!“ – „Aber das machen doch alle Hunde liebend gerne.“ – „Det weeß ick ja, aba meen Benno holt imma die Fahrer raus und verbuddelt se ma in meen Jarten!“

⌘

Ein Berliner ist in Görlitz auf Geschäftsreise. Er quartiert sich in einem Gasthof ein. Weit weg von der Hauptstadt kommt ihm doch alles recht provinzlerisch vor. Als er das Licht zur Nachtruhe ausschaltet, hört er jemanden panisch auf der Straße rufen: „Feuer! Feuer!“ Da springt der Geschäftsmann aus dem Bett, macht das Fenster auf, wirft ein Feuerzeug raus, legt sich wieder schlafen und denkt sich ziemlich erstaunt: „Det sind Sitten hier!“

⌘

Opas Ohren sind schon sehr schwach, er ist fast taub. Seine Frau geht mit ihm den kleinen Weg an der S-Bahn entlang, als eine Bahn mit ohrenbetäubendem Lärm vorbeifährt. Da freut sich der Opa: „Det sin die ersten Vöjel, die ick in diesem Frühjahr jehört hab!“

⌘

Nach den Weihnachtsferien werden die Schüler gefragt, welche Geschenke sie denn zu Weihnachten erhalten haben. Da meldet sich Lutz: „Ick hab eene Schleuder, een Fußball, een Luftjewehr un Pfeile jeschenkt bekommen!" – „Das sind aber reichlich ungewöhnliche Geschenke für einen kleinen Jungen." – „Nee, meen Vata is Jlaser!"

⌘

Ein Tourist geht in einen Berliner Frisiersalon, um sich aufmöbeln zu lassen. Da nimmt der Friseur eine Schale, spuckt hinein und bereitet den Rasierschaum vor. Der Fremde ist empört: „Machen Sie das immer so?" – „Nee, nur bei die Touris! Neuköllnern spuck ick direkt int Jesicht!"

⌘

Ein Arbeiter sitzt vor dem Neptunbrunnen auf einer Bank und liest Zeitung. Da kommt ein Kollege und erkundigt sich: „Hör ma, Kalle, lieste den ‚Vorwärts'?" – „Wat gloobst de denn, dat ick rückwärts lese?"

⌘

Eine alte Dame beschwert sich beim Bäcker ums Eck: „In de Schrippen war ne Flieje drin! Jeben Se ma eene neue Schrippe!" Da bedauert der Bäcker: „Det machen wa jrundsätzlich nich!" – „Denn jeben Se ma wenichstens statt der Flieje ne Rosine!"

⌘

Erna weigert sich mit Händen und Füßen, in die Schule zu gehen. Die Mutter schimpft sie fürchterlich aus. Klein-Erna: „Wat soll ick denn in der Schule, lesen kann ick ja sowieso nich!"

⌘

Frau Hilske geht mit ihren kleinen Zwillingen in der Hasenheide spazieren. Da begegnet ihr eine Nachbarin, die einen Blick in den

Kinderwagen wirft: „Die Zwillinge kann man jar nich auseinanderhalten, oda?“ – „Det is nu keen Problem mehr, seitdem det eene den Blinddarm rausjekricht hat!“

⌘

Toni möchte sich einen Jugendtraum erfüllen und geht in eine Zoohandlung, um sich einen kleinen Hund zu kaufen. Die Auswahl ist recht groß. Schließlich entscheidet er sich für einen kleinen Pudel. Toni erkundigt sich beim Verkäufer: „Is dieser Hund ooch treue?“ – „Det kann ick nu behaupten“, antwortet der Verkäufer, „treuer wie Jold. Ick hab die Töle schon sechsma vakooft, und jedetma issa wiedajekomm!“

⌘

Zwei Freunde unterhalten sich auf einer Parkbank. „Weeßte, Armin, ick hab mir von meene Ollen scheiden lassen! Det war teurer als die Hochzeet!“ – „Na, beschwer dir ma nich, dafür haste ooch viel länger wat davon!“

⌘

Ein Student fragt im Seminar den Physikprofessor: „Können Se ma den Unterschied zwischen konvex un konkret erklären?“ Der Professor überlegt kurze Zeit und antwortet: „Det is der jleiche Unterschied wie zwischen Justav und Jasthof!“

⌘

Jörki muß in der Jugendstrafanstalt drei Jahre wegen Autodiebstahl einsitzen. Es besucht ihn der Bewährungshelfer und redet ihm gut zu. „Und wenn der Richter dich dann vorzeitig entläßt, werde ich dir draußen helfen.“ Da sagt Jörki: „Det stellen Se sich ma nich so eenfach vor, det mit de Knackerei is nämlich eene janz komplizierte Jeschichte!“

Stolz kehrt Frau Johnen von den Bahamas zurück. Beim Kaffeekränzchen erzählt sie: „... un et scheint det Jahr ieber dreihundertundfünfundsechzig Tare die Sonne, un det is nur jrob jeschätzt!“

⌘

Ein Kavalier fragt die nette Dame: „Darf ick Ihnen in den Mantel helfen, gnä’ Frau?“ – „Ick hab nischt dajejen, aba et könnt Ärjer jeben!“ – „Ärger? Wieso’n dette?“ – „Det is nich meen Mantel!“

⌘

Die Polizistin Nicola beobachtet seit längerer Zeit einen Verdächtigen. Schließlich spricht sie ihn an: „Ick hab Se schon die janze Zeit in Vadacht, det Se den Waren jestohlen habn!“ – „Det wolln Se doch von mir nich jlooben, Frau Wachtmeesta. Aba bitte, durchsuchen Se mich!“

⌘

„Was macht ein guter Soldat, wenn der Feind näher rückt und er hört: ‚Freiwillige vor’?“ Rekrut Knut sofort: „Denn mach ick Platz für die Freiwillijen!“

⌘

Eine Frau wird gefragt, ob es nicht langweilig sei, mit einem Archäologen verheiratet zu sein. Darauf die Frau: „Ick jloob, det wird zumindest wenn ick älter werde intressanta!“

⌘

Der Restaurantbesitzer wird gefragt: „Entschuldijen Se, kann man bei Ihnen vernümpftich essen?“ – „Det müssen Se sojar, sonst fliejen Se raus!“

Der Chef wundert sich: „Warum kommen Se denn heute schon so früh int Büro?“ – „Meen Auto is nich anjesprungen, so mußte ick heute zu Fuß jehn!“

⌘

Wegen Depressionen kommt ein Mann zum Psychiater. Der Arzt fragt den Patienten: „Können Sie denn wenigstens gut schlafen?“ – „Heeren Se uff Herr Dokta, abends schlaf ick imma früh ein, aba dafür wach ick morjens spät uff, un während det Dares lieje ick imma wach!“

⌘

Franz, Klemenz und Hannes erlauben sich einen Gag und versuchen, zu dritt auf dem Mofa zu fahren. Dummerweise sieht das ein Polizist. Der hebt den Arm, um dem Treiben ein Ende zu bereiten. Da sagt Hannes: „Det tut uns furchbar leid, Herr Schutzmann, aba wa können keenen mehr mitnehmen!“

⌘

Zwei Jäger gehen im Grunewald jagen. Der eine schießt auf einen Hasen, der aber sitzen bleibt. Da blödelt der andere: „Komm, Bolle, schieß nochma, ick jloob, der hat den Schuß nich jehört!“

⌘

Im Biologieunterricht behauptet der Lehrer, die Menschen stammten vom Affen ab, und fragt, wer sonst noch der Meinung sei. Da meldet sich Makke: „Det kann ick doch nich saren, ick kenn doch Ihre Vorfahren nich!“

⌘

Bruder und Schwester plaudern über das Heiraten. Da sagt der Bruder: „Ick werde nur ne Frau heiraten, die ooch Humor hat!“ Es ergänzt die Schwester: „Den wird se ooch müssen brauchen!“

Der progressive Religionslehrer erklärt den Schülern: „Es ist doch interessant, daß die Verkündigung der Frohen Botschaft zuerst den Frauen zuteil wurde, oder?“ Da meldet sich Phillip: „Det is doch loorisch, der Jesus wollte halt, det et sich möchlichst schnell rumspricht!“

⌘

Katharina fragt ihren Gatten: „Hör ma, wat machste eijentlich den janzen Dach im Büro?“ – „Nischt!“ – „Und woran merkse, wenn de fertich bis?“

⌘

„Mensch Hugo, warum jehtet dir denn so hundsmiserabel?“ – „Ick hab zu oft uff det Wohl von die andern jetrunken!“

⌘

Im Landgericht wird dem Angeklagten eine Geldstrafe von vierhundert Mark auferlegt. Der Richter fragt ihn: „Wolln Se sich dazu noch äußern?“ – „Nee, Herr Richta, lieba nich, sons muß ick viertausend zahln!“

⌘

Heinz angelt ohne Angelschein in der Spree. „Das Angeln ohne Erlaubnis ist verboten! Det kost fuffzig Mark!“ rügt ihn ein Wasserschutzpolizist. „Aba ick angle doch nich, ick bade meenen Wurm!“ „Denn sind es zweehundert Mark! Nacktbaden in der Spree is vaboten!“

⌘

Der Chef erklärt dem Bewerber die Prinzipien der Firma. „Und wenn Sie immer pünktlich und fleißig sind, bekommen Sie auch pünktlich Ihr Gehalt.“ – „Ick wußte doch, det die Sache een Haken hat!“

In der Schule verfolgt Fritze schon eine ganze Zeit lang die Flugbahn einer Fliege, die durch das Klassenzimmer fliegt. Das macht die Lehrerin nervös: „Sach ma, haste noch nie ne Flije jesehn?“ – „Doch schon, aba in der Schule hab ick mehr Zeit, darüber nachzudenken!“

⌘

Ein Kölner Autofahrer beschwert sich bei einem Tankwart: „Berlin ist eine Reise wert? Das ist ja viel zu teuer! Bei uns kostet das Benzin dreißig Pfennige weniger!“ Da antwortet der Tankwart geschickt: „Denn tanken Se doch eenfach wieda in Köln!“

⌘

In der Fahrschule wird die Einbahnstraße besprochen. „Wer kann mir sagen, woran man eine Einbahnstraße erkennt?“ Fridolin weiß die Antwort: „Det merk ick daran, dat ick nur von hinten anjefahren werden kann!“

⌘

Großes Geschrei im Raucherzimmer. „Auweia, ick hab mir meene Zijarette falsch in den Mund jesteckt!“ – „Sei doch froh, Mensch, dat du et sofort jemerkt has!“

⌘

Zwei Rekruten der Bundeswehr müssen mit ihrem Fallschirm aus schwindelerregender Höhe über der Mark Brandenburg abspringen. Plötzlich ruft der eine panisch: „Kriste Motten?! Meen Fallschirm will sich nich öffnen! Hilfe!!“ Da ruft sein Kollege zurück: „Laß dir doch nich so jehn! Dir kann doch nischt passieren, det is doch nur ne Übung!“

Nu hebbt wi de Schiet! Du un dien döösbaddeligen Idee mit de Footbodenheizung

PLATTDEUTSCHE WITZE

In der vergangenen Nacht gab es ein heftiges Gewitter mit viel Regen. Am anderen Morgen lacht die Sonne wieder vom Himmel, und in den Rinnsteinen liegt eine Menge Schlamm und Schlick. Für die Jungs im Dorf ist es natürlich das reinste Vergnügen, und einige fangen an, im Schlamm zu wühlen und eine richtige kleine Stadt zu matschen. Die Kirche gelingt besonders gut. Da kommt ein Mann vorbei, sieht das bunte Treiben und sagt: „Dat hebbt ji ja man fein maakt, Jungens, nu fehlt bloots noch de Pastor för der Kark!“ „Den kleihn wi ook noch tosamen“, meint daraufhin einer der Jungs. „Wi hebbt ja noch Schiet noog!“

✾

Frau Kusenkellen unternimmt mit ihrem Hund Bubi einen sonntäglichen Nachmittagsspaziergang am Nord-Ostsee-Kanal. Anschließend trinkt sie noch eine Tasse Kaffee in einem Gartenrestaurant. Währenddessen läuft ihr kleiner Hund zwischen den anderen Tischen herum. An einem der Tische sitzt eine Frau, an deren Beinen Bubi auch ein wenig herumschnuppert. Da ruft sie zu Frau Kusenkellen herüber: „Leeve Fruu, nehmen Se doch Ehren Köter vun mi weg! Mi kröppt schoon een Floh lang de Waad!“ Da ruft Frau Kusenkellen: „Kümmst du foorts her, Bubi! De Daam daar hett Flöh!“

✾

Stefan lebt auf Sylt. Er ist ein frecher Junge, der den Touristen auch gerne mal einen Streich spielt und auch schon mal ein paar Kleinigkeiten mitgehen läßt. Dies kommt dem Pastor zu Ohren, und er besucht den Jungen zu Hause. Er fragt ihn: „Segg maal, Stefan, kennst du eegentlich dat söbente Gebot?“ „Ja, dat kenn ik“, nickt Stefan. „Dat heet: Sie sollen nicht stehlen!“ Der Pastor ist ein wenig ungehalten ob dieser frechen Antwort und sagt etwas lauter: „Nee, du Bengel, dat heet: Du sollst nicht stehlen!“ Da sagt Stefan: „Dat weet ik wull, Herr Pastor. Awers ik dörf doch nich Du to Se seggen!“

Der kleine Jan geht in das Milchgeschäft und verlangt für dreißig Pfennig Milch. Der Kaufmann sieht ihn ein wenig komisch an, gibt ihm dann jedoch das bißchen Milch. Aber als Jan so mir nichts dir nichts mit der Milch verschwinden will, wird der Kaufmann sauer und ruft dem Kleinen nach, daß er gefälligst bezahlen soll. Da dreht sich Jan in der Tür um und meint nur: „Um Klock fief kümmt mien Vadder vun sien Arbeid torüch, de kann den ganzen Schiet dann op een Maal betahlen!"

✽

Der kleine Axel kommt mit seinem Vater von einem Spaziergang wieder nach Hause. Kaum ist er im Haus, läuft er zu seiner Mutter und erzählt ihr mit stolzgeschwellter Brust: „Mudder, Mudder, hüüt bün ik mit Vadder to'n eersten Maal up'n Bahnhof ‚Für Herren' west!"

✽

Der alte Doktor Becker aus Glückstadt ist eine ehrliche Seele und auch ein wenig lausbübisch. Einmal wird er zu einem Bauern gerufen, dessen Köchin krank im Bett liegt. „Na, mien Deern", sagt der Doktor. „Wat fehlt di denn?" – „Ach, Herr Doktor, mi fehlt goor nix. Awers nu hebbt wi schoon dat Enn vun't September, un ik heff noch nich maal dat Geld för August kregen. Un nu bliff ik so lang in mien Bedd, bit ik wedder betahlt waard." – „Och, wenn dat so is, mien Deern, denn bliff man noch en beten liggen. Ik heff nämlich mien Reken vun 't letzte Johr ook noch nich betahlt kregen!"

✽

In Nortorf gibt es einen Kindergarten, der unmittelbar neben einem Friedhof liegt. Eines Tages wird dort ein sehr angesehener Bürger der Stadt mit großen Ehren zur letzten Ruhe gebettet. Als Höhepunkt werden zum Schluß der Trauerfeier drei Ehrensalven abgefeuert. Im benachbarten Kindergarten fragt daraufhin einer der Jungs etwas verwirrt die Kindergärtnerin: „Frollein Möller, Frollein Möller, worüm hebbt se de Mann denn up'n Karkhoff bröcht, wenn he noch nich richtig doot weer?"

✾

Fiete hat ein Problem: seine Schwiegermutter. Sie war von Anfang an gegen ihn, und immer wenn die beiden zusammentreffen, gibt es Zeter und Mordio. Vor kurzem war der Streit sogar so groß, daß er ihr einfach eine Ohrfeige gegeben hat. Seine Schwiegermutter hat sich das natürlich nicht gefallen lassen und ging vor Gericht. Nach einer kurzen Verhandlung wurde Fiete zu einer Geldstrafe von zweiundzwanzig Mark verurteilt. Am nächsten Abend unterhält sich Fiete noch mit seinem Freund Hinnerk bei einem Bier über diese unangenehme Sache. „Awers eens kann ik nu gaar nich verstahn. Worüm weer de Straaf utgereekent tweeuntwintig un nich wat Runnes as twintig oder fiefuntwintig Mark?" „Nu", sagt Hinnerk schmunzelnd, „ik glööv, de Straf för den Backs weer twintig Mark, un de twee Mark, dat ward wull de Vergnögungsstüer sien."

✾

Der Doktor sitzt in seiner Praxis am Schreibtisch mit dem Rücken zur Tür. Als es klopft, sagt er nur: „Jo, denn kamen Se maal rin!" Als sich die Tür öffnet, bleibt er sitzen, ohne sich umzudrehen, und sagt: „Eenen Ogenblick! Nehmen Se sik doch schoon maal eenen Stohl!" „Danke, Herr Doktor", sagt eine Frauenstimme. „Ich bin übrigens Frau Amtsrichter Kröger." „Wenn dat so is", meint der Doktor, „dann nehmen Se sik twee Stöhl!"

✾

Der Schulrat will die Schule in Gettorf besuchen. Unterwegs bleibt jedoch sein Auto stehen, und er fragt einen Jungen, der gerade vorbeikommt, wie weit denn das noch bis Gettorf ist. „Och, twee Kilometer", sagt der Junge. „Und die nächste Autowerkstatt?“ will der Schulrat wissen. „Bet daar sind dat dree!“ meint der Junge. Der Schulrat ärgert sich natürlich, macht dann die Motorhaube auf, schaut sich den Motor an, schüttelt den Kopf und macht sie wieder zu. „Was mache ich denn jetzt?“ fragt er hilfesuchend den Jungen. „Laat mi doch maal sehn!“ sagt der Kleine, und siehe da, keine zehn Minuten später hat er den Schaden behoben. „Du bist ja ein Teufelskerl!“ meint der Schulrat anerkennend. „Aber sag mal, warum bist du denn nicht in der Schule?“ „Tschä“, grinst der Junge. „Hüüt kümmt nämlich de Schoolrat to Visitatschoon, un darr hett uns Lehrer all de Dümmen schoolfrei gewen!“

✻

Kapitän Christiansen fährt schon seit vielen Jahren mit seiner Fähre von Dagebüll auf die Insel Föhr. Heute ist ein wunderschöner Sonntag, und er steht auf dem Achterdeck, raucht vergnügt seine Pfeife und unterhält sich mit einer hübschen jungen Frau. Plötzlich rennt ein Mann, der es offensichtlich ziemlich eilig hat, auf ihn zu und ruft: „Kapitän, zum Donnerwetter, wo sind denn hier die Toiletten?“ Der Kapitän nimmt langsam seine Pfeife aus dem Mund, grinst und sagt: „Gah man den Gang daar lang, letzte Döör up de linke Siet, daar steiht Gentlemen up, daar kannst du awers ook ringahn.“

✻

Im Religionsunterricht erzählt die Lehrerin den Kleinen etwas über Gebete an den lieben Gott: Morgengebete, Tischgebete und das Gebet vor dem Schlafengehen. „Tja“, meint sie, „und dann sitzt eure Mutter bei euch am Bett, und was erzählt sie euch da?“ Die Kleinen schweigen etwas schüchtern. „Na, sagt sie denn gar nichts zu euch?“ „Doch!“ meldet sich ein kleines Mädchen. „Se seggt: Gott Loff un Dank, dat du endlich in dien Bett büst!“

✻

Klein Jens ist ein schmächtiger und etwas kränklich aussehender

Junge aus dem Ostfriesischen. Nun ist er Donnerstag nicht zum Unterricht gekommen, und der Lehrer fragt ihn, wo er denn gewesen sei, da er auch von Jens’ Eltern keine Entschuldigung bekommen habe. „Güstern hebbt wi Kantüffeln graavt“, sagt Jens. „Daar büst du doch veel to swach to!“ erwidert der Lehrer überrascht. „Daar mutt ik maal mit dien Öllern snacken, dat se di nich so’n swore Arbeit doon laten.“ „Nee, nee, Herr Lehrer“, beruhigt Jens ihn. „Dat weer nich so slimm. Ik heff man bloots uppassen müßt, dat door man nich graad een Schandarm vörbilöppt.“

✾

Letzten Sonntag war der kleine Stefan mit seiner Familie auf Helgoland. Ein paar Tage später kommt seine Großmutter zu Besuch und will natürlich wissen, wie der Kurzurlaub war und ob er Spaß gehabt hat. „Oh ja“, schwärmt Stefan. „De Utflug weer bannig schöön!“ „Denn vertell doch maal!“ drängt seine Großmutter. „De Karin hett sik ehr ganzes Kleed an den Tacheldraht tweerierten, as se versöökt hett, vör den Bullen uttobüxen. Un Mudder, de hett sik bi’n Rast ornlich in’n groten Mieghamelhupen rinsett. Un Vadder is, as wi all up een Boomstamm öwer een Beek gahn sünd, in’t Water rinfullen un weer daarbi klitschnatt worrn. Ja, Oma, dat weer wunnerschön darr up Helgoland!“

✾

Der Lehrer fragt die Kinder, was denn wohl Autorität sei. Lange schweigen die Kinder, bis schließlich Rieke sich vorsichtig meldet. „Ik weet man bloots, woans man de Autorität verleeren kann!“ „Ja?“ ermutigt sie der Lehrer. „As ik nülich bi mien Oma to Besöök weer, hett se to mien Vadder seggt: Du muttst doch nich in dien Nachthemd vun de Slaapstuv na’n Kloo gahn, du verleerst ja dien Autorität!“

✾

Willi hat den großen Wunsch, am Ohnsorg-Theater in Hamburg mitzuspielen. Weil er ein netter, freundlicher Kerl ist, bekommt er zur Probe zunächst eine kleine Rolle in einem neuen Stück. Am Abend der Uraufführung sind natürlich auch Willis Verwandte, Freunde und seine Freundin Anna anwesend. Alle sitzen sie in der ersten Reihe und freuen sich auf Willis Auftritt. Nach der Vorstellung fragt er seine Freundin Anna: „Na, Anna, nun segg maal, wo hettst du mien Rull lieden mögen?“ „De heff ik leider nich hört“, sagt Anna. „In den Oogenblick harr ik graad pruschen möten.“

✾

Bei Bauer Hinrichsen gibt es am Sonntag Schweinskopf mit Grünkohl und Sirupkartoffeln. Als alle am Tisch sitzen, sagt der Bauer: „Bloots de kregen wat to eten, de sik ook en gooten Spruch infallen laten. To'n Bispill: Und er gab ihm einen Backenstreich!“ Damit schneidet sich der Bauer auch schon eine Backe ab. Da sagt der Großknecht: „Und er hieb ihm ein Ohr ab“, und da liegt es auch schon auf seinem Teller. Da sagt der Knecht schließlich: „Und sie sahen zu, wie er ihren Blicken entschwand“, und nimmt sich den ganzen Kopf.

✾

In der Religionsstunde erzählt der Lehrer seiner Klasse von Saul, der nirgendwo zu finden war, als er zum König gewählt wurde, weil er sich versteckt hatte. Der Lehrer will nun von seinen Schülern wissen, ob sie sich vorstellen können, warum er sich versteckt hatte. Keiner weiß eine Antwort. Da meldet sich der kleine Lausbub Hans und sagt: „Ik weet dat!“ Der Lehrer, ein wenig skeptisch, aber auch neugierig, meint: „Na Hans, was glaubst du?“ „Dat is ganz eenfach! Saul weer wull bang, dat he een utgewen mutt!“

✾

Wilhelm erzählt seinem Freund Christian: „Du Krischaan, güstern hett Fiete mi to'n Buddel Wien inlaad!“ „Wo kümmt he denn daarto?“ fragt Christian. „Eegentich wull he mi bloots anpumpen. He wull sik hunnert Mark vun mi lehnen." – „Un hest em dat Geld gewen, oder hest du em dat afslaan?" – „Ik heff em dat natürlich afslaan, awers man eerst na de drüdde Buddel!"

✾

Hans Hansens Frau ist krank. Hans will aber keinen Arzt holen, weil er nicht in der Krankenkasse ist. Kamillentee und kalte Umschläge werden es auch es auch tun, denkt er. Aber über Nacht verschlechtert sich ihr Zustand so, daß es Hans mit der Angst bekommt und am nächsten Tag schnell zum Arzt rennt. Sein Nachbar sieht ihn laufen und ruft ihm zu: „Wat hest du dat denn so ielig ?" „Ik mutt snell to'n Dokter. Mien Fruu gefallt mi gar nich!" „Un du glöövst, dat de helpen kann?" fragt der Nachbar. „Dat will ik doch meenen!" sagt Hans. „Denn loop ik mit!" sagt der Nachbar. „Mien Fruu gefallt mi nämlich al lang nich mehr!"

✾

Nach dem Unterricht nimmt der Lehrer den kleinen Uwe beseite und sagt: „Beim Lesen hast du aber noch ziemlich große Probleme, mein Junge. Als ich in deinem Alter war, konnte ich das schon viel besser." Da blickt ihn der Kleine mit großen Augen an und meint: „Denn hebben Se wull een beetern Lehrer hatt as ik."

✾

Hein muß wieder einmal seiner Frau beim Saubermachen helfen. Gern macht er das ja nicht, und meistens stellt er sich dabei auch ein bißchen schusselig an. Diesmal soll er den Wohnzimmerboden bohnern. Er fängt aber in den Ecken an und bohnert kräftig drauflos, bis nur noch in der Mitte der freie Fleck übrig ist, auf dem er steht. Weil er nicht weiß, was er machen soll, ruft er seine Frau um Hilfe. Die sieht sich das alles an, schüttelt den Kopf und meint nur: „Dat süht di wedder maal liek. Nu sittst du daar as so'n Sardin in Öl."

Berta fährt mit dem Zug nach Lübeck. Mit ihr im Abteil sitzt eine alte Dame. Und weil sie Berta etwas verlassen vorkommt, fängt sie ein Gespräch mit ihr an: „Na, wullen Se 'en beten Urlaub machen?“ fragt Berta. „Jo“, sagt die alte Dame. „Ik wüll na Lübeck, daar hebbt wi hüüt awend Klassentreffen.“ Berta ist ein wenig überrascht und fragt: „Ja, wo oold sünd Se denn?“ „Ik bün jüst negentig Johr!“ meint die alte Dame. „Gifft dat denn dann noch veel von Ehr'n Johrgang?“ will Berta wissen. „Nee, nich so richtig, de letzten Johr bün ik door jümmers alleen west!“

✾

Hedda unterhält sich mit ihrer besten Freundin Gerda. „Segg maal, Gerda, meenst du, dat, wenn ik maal heiraden do, dat ik denn ook een Mann glücklich maken kann?“ – „Oh ja, eenen gifft dat ganz bestimmt - dienen Vadder!“

✾

Helga lebt mit ihrem Mann Uwe in dem Dorf Schlotfeld bei Itzehoe. Nach all den Ehejahren hält sie ihn immer noch fest an der Leine, denn allzuoft spricht Uwe noch Bier und Korn zu. Nun muß Uwe wieder einmal wegen seiner Rente nach Itzehoe. Helga ermahnt ihn, ja nicht irgendwo einzukehren, wo er dann sitzen bleibt und seine Geschäfte vergißt. Sie sagt: „Ik geev di leewer en lütte Buddel mit, avers dat du mi de eerst in Itzehoe utdrinken deist!“ „Dat maak man!“ sagt Uwe und geht los. Nach einer Stunde macht er Pause, hat es aber noch ein gutes Stück bis Itzehoe. Das stört ihn jedoch überhaupt nicht. Er packt seine Flasche aus und greift nach dem Korken. Dort findet er einen Zettel, auf dem steht: „Is hier ook al Itzehoe?“

✾

Großmutter Behrens führt ein strenges Regiment. Einmal, als sie gerade beim Waschen ist, hört sie an der Hintertür ein Geräusch. Da nimmt sie die große Waschschüssel und gießt mit ordentlichem Schwung das Waschwasser durch die Tür ins Freie. Leider trifft sie genau den Postboten. Da sagt sie: „Ohauerha, entschülligen Se bitte, ik haar meent, dat weer mien Mann!“

✾

Seit mehr als zwanzig Jahren arbeitet Anna nun schon als Kindermädchen bei der Familie Möller. Eines Tages erzählt sie den Möllers, daß sie bald heiraten möchte. „Woans is he denn so?“ erkundigt sich Frau Möller. Anna berichtet, er sei Finanzbeamter und ein sehr netter Mensch. Doch leider spricht er nur hochdeutsch und Anna nur platt. „Daar maak di maal keen Kopptерbreken“, meint Frau Möller, „dat waart sik al torecht trecken!“ Anna möchte deshalb nur noch vormittags arbeiten, womit Familie Möller auch einverstanden ist. Ein Jahr lang geht alles gut, dann meint Anna eines Tages, daß sie ab nächster Woche nicht mehr kommen wird. „Un worüm nich?“ fragt Frau Möller etwas enttäuscht. „Mein Gemahl möchte dat nich mehr so gerne!“

✾

Am Sonntagmorgen besucht Hannes seinen Freund Jan, um ihn zu einem Frühschoppen mit Bier und Korn im Dorfkrug zu überreden. Er trifft ihn in der Küche, wo Jan gerade abwäscht. Hannes grinst und meint: „Minsch, Jan, dat waard mi jo im Droom nich infallen!“ Seufzend erwidert Jan: „Du hest man good smüüstern. Dat is mi je ook gor nich infullen. De Infall is vun mien Fruu!“

✾

Doktor Paulsen macht gerade Patientenbesuche auf dem Land, als ihm eine Kinderschar begegnet, die feierlich einen mit vielen Blumen geschmückten Puppenwagen hinter sich herzieht. Als der Doktor die Kleinen fragt, wa sie denn da spielen, sagt ein kleines Mädchen: „Frieda ehr Popp is starven, un nu wüllt wi ehr begraben.“ „Das ist ja schade“, meint der Doktor. „War sie denn so schwer krank?“ Als die Kleine nickt, fragt er: „Habt ihr denn keinen Arzt geholt?“ „Den hebbt wi nich bruukt“, erwidert die Kleine. „Wi hebbt ehr sülvst doot maken kunnt!“

✻

Heidi sagt zu ihrer Freundin Edda: „Du Edda, de Lüüd vertellen sik, dat dien Mann to sien Früünds in't Kroog seggt hett, dat ji twee na sien Meenung ganz un gor nich tohooppassen doot!“ „Wat düsse Torfkopp un bregenklöterige Idiot sik daar wedder för'n malleregen Kraam torechttütelt hett“, sagt Edda, „wi beid, wi sünd doch as för eenanner maakt! Wi paßt wunnerbor tohoop!!“

✻

Hannes Johannsen wird von seinem Dorfarzt nach Heide überwiesen. Der diensthabende Arzt dort begrüßt ihn und fragt: „Na, Herr Johannsen, wo drückt uns denn der Schuh?“ Daraufhin holt Hannes ein Stück Zucker aus der Tasche, beträufelt es mit ein paar Tropfen Flüssigkeit aus einer Flasche und gibt es dem Arzt. Der bedankt sich, nimmt es in den Mund und ißt es auf. Hannes wartet einen Moment und macht dasselbe dann noch mal. Der Arzt ißt es wieder auf und fragt ihn dann: „Danke, Herr Johannsen, aber können Sie mir sagen, was das soll?“ Da meint Hannes: „Mien Huusdokter hett seggt, Se schüllt mal mien Urin op Zucker ünnersöken!“

✻

Hans sitzt im Vorortszug nach Hamburg. Auf einmal bekommt er großen Appetit auf etwas Warmes. Als der Zug in Elmshorn anhält, macht er das Fenster auf, ruft einen Jungen zu sich heran und sagt: „Loop maal röwer to'n Kiosk un haal mi een schööne Knackwuss! Hier hest du söß Mark, kannst di ook een vun köpen!“ Nach kurzer Zeit kommt der Junge wieder zurück. Er steckt sich gerade das letzte Ende von seiner Wurst in den Mund, dann reicht er Hans drei Mark hinauf und meint: „De hebbt daar bloots noch een Wuss hatt!“

Frau Piepenbrink kommt völlig aufgelöst von ihrem Stadtbummel zurück und erzählt ihrem Mann: „Du, Werner, ik heff dor in den eenen Laden en Hoot sehn! Dunnerto, weer de awers man dull. So wat Hübsches! As ik den sehn heff, daar is mi doch direktemang dat Water in'n Kopp tosamenlopen!"

✾

Der kleine Peter will von seinem Großvater, einem pensionierten Kapitän, wissen, was denn Ebbe und Flut sind. Der Großvater fängt höchst physikalisch an, seinem Enkel etwas von Anziehungskraft, Sonne und Mond und gezeitenerzeugenden Kräften zu erzählen. Als er nach einer halben Stunde seinen Vortrag beendet hat, fragt er Peter: „Na mien Lütt, hest du dat nu verstahn?" Da schüttelt Peter nur mit dem Kopf und meint: „Nee, Opa!" Sein Großvater überlegt einen Moment, holt sich dann eine Flasche Bier, öffnet sie und füllt sein Glas. Dann zeigt er auf das volle Glas und sagt: „So, dat is Flut!" Dann nimmt er das Glas und trinkt es in einem Zug aus. „Un dat is Ebbe!"

✾

Doktor Michelsen hat eine große Landpraxis, und auch am Abend kommen noch sehr viele Patienten. Damit alles ein bißchen schneller geht, sagt er zu seinem Assistenten, Krankenpfleger Brösig: „Paß mal up, Hein. Af morgen muttst du de Patienten en beten vörbereiten, ans mutt de jümmers so lang warten." Am nächsten Tag sitzt Doktor Michelsen wieder in seiner Praxis und ruft den ersten Patienten herein. Es ist Bauer Friedrichsen, und er ist splitternackt, wie der liebe Gott ihn geschaffen hat. „Dunnerwedder!" entfährt es dem Doktor. „Wat is denn mit di los, Jan?" „Tschä, Herr Doktor", meint Jan etwas verlegen. „Ik wull bloots fragen, ob Ehr Fruu ook wedder een poor Winterkantüffeln hebben will?"

✾

Hedda, die kleine Tochter vom Wirt „Ton gollnen Ossen", ist gerade eingeschult worden. Weil die Lehrerin am zweiten Unterrichtstag noch etwas mit dem Direktor zu besprechen hat, kommt sie nicht gleich nach dem Klingen in die Klasse. Da ruft die kleine Hedda durch den Raum: „Hallo! Wo blifft denn de Bedeenung?“

✾

Stefan hat eine Klassenarbeit geschrieben. Als er sie wieder zurückbekommt, steht ganz unten ein s.s., was soviel heißt wie sehr schlecht. Als er wieder zu Hause ist, fragt sein Vater: „Segg maal, Stefan, wat meent denn dat s.s. up dien Schoolarbied?“ „Ooch, dat meent sehr ssufrieden!“ antwortet Stefan unschuldig. „Dat kann ik gaar nich glöven bi all de roote Tint daarup!“ meint der Vater. „Dat kann man bloots sso ssiemlich heten.“

✾

Der Chef sieht eine junge Frau, die sich für eine Stelle beworben hat, prüfend an. „Hm, Sie haben ja wirklich eine sehr schöne Handschrift. Können Sie denn auch Stenographie?“ „Ja, stenografeeren kann ik ok“, erwidert das Fräulein. „Bloots dat duert natürlich orig wat länger as det eenfache Schriewen!“

✾

Kurz vor Weihnachten spricht Mutter Petersen wieder einmal davon, daß ihr kleiner Sohn Ulli im nächsten Jahr eingeschult werden soll. Aber Ulli hat dazu überhaupt keine Lust und will davon nichts hören. „Awers wenn de Wiehnachtsmann di dit Jòhr een Ranzel mitbringt“, sagt die Mutter, „denn helpt dat wull nix, denn muttst du daar wull hen.“ Das sieht Ulli ein, und deshalb ist er am Weihnachtsabend auch sehr gespannt. Und tatsächlich! Auf dem Gabentisch ist auch ein Schulranzen für ihn dabei. Völlig geschockt sieht er seine Mutter an und sagt: „Daar hebbt wi dat Mallör!“

Kalli Kampsen ist ein echter Mann von Welt, der sich in jeder Lebenslage problemlos zurechtfindet, und die Höflichkeit in Person. Jeden Morgen, wenn er Frau Stöven trifft, nimmt er seinen Hut und sagt: „Moin moin, Fruu Stöven!“ Als er ihr jedoch eines Sonntagsmorgens begegnet, meint er ganz feierlich: „Guten Morgen, Frau Stöven!“ Als ihn Frau Stöven fragt, was das dann zu bedeuten habe, meint er: „Hüüt is doch Sünndag, daar mutt ik doch Hochdüütsch gröten!“

✱

Der kleine Peter soll mit anderen Kindern in der Schule geimpft werden. Der Doktor spricht beruhigend auf ihn ein und gibt ihm dann eine Spritze in den Popo. Da schreit Peter laut auf: „Worüm kannst du denn nich dat Lock nehmen, wat schoon daar is, Herr Dokter! Worüm muttst du denn eerst een nieges maken!?“

✱

Fiete Hinrichsen hat einen Fischkutter und fährt im Sommer auch mit Touristen auf die Nordsee. Einer von ihnen interessiert sich besonders für die Maschine und will von Fiete wissen, wie er weiß, wie viele Umdrehungen die Maschine gerade macht. „Nu, dat is ganz licht to weeten!“ sagt Fiete. „Löppt se föfteinhunnert Tuurn, denn bebert dat Stüerhuus, löppt se awers tweedusend, denn schöttelt dat ornlich in de Kojen. Un löppt se dann up vulle Tuurn, denn klappert mien Gebiß!“

✱

Hinnerks Frau will sich scheiden lassen. Hinnerk nimmt sich natürlich einen Anwalt, der sich alles genau anhört und zum Schluß meint: „Eine Sache noch, Herr Johanssen. Ihre Frau gibt an, daß sie Ihr in den zwei Jahren Ihrer Ehe nicht einmal einen Kuß gegeben haben!“ „Dunnerhaal noch mal to!“ winkt Hinnerk ab. „Wo kann ik denn ook ahnen, dat mien Fruu dat mit sowat so ielig hett!“

Auf dem Hof von Bauer Klaasen kommt eine feine Dame aus der Stadt mit einer ziemlich zierlichen Figur, das sieht Bauer Klaasen sofort. Plötzlich läuft Bello, Bauer Klaasens Hund, auf die Frau zu und schnüffelt an ihren Beinen. „Würden Sie bitte Ihren Hund von mir entfernen!“ kreischt die Frau. „Kumm torüch, Bello!“ ruft der Bauer. „Dat sünd keen Knaken, dat sünd Been!“

✻

Das kleine Ogendorf soll endlich einen Bahnhof bekommen. Peter freut sich riesig, wollte er doch schon lange einmal mit einem Zug fahren. Peter erzählt das seinem Nachbarn Bernd. Nun hat Bernd den Kopf voller Schabernack und verkohlt auch gerne mal seine Mitmenschen. Zu Peter sagt er: „Awers paß man bloots up, wenn du daar to'n Bahnhof kümmst! Daar sitt jümmers en Mann bi'n Schalter, de is so nieschierig un will allens weten. Laat di man bloots nich utfragen!“ Peter ist ein wenig erschrocken und nimmt sich vor, Bernds Rat zu beherzigen. Als er nun zum Bahnhof kommt, fragt ihn der Schalterbeamte: „Wohin wollen Sie?“ „Ha!“ ruft Peter da. „Dat wüllst wull geern weten, wat?“

✻

In der Firma Glas-Hansen wird ein neuer Geselle eingestellt. Wie das so bei Neuen Tradition ist, will der Meister ihn etwas foppen und fragt: „Weten Se denn ook, wat de Glaser maakt, wenn he mal keen Glas hett?“ „Ja klaar, Moister, denn bestellt he een Nieges un versöökt in de Twischentied wat anners to maken.“ „Döös-kopp!“ lacht der Meister. „Wenn de Glaser keen Glas hett, denn süppt he ut de Buddel!“

✻

Amtsrichter Paulsen kennt seine Pappenheimer ganz genau. Ihm kann man so schnell nichts vormachen. Wieder einmal stehen ein paar jugendliche Rowdies vor Gericht, die in einer Kneipe eine Schlägerei angezettelt haben. Einer der Übeltäter, Jan, versucht sich herauszureden. „Ik heff den annern nich slahn!" beschwört er Richter Paulsen. „Ik heff em man bloots en beten mit'n Daschendook över sien Gesicht straakt!" Da lacht der Richter und sagt: „Ja, ja, Jan, dien Daschendook, dat kenn ik: Du snüffst mit de Hand!"

✽

Auf dem Hamburger Fischmarkt preist eine Fischhändlerin ihre Ware an und ruft: „Krabben un Dösch! Krabben un Dösch!" Weil Frau Hansen heute abend ihre Familie mit einem schönen Krabbensalat verwöhnen möchte, geht sie zu der Fischhändlerin und verlangt zwei Kilo Krabben. Zu ihrer Verwunderung sieht Frau Hansen plötzlich, daß die Fischhändlerin überhaupt keine Krabben hat. „Wat is dat denn?" meint Frau Hansen. „Se hebben öwerhaupt keen Krabben un ropen jümmers Krabben un Dösch, wat soll dat?" Da zuckt die Fischhändlerin nur mit den Schultern und sagt: „Na, denn ropen Se maal den ganzen Daag: Dösch – Dösch – Dösch – Dösch!"

✽

Uwe Jakobsen kann seinen Nachbarn überhaupt nicht ausstehen. Immerzu zeigt er nämlich Uwe, daß sein Bankkonto besser gefüllt ist als Uwes. Der herablassende und überhebliche Kerl hat Uwe schon oft fast zur Weißglut gebracht. Doch Uwe ist ein höflicher Mensch, und so fragt er seinen Nachbarn, als dieser gerade sein neues Auto wäscht: „Moin, Herr Groot. Na, woans fahrt sik denn so'n Mercedes?" Da meint der Nachbar nur: „Dat weet ik nich. So'n Auto, dat fahrt man nich, dat hett man!"

✽

Nach dem Tod ihres Mannes philosophiert Martha: „Ja, dat weer würklich en gode Eh. Un wenn mien Mann mi nich de twintigdusend Mark verarvt haar, denn wör ik wohrhaftig wünschen, dat he noch leev!"

An einem Sonntag hält der Pastor eine Predigt, die ist so schön und rührend, daß die Frauen schluchzen und die Männer verschämt in ihre Taschentücher schneuzen. Nur ein Mann in der letzten Reihe verzieht keine Miene. Völlig teilnahmslos sitzt er da, als ob ihn das überhaupt nichts anginge. Da fragt ihn seine Banknachbarin: „Föhlen Se denn gaar nix bi so'n schöne Predigt?" „Nee", sagt der Mann gelangweilt. „Ik bün vun een anner Gemeen."

Familie Röhrich hat Besuch. Am Abend sitzen noch alle gemütlich zusammen und unterhalten sich. Auf einmal geht die Wohnstubentür auf und Tinchen, die kleine Tochter der Röhrichs, steckt den Kopf in das Zimmer und sagt: „Du Muddi, dörft Uwe un ik wat vun dat feine Klosettpapier bruken, wat du för de Gäst köfft hest?"

Ein Hamburger Tourist reist durch das Dithmarscher Land. Irgendwie hat er sich jedoch verfahren, und so fragt er im nächsten Dorf einen Einheimischen, der gerade, behaglich an die Mauer seines Hauses gelehnt, gemütlich eine Pfeife raucht. „He, Sie!" ruft der Tourist ihm zu. „Wie heißt das hier?" Der Mann sieht ihn mit großen Augen an, nimmt dann langsam die Pfeife aus dem Mund und sagt: „Hier heet dat eerstmaal goden Daag!"

Nach der Jagd geht es im Gasthaus hoch her. Da sitzen die Jäger, unterhalten sich über ihre Schießgewehre und wie der beste Schuß anzubringen sei. Zuletzt kommen sie natürlich auch auf das Thema Jagdhund zu sprechen. Alle meinen, daß ihr Hund der beste sei, und geben dabei ganz schön an, allen voran Jens. Da sagt der alte Förster mit ernster Miene: „Ik segg ju, dat gifft Hunn, de sünd klöker as ehr Herr!" „Dat stimmt!" prahlt Jens. „Ik heff ook so een!"

Unter den Gästen bei Petersens ist auch der Pastor. Im Laufe des Abends fragt ihn sein Tischnachbar Hein Friedrichsen: „Nülich heff ik höört, Se weern för'n paar Johr Mischonaar in de Südsee, wo dat noch so wat gifft. Weer dat denn nich'n büschen gefährlich?“ „Oh ja, gefährlich weer dat al“, entgegnet ihm der Pastor. „Ik stünn sotoseggen jümmers mit een Been up de Spieskoort (Speisekarte).“

✾

Hannes war auf der Rebhuhnjagd. Leider hat er einen schlechten Tag gehabt und nichts geschossen. Auf dem Rückweg nach Hause kommt er durch das Dorf und sieht an einem kleinen Weiher viele Enten und Hühner. Auf einer Bank neben dem Weiher sitzt ein Bauer und raucht seine Pfeife. Hannes, etwas verärgert über seinen Mißerfolg, kommt eine Idee. Er geht zu dem Bauern und sagt: „Moin, moin, ik harr hüüt noch keen Jagdglück hatt. Wat schall dat kosten, wenn ik tweemaal up den Diek daar ballern do, un allens dat beholen do, wat ik dreep?“ „Twintig Mark!“ erwidert der Bauer. Hannes schlägt ein, gibt ihm das Geld, schießt zweimal und trifft mit seiner Schrotflinte sechs Hühner und drei Enten. „Dat hettst wull nich dacht, dat ik so veel drepen wöör, wat?“ meint Hannes ganz stolz. „Dunnerslag, nee!“ sagt der Bauer. „Awers dat maakt nix, dat wöör ja nich mien Veehtüüch!“

✾

Kalli trifft sich am Freitagabend nach der Arbeit noch mit ein paar Freunden im Dorfkrug. Als er schließlich nach Hause fährt, ist es bereits dunkel. Plötzlich hört er hinter sich einen Wagen aufheulen, der ihn mit Blaulicht auf dem Dach überholt und vor ihm stehenbleibt. Ein Polizist steigt aus, kommt zu ihm an die Fahrertür und schnauzt ihn an: „Mensch, machen Sie gefälligst Ihr Licht an, es ist schon lange dunkel!“ „Ach, dat maakt nix!“ erwidert Kalli. „Ik heff so un so mien Brill vergeten un kann ook mit Licht nix sehn!“

Eines Morgens klopft es an Hans-Peters Haustür. Ein junger Mann, bewaffnet mit Stift und Fragebögen, stellt sich ihm vor. „Guten Tag, Herr Petersen. Ich komme vom Meinungsforschungsinstitut Info intern: Wir machen eine Umfrage zu verschiedenen Bürgerthemen. Wären Sie bereit, ein paar Fragen zu beanworten?" „Na, denn scheet man los, mien Jung." Und der junge Mann stellt seine Fragen und notiert sich eifrig Hans' Antworten. Am Ende meint er schließlich: „Dürfte ich jetzt wohl noch Ihre Frau um ihre Meinung befragen?" Hans zuckt mit den Schultern und sagt: „Mien Fruu is nich to Huus. Awers wat mien Fruu för'n Meen hett, dat is nich swaar to seegen. De meent meisttieds jümmers genau dat Gegendeel von dat, wat ik meen!"

✾

Ein entfernter Verwandter aus der Nähe von Berlin ist mit seiner Familie bei Klaasens auf Nordstrand zu Besuch. Am Abend sitzen die beiden Familien zusammen und unterhalten sich. „Ob ich Plattdeutsch kann?" fragt der Verwandte. „Gar kein Problem, aus f wird ein p, aus ch ein k und aus dem z ein t." Da lacht Hein Klaasen und meint: „Denn segg mi maal up Plattdüütsch, wat de Klock is!" Der Verwandte schaut auf die Uhr und meint dann: „De Klock is half twei." – „Na, denn paß man bloots up, dat se nich ganz twei geiht!"

✾

Peter Hansen macht mit seiner Angebeteten Helga einen Spaziergang. Er ist sehr verliebt in das hübsche Mädchen und erzählt ihr von seinen Hobbys, welches Stück er vor kurzem im Theater gesehen hat und so weiter. „Mien leefste Frölein Helga, wüllt Se nich mien Fru warden?" Der Antrag kommt für das liebe Fräulein Helga jedoch etwas plötzlich, und so sagt sie: „Awers Herr Hansen, wie kennt uns man eerst verteihn Daag!" „Daar hebbt Se wull recht", meint Peter. „Na, denn warr ik morgen maal wedder nafragen."

Berta hat zum Geburtstag von ihrer Familie eine Schiffsreise mit der Stena Germanica von Kiel nach Göteborg geschenkt bekommen. Mit dabei ist auch eine Busreise in das schöne Stockholm, inklusive Stadtbesichtigung und einem Rundgang durch das königliche Schloß. Am Ende der Schloßbesichtigung ist Berta schon ein wenig müde und setzt sich im Thronsaal auf einen der gemütlich aussehenden Stühle. Da kommt die Reiseleiterin mit panischem Gesichtsausdruck zu ihr gelaufen und sagt: „Aber Frau Dibbern, Sie können sich doch nicht einfach so hinsetzen! Das ist der Thron von König Carl Gustav!“ „Dat maakt nix, mien Deern“, sagt Berta. „Wenn he vörbikümmt, denn kann ik ja wedder upstahn!“

✾

Klaas Jürgensen, Finanzbeamter aus Schleswig, wird nach Stuttgart versetzt. Aus seinem alten Büro nimmt er nur ein Bild mit, auf dem sein alter Wahlspruch „Holl di nich in Snack up“ steht, der ihm schon viele gute Dienste geleistet hat. Einer seiner neuen Kollegen, ein junger ehrgeiziger und wortgewandter Jurist, besucht ihn einmal in seinem neuen Büro, erzählt ihm von Gott und der Welt und kann überhaupt kein Ende finden. Da deutet Klaas vorsichtig auf das Bild mit dem Spruch, und der Jurist meint: „Ja ja, ich verstehe schon. So viel Englisch kann ich noch!“

✾

Frau Klaasen unterhält sich mit ihrer Freundin Berta. „Wat seggst du, up de Mannslüüd daar is keen Verlaat up. Un lögen doot se, daar is dat End vun weg. Eerst güstern heff ik mien Ollen bi so’n Lög bi de Büx kregen.“ „Nu laat doch maal de Katt ut’n Sack“, sagt Berta. „Nu, dat weer so: Ik fröög mien Mann, wann he hüüt vun sien Arbiet wedder torüchkümmt. Daar sää he, dat dat kniepen warrt to seggen, wiel he mit sien Früünd, den Werner, up een Geschäftsreis mutt un de Nacht öwer wegbliewen wart.“ „Un woans hettst du ruutkregen, dat dat lagen weer?“ fragt Berta. „Dat will ik di seggen. De Werner hett doch de Nacht bi mi tobröcht!“

In einer Hafenkneipe in Rostock sitzt ein Mann und versucht, dem Wirt zu erklären, was ein Oratorium ist. „Dat is so: Wenn ik segg: ‚Jochen, giff mi'n Grog', denn is dat keen Oratoriüm. Awers wenn ik segg: ‚Jochen, Jochen, giff mi'n Grog - giff, giff, giff mi'n Grog - mi'n , Grog - Jochen, Jochen, giff mi doch en Grog', denn is dat en Oratoriüm!"

✻

Die Liese ruft völlig aufgelöst bei ihrem Hausarzt an. Ihrem Mann ginge es nicht besonders gut, und der Herr Doktor möchte doch am besten gleich mal vorbeikommen. „Ach, machen Sie sich doch mal bloß keine Sorgen!" sagt der Arzt am Telefon. „Ich kenne diese Symptome bei Ihrem Mann schon. Er bildet sich nur ein, daß er krank ist. In Wirklichkeit fehlt ihm überhaupt nichts. Das gibt sich alles wieder!" Eine Woche später trifft der Doktor Liese beim Bäcker und meint: „Na, geht es Ihrem Mann inzwischen schon wieder besser!" „Oh, veel slechter, Herr Dokter!" klagt Liese. „Nu billt he sik in, dat he doot is. He liggt den ganzen Daag bloots in sien Bedd un hett al veer Daag nix seggt un ook nix eten!"

✻

Der kleine Stefan lebt in der Großstadt, wo er auch zur Schule geht. Aber so oft wie möglich besucht er seinen Onkel, der im schönen Dithmarscher Land einen großen Bauernhof mit vielen Tieren besitzt. Die Ferien gehen zu Ende, und Stefan kehrt wie jedes Jahr mit leuchtenden Augen und viel zu erzählen zu seinen Eltern zurück. Ganz aufgeregt berichtet er seiner Mutter: „Du, Mudder, eenmal heff ik ook sehn, woans een Peerd maakt warrd." Die Mutter lächelt und sagt: „Segg bloots, mien Lütt. Na, denn vertell mi dat man maal, woans so'n Peerd maakt warrd." – „Een Daags heff ik in een groot Schuur rinkiekt, daar seh ik mitmaal een Mann, woans he graad een Peerd maakt. Awers he weer daar al mehrst mit fardig. He hett bi den Peerd sien Fööt bloots noch de letzten Nagels rintoslaan bruukt."

Familie Hinnerksen wohnt in der Nähe von Wilhelmshaven in einem schönen Haus an der Nordsee gleich hinter dem Deich. Da kann es schon mal passieren, daß bei Sturm ein bißchen Wasser über den Deich in die Nähe des Hauses schwappt, aber bisher hatten die Hinnerksens Glück. An einem Wochenende jedoch gibt es einen richtigen Orkan, die Deiche werden überschwemmt, und die Hinnerksens müssen auf eine benachbarte Warft (Hügel) flüchten. Als sich das Wetter wieder beruhigt, sieht Frau Hinnerksen eine blaue Mütze, die neben dem Haus immer hin und her schwimmt. Plötzlich schlägt sie die Hände vor das Gesicht und ruft ihrem Mann zu: „Kiek maal, Fiete, ik glööv, dat is Grootvadder. Güstern hett he noch to mi seggt, dat he hüüt den Rasen meigen will, egaal, wat för'n Wedder dat gifft!"

✾

Günni und Elsbeth sind schon ziemlich lange ein Paar, und Günni hat ihr versprochen, sie nach dem Sommer zu heiraten. Mittlerweile ist es Spätherbst, und Elsbeth hält die Zeit nun für gekommen, Günni an sein Versprechen zu erinnern. „Segg maal, Günni", meint sie zu ihm. „Du hettst mi verspreken, dat du mi na'n Sommer heiraden willst, un nu is dat Johr man fast üm. Wo süht dat nu daarmit ut?" „Och, wettst du", sagt Günni. „Segg doch maal sülvst, dat hett in düsse Johr so veel regent, wi hebbt doch gaar keen richtigen Sommer hatt!"

✾

Es ist wieder einmal Sonntag, und wie jeden Sonntag treffen sich Jan-Dirk und seine Kumpel im Aukroog zum Stammtisch. Sie unterhalten sich, spielen Karten, und die Laune wird mit jedem Bier besser. Plötzlich sagt Jan-Dirk: „Wüllt wie üm een Buddel Koorn wedden, dat ik vun fief Sieden ut'n Sabbelkassenbook ut'n Kopp all Familiennamens upseggen kann, wenn ik de Sieden bloots eenmal ankickt heff?" Die anderen am Tisch schauen sich an und schütteln ungläubig mit dem Kopf. „Wenn du di daar maal nich up'n to hoges Peerd setten deist", meint der alte Bauer Hansen.

Schließlich schlagen alle ein und wetten um zwei Flaschen Korn. Dann schlägt Jan-Dirk das Telefonbuch auf und sagt: „Nu, nehmt wie to'n Bispill de Sieden veerhünnertunteihn bet foffteihn.“ Er sieht sich die Seiten kurz an, legt das Telefonbuch wieder zur Seite, schließt die Augen, konzentriert sich und beginnt: „Meier, Meier, Meier, Meier, Meier...“

✽

Herr Ahrens wartet in Elmshorn auf den Zug nach Hamburg Altona. Er merkt, daß er noch dringend auf die Toilette muß und macht sich auf die Suche nach einem öffentlichen WC. Endlich wird er, ziemlich weit weg vom Bahnsteig, fündig. Doch leider ist die Tür verschlossen, und auf einem Zettel an der Tür steht: „Der Schlüssel ist beim Stationsvorsteher abzuholen.“ „Schiet!“ meint Herr Ahrens, denn die Zeit wird knapp. Da schreibt er auf denselben Zettel: „In dringenden Fällen wende man sich an die Bahnhofsdirektion in Altona!“

✽

Im kleinen Kellenhusen an der schönen Ostsee hat der ehemalige Geselle von Fiete Müller, Heini Petersen, vor kurzem sein eigenes kleines Schuhgeschäft eröffnet. Innerhalb kürzester Zeit läuft Heinis Laden so gut, daß der alte Griesgram Fiete Müller immer erboster wird ob der unangenehmen Konkurrenz. Eines Vormittags kommt die alte Frau Tampen zu Fiete Müller, um sich ihre Holzschuhe neu besohlen zu lassen. Sie unterhalten sich, und Fiete klagt ihr sein Leid: „Ach je, Fru Tampen. Den Heini heff ik al jümmers nich utstahn kunnt. Dat s'n bannig Jackhals un een Bedreger noch daarto. Un woans he sik goot versteiht, de Lüüd to bemeiern un ehr den gröttsten Schiet antodreihn! Un wat dat Slimmste is, dat allens hett he eerst von mi leert.“

✽

Mareike, eine sehr resolute Gärtnersfrau aus Radegast im Mecklenburgischen, sagt zu ihrem Mann Erich: „Nu warrd dat awers Tiet, dat du wedder maal uns Salat güttst, wat?! Daar hest du de Geetkann, un nu ruut!“ Da erwidert Erich vorsichtig: „Awers Mareike, kiek doch maal ruut, dat deiht bannig regen!“ „Na und!?“ blafft seine Frau ihn an. „Denn treck di wat öwer, wenn du ruutgeihst!“

✤

Ein Urlauber besucht Kiel und wohnt im Hotel Slaapmütz. Nach einem längeren Spaziergang muß er plötzlich dringend auf die Toilette. Schnurstracks geht er in das nächste Gasthaus und bittet den Wirt, kurz die Toilette benutzen zu dürfen. Als er fertig ist, bedankt er sich bei dem Wirt und sagt: „Eigentlich wohne ich ja in der Slaapmütz, aber ich habe es einfach nicht so lange ausgehalten.“ Der Wirt klopft ihm freundschaftlich auf die Schulter und meint: „Wenn Se dat nächstemaal in Kiel sind, denn gahn Se maal in de Slaapmütz to'n Pischen un wahnen bi mi!“

✤

Eines Tages trifft Jürgen im Wilstermarscher Kroog seinen alten Freund Klaas wieder. Er begrüßt ihn, setzt sich an seinen Tisch und blickt ihn ganz erstaunt an. „Dunnerhaal, Klaas, du treckst awers een feinen Sniepel. Ganz tadelibong! Hest du em fardig köfft?“ „Moin, Jürgen. Nee, den heff ik mi bi'n Snieder maken laten.“ „De Adreß vun den Snieder muttst du mi maal vertellen!“ „Ja, awers bloots, wenn du em mien Adreß nich vertellen deist.“

✤

Lisa liegt krank im Bett. Das Schlimmste für sie ist jedoch, daß sie am Sonntag nicht zur Kirche gehen kann, was sonst noch nie vorgekommen ist. Also bittet sie ihren Mann Krischaan, an ihrer Stelle zum Gottesdienst zu gehen und ihr dann genau zu berichten, was der Pastor erzählt hat. Krischaan ist kein großer Kirchgänger, aber er läßt sich dann doch von seiner Frau überreden. Als

Krischaan wieder zu Hause ist, hat er von der Predigt schon wieder alles vergessen. „Awers, du muttst doch weten, woröver de Paster predigt harr?“ drängelt ihn seine Frau. „Nu ja, över de Sünd“, meint Krischaan. „Un, wat hett he över de Sünd seggt?“ „Tschä“, sagt Krischaan. „Dat kann ik di ook nich so seggen, awers ik harr markt, dat he nich graad daarför weer!“

✾

Im Gemeindehaus findet eine Konferenz statt. Es gilt, einige wichtige Themen zu diskutieren. Die Versammlung ist gut besucht. Einige Minuten nachdem der Vorsitzende mit seiner Begrüßungsrede begonnen hat, klopft es leise an der Tür, und eine Sekretärin tritt ein. „Muß das denn ausgerechnet jetzt sein?“ sagt der Vorsitzende etwas ungehalten. „Entschülligen Sie, Herr Vorsitzender“, meint die Sektretärin etwas verschüchtert. „Awers ik glööv, dat is wichtig. Ehr Fru is an’t Telefon un will weten, wo Se dat Spöölmiddel hüüt morrn na’n Afwaschen hendaan hebbt!“

✾

In der Dorfschule gibt der Lehrer den Kindern seiner vierten Klasse einen Hausaufsatz auf. Das Thema ist nicht ganz einfach, deshalb sagt er am Ende der Stunde: „Bi düssem Upsatz dörf ji man ruhig jü Öllern üm Raat fragen!“ Da meldet sich der kleine Albert und sagt: „Mien Vadder hett seggt, dat he mi vun nu an nich mehr helpen will!“ „Worüm denn nich?“ fragt der Lehrer. „Siet he för mien letzten Upsatz een Fief kreegen hett, help he mi nu nich mehr.“

✾

In einem kleinen Dorf in Mecklenburg-Vorpommern gab es lange Zeit keinen Barbier. Es war der Schmied, der die Männer des Dorfes immer rasiert hat. An einem Samstag kommt ein Pastor aus Lübeck zu Besuch bei seinem Amtskollegen vorbei. Leider hat er sein Rasierzeug vergessen und muß deshalb für die Morgenrasur zum Schmied. Der Schmied spuckt sich kräftig in die Hände, wischt dem Pastor damit über die Backen und das Kinn und fängt dann an, ihm den Bart abzukratzen. Als er mit seinem Geschäft fertig ist, fragt ihn der Pastor etwas angewidert, warum er keine Seife nimmt. „Seep is to düer, Herr Paster", meint der Schmied. „Un bi gewöhnliche Kunnen maak ik nich so veel Umstänn as bi Sehr, Herr Paster; de spee ik glieks in't Gesicht!"

✾

Torsten möchte gern Schauspieler werden und hat sich bei der niederdeutschen Bühne beworben. Er wird auch tatsächlich angenommen und nimmt an einem Abendkurs teil, wo er alles lernt, was ein Schauspieler so können muß. Schließlich ist es dann soweit: Er bekommt seine erste richtige Rolle. Nach der Aufführung kommt er stolz nach Hause und erzählt seinem Vater: „Vadder, dat warrst du nich glöven, ick heff mien eerste Rull kreegen!" „So? Un wat is dat för een?" fragt sein Vater. „Ik speel een verheiraadten Mann!" – „Een verheiraadten? Na, denn hest du awers nich veel to seggen!"

✾

Oma hat zu ihrem fünfundsiebzigsten Geburtstag von ihren Enkelkindern eine schöne Wanduhr mit Zeigern aus Messing und einem Glockenspiel geschenkt bekommen. Nach einiger Zeit besucht eines der Enkelkinder wieder einmal seine Oma und fragt sie: „Segg maal, Oma, worüm hest du denn noch nich de schöne Wandklock uphangt, de du vun uns to dien Geburtsdag kreegen hettst?" „Ach, wettst du?" meint die Oma. „Ik heff mi so an mien olle Klock gewöhnt. Jümmers, wenn de lütt Wieser op dree un de groote Wieser up fief steiht und dat sleiht söben, denn weet ik, dat de Klock halwig negen is!"

✾

Bernd fährt das erstemal für längere Zeit zur See. Das Schiff ist zwar ziemlich groß und das Wetter für Götter gemacht, trotzdem fühlt er sich nicht so richtig gut. Am dritten Tag der Seereise begegnet ihm der Kapitän. „Herr Kaptein!“ ruft er ihm zu. „Ik föhl mi en beten unwoohl, so wiet buten up de See. Wowiet hebbt wi dat denn to’n Land?“ „Och“, meint der Kapitän und denkt kurz nach. „Dat sünd man bloots fiefhunnert Meter!“ „Wat?“ ruft Bernd ungläubig. „Ik kann awers gaar keen Land sehn!“ Da huscht ein Grinsen über das Gesicht des Kapitäns, und er deutet nach unten. „Nee, nee, mien Leewer, ünner uns, un dörch dat Water is nicht good kieken!“

✽

Zwei Bauern sitzen im Dorfkrug zusammen und haben riesengroßen Spaß daran, sich gegenseitig in die Tasche zu lügen. Sträuben sich bei der einen Lügengeschichte die Nackenhaare, rollt sich bei der nächsten der Schnurrbart auf. Fängt also der eine der beiden an: „Daar gifft dat een Slachter, de hett een Fabrik mit een Maschien, daar deit he an’t een Enn de Swien rin, un an’t annere Enn kaamt nich bloots de fardige Bloot-, Grütt-, Lebber- und Mettwüss ruut, ook sogor glieks de Kunservendosen mit dat inmachte Swienfleesch!“ „Dat is noch gor nix“, winkt der andere ab. „Ik heff maal een Wienfirma sehn, de hett een Maschien, daar warrt baben de Wiendruwen rinstoppt, un ünnen kaamt de Mannslüüd stapelduun wedder ruut.“

✽

Eines Abends muß Willi auf eine geschäftliche Versammlung. Am nächsten Morgen wird er von seinem Kollegen gefragt, wie die Sitzung denn gewesen sei. „Oh, dat wöör man bannig good“, schwärmt Willi. „Un dat best wöör de Anspraak vun uns Direkter. Daar kann een Du to seggen. Dat harr Hund un Foot, un al hett em veel Bifall för geven.“ „Wat hett he denn seggt?“ fragt der Kollege ganz neugierig. „He sä: Kinnings, sä he, allens, wat hüüt awends trinkt ward, dat betahlt allens de Firma.“

Tante Lena besucht ihre Nichten und Neffen auf dem Land. Sie hat sie alle sehr gerne, aber die kleine Helga ist ihr besonders ans Herz gewachsen. Einmal fragt sie die Kleine: „Segg maal, Helga, welkeen vun dien Bröder kannst du nu beter lieden, Peter oder Hannes?“ Da beugt sich Klein Helga zu ihr herüber und flüstert: „Dat dörf ik di nich seggen, Tante Lena, ans is Peter böös mit mi!“

✾

Im Altersheim hängt in Großvaters Zimmer über dem Sofa ein Bild von ihm und eines von der Großmutter. Großmutter ist vor kurzem gestorben, und deshalb hängt an ihrem Bild ein schwarzer Trauerflor. Als Großvaters Enkeltochter Meike zu Besuch kommt, sieht sie sich Omas Bild an und meint: „Oh, is dat würklich Oma? Se weer doch bannig füllig un süht up den Bild so small ut.“ „Tschä“, sagt der Großvater. „Daar hest du wull recht. De Fotograf hett uns Oma mit en anner Fruu verwesselt, awers de gülden Rahmen weer so schöön, daar heff ik mi dacht, laat ik se daar maal hangen!“

✾

Jan und Klaas, zwei Matrosen eines Frachters, der zwischen Hamburg und China fährt, trinken in einer Hafenkneipe ihr Bier und erzählen Geschichten aus ihrem ereignisreichen Leben und von ihren Abenteuern in China. Da kommt ein geschniegelter Mann in ordentlichem Anzug an ihren Tisch und sagt: „Meine Herren, ich habe gehört, daß die chinesische Sprache ausschließlich aus Wörtern mit nur einer Silbe besteht. Da wollte ich Sie fragen, ob Sie auf Ihren Reisen auch ein wenig chinesisch sprechen gelernt haben.“ „Kloor hebbt wi dat!“ sagt Klaas. „Na, dann geben Sie doch ein paar Sätze zum besten. Ich würde gerne einmal hören, wie das klingt.“ Da gibt Klaas seinem Kumpel Jan einen Stups, grinst vergnügt und sagt: „Jung, Jan, segg, schient Sünn schon?“ Und Jan antwortet: „Tscha, Klaas, kiek, Sünn schient schon schön!“

Peter ist krank, und es geht ihm ziemlich schlecht. Deshalb kommt seine Schwester vom Land und besucht ihn, da er ganz allein in der Stadt ist und niemand sich um ihn kümmert. Da fragt Peter: „Un worüm hest du denn dien Mann nich mitbröcht?“ „Och!“ sagt seine Schwester. „He kann in Oogenblick nich afkamen, wiel wi mit de Ernte to doon hebbt. Awers wi hebbt afmaakt, dat he to dien Begräffnis kümmt!“

✿

Jens sitzt am Sonntag vormittag im Dorfkrug am Stammtisch und spielt mit seinen Freunden Karten. Nach einiger Zeit ist von draußen Trauermusik zu hören, und kurze Zeit später zieht eine feierliche Leichenprozession am Gasthaus vorbei in Richtung Friedhof. Da steht Jens auf, geht zu einem der Fenster und fängt an zu beten. Seine Stammtischbrüder wundern sich, und der eine fragt: „Segg maal, Jens, geiht dat nich en beten wiet. Wi wüllt Karten speelen un nich bi jeden Liekentoog upjumpen un to’n Finster ruutkieken!“ „Holl du man dien Sabbel!“ faucht Jens ihn an. „Ik wöör man fast dörtig Johr mit düsse Fruu verheiraadt!“

✿

Michel Petersen aus der Hafenstraße in Hamburg hat geheiratet. Seine Frau ist flach wie ein Brett, aber sie hat ordentlich Geld auf der Bank. Einmal unterhält sich Michel mit seinen Freunden über seine Hochzeit. Sagt einer seiner Freunde: „Nu is Michel in de Ehe sprungen, as een koppheister in de Elv springen deit.“ Ein anderer muß daran denken, daß Michels Frau flach ist wie ein Brett und sagt: „Awers he hett sik to’n Glück up een Plank redden künnt.“

✿

Hannes und seine Frau kommen mehr als schlecht miteinander aus. Während er von früh bis spät in seiner Werkstatt schuftet, spielt sie oft die Kranke und legt sich ins Bett. Außerdem hat sie immer etwas an ihm herumzunörgeln, er kann machen, was er will. So leben die beiden viele Jahre zusammen, bis Hannes' Frau mit achtzig Jahren stirbt. Einer der Trauergäste geht während der Beerdigung zu Hannes und stammelt: „Hannes, du, ik weet nich, wat ik seggen schall!" „Ik weet, ik weet, wat du seggen willst", beruhigt ihn Hannes. „Föftig Johr to laat!"

✱

Der kleine Uwe fragt seinen Vater: „Vaddi, segg maal, wat is denn eegentlich een Verlöffnis?" – „Tschä, mien Jung, dat is een swaare Fraag. Woans schall ik di dat bloots verklookfideln? Stell di dat man so vör: Du kriggst to Wiehnachten een Fohrrad schenkt, awers doorup föhren dörfst du eerst Oostern!"

✱

Während eines schlimmen Orkans wird der Kapitän eines Handelsschiffes über Bord gespült und ertrinkt. Der Steuermann hat die undankbare Aufgabe, der Frau des Kapitäns die schlimme Nachricht mitzuteilen. Um sie nicht allzusehr aufzuregen, sagt er: „Awers glöven Se mi, he hett nich lieden müßt. Un veel Water hett he ook nich slucken müßt, he weer den ganzen Daag öwer al full."

✱

Oma Friedrichsen besucht ihre Kinder und Enkel in Schwerin. Eines Abends soll sie auf Rudi, den Jüngsten, aufpassen, da der Rest der Familie noch eingeladen ist und es für Rudi sonst zu spät werden würde. Später am Abend dann bringt die Großmutter den Kleinen ins Bett, aber bevor er einschläft, will sie noch ein wenig mit ihm spielen. „Paß maal up, Rudi", sagt sie, macht plötzlich einen Knoten in ihre Haare und meint: „Ruck - Zuck - Oma hett een Dutt! Na, hest du dat sehn, mien Jung?" Der Kleine sieht seine Großmutter fragend an und sagt: „Hest hüüt wull schoon en Lütten hatt, Oma, wat?!"

Sonntagmorgen nach dem Frühstück fällt Mutter Hansen plötzlich ein, daß sie die Möllers für diesen Abend zum Essen eingeladen hat. Sie ist ganz verzweifelt, weil sie vergessen hat, das Nötige einzukaufen. Da kommt ihr die rettende Idee, und sie sagt zu ihren Kindern: „Kinners, ji mööt mi helpen. Hüüt awend nehmt ji bloots een ganz lütt Stück vun dat Fleesch. Ji künnt ja seggen, daß ji vun dat Fröhstück noch satt sünd." Genauso wird es dann auch gemacht, als die Familien am Essenstisch sitzen. Es klappt auch alles recht gut, bis es den Nachtisch gibt. Bei dem schönen Pudding können die Kinder einfach nicht widerstehen und wollen sich gerade eine ordentliche Portion auf die Schüsseln laden, als Mutter Hansen den Zeigefinger hebt und sagt: „Nee, Kinners, ji hebbt vun dat Fleesch so wenig eten - dorüm kriggt ji to Straaf ook man wenig Pudding!"

✽

Seit zwanzig Jahren sind Karl und Hedwig jetzt schon nicht mehr nach Hamburg gefahren. Aus Anlaß des Hamburger Doms, eines großen Volksfestes in der Hansestadt, entschließen sich die beiden, das Versäumte mit allem, was dazugehört, nachzuholen. Nach einem Besuch auf dem Volksfest kommen sie in ihr vornehmes Hotel zurück, wo sie noch schön essen wollen. Am nächsten Morgen sitzen sie beim Frühstück, als der Kellner fragt: „Wie wär es mit einem schönen Kaviarfrühstück, meine Herrschaften?" Da sich die beiden mal wieder richtig etwas gönnen wollen, stimmen sie zu. Nach dem Frühstück meint Karl: „Dat hett fein smeckt, wat Hedwig? Bloots de Brommelbeermarmelaad hett so'n lütten Fischgesmack hett!"

✽

Frau Marsen und Frau Marquardt treffen sich zufällig in der Stadt, gehen einen Kaffee trinken und unterhalten sich. Plötzlich sagt Frau Marquardt: „Seggen Se mool, Fruu Marsen, daar an den tweeten Disch sitt een Mann, de kiekt de ganze Tied schoon to mi röver. Wat mag de bloots vun mi wüllen?" „Ooch", meint Frau

Marsen. „Dat hett bloots wat mit sien Profeschoon to doon. He is nämlich Antiquitätenhändler!“

✾

Stefan ist ein richtiger Faulenzer und Nichtsnutz. Er hat keine Lust zu arbeiten und treibt sich immer hier und dort herum. Eines Nachmittags sitzt er im Park auf einer Bank und spielt mit einem Ring, den er am Vormittag auf der Straße gefunden hat. Da kommt ein Polizist vorbei, für den Stefan natürlich kein Unbekannter ist, und fragt ihn: „Sag mal, Stefan, wo hast du den Ring da denn her?“ „Tschä“, meint Stefan, „den heff ik hüüt op de Straat funnen!“ „Willst du ihn denn nicht im Fundbüro abgeben?“ appelliert der Polizist. „Worüm schall ik dat wull doon?“ grinst Stefan. „Daar steiht doch ‚Auf ewig Dein‘ up!“

✾

Der alte Marschbauer Willemsen hat mit seinen neunzig Lenzen noch nie eine größere Stadt gesehen. Eines Tages denkt er sich, wenn er es nicht bald schafft, schafft er es möglicherweise überhaupt nicht mehr, und fährt mit dem Zug nach Schleswig. Als er das Bahnhofsgebäude verläßt, sieht er sich um, legt plötzlich die Hände auf die Straße und wischt ein bißchen über den Asphalt. Dann meint er: „Hm, keen Wunner, dat se hier soveel Hüüs buut. To'n plögen is de Booden hier ook veel to hart!“

✾

In Sankt Pauli in Hamburg betritt eine etwas finstere Gestalt einen Goldschmiedeladen. Außer ihm und dem Goldschmied ist gerade niemand im Geschäft. Plötzlich zieht der Gauner eine Pistole aus der Tasche und sagt: „Her mit een Parlenkeed, oder ik baller Se öwern Hupen!“ Voller Angst sucht der Goldschmied mit zitternden Händen dann auch ein sehr schönes Stück heraus und legt sie auf den Tisch. Der Räuber sieht sich die Kette an und fragt: „Woveel is de Keed wull wert?“ „Förwiß gode dreedusend

Mark!“ stammelt der Goldschmied. „Gewen Se mi een, de beten billger is!“ sagt der Dieb. „Ik will de Keed nämlich mien Bruut schenken. Un wenn dat so’n düre is, denn glöövt se villicht, dat ik ehr stahlen haar!“

✽

Willi ist arbeitslos. Alle paar Wochen meldet er sich auf dem Arbeitsamt. „Hebben Se villicht hüüt wat för mi?“ fragt er den Sachbearbeiter. „Ja, Bauer Behrens sucht noch Arbeiter beim Kartoffelpflanzen. Er zahlt hundert Mark für den Morgen.“ Da reibt sich Willi die Hände und sagt: „Dat is ja ganz ornlich. Un wat betahlt he för’n Namiddag?“

✽

Die kleine Helma ist wieder einmal recht unartig gewesen. Daraufhin sagt ihre Mutter zu ihr, weil sie sich nicht anders zu helfen weiß: „Wenn du nich glieks ordig büst, denn roop ik bi Vadder in’t Büro an! Wat glöövst du wull, wat de denn seggt!“ „Dat weet ik nu ale genau, wat Vaddi denn seggt!“ meint Helma achselzuckend. „Na, un wat warrd he seggen?“ – „He seggt: Hier Firma Meier und Söhne.“

✽

Helga und Klaas haben oft Streit miteinander. Diesmal ist es besonders schlimm. Sie schreien sich an und werfen sich gegenseitig Beleidigungen an den Kopf. Schließlich ruft Helga: „So, mien Leewer, nu is dat awers noog. Ik gah wedder to mien Öllern, un uns lütten Hund, den warrd ik mitnahmen!“ Da brüllt Klaas zurück: „Maak, wat du willst, awers de Hund, de blifft bi mi!“

✽

Nach langer Zeit gibt es in Schleswig-Holstein endlich wieder einen Winter mit richtig viel Schnee. Vor allem für die Kinder ist es eine wahre Pracht. Jeden Tag stürmen sie nach der Schule mit ihren Schlitten auf die umliegenden Hügel und fahren, bis es dunkel wird. Am Abend fragt die Mutter ihren Sohn: „Hest du ook maal dien Süster mit'n Sleden fahrn laten?" „Na kloor!" antwortet der Junge. „Ik bün jümmers daalfohren un se wedder rupp!"

✽

Ein paar Männer sitzen auf einer Bank am Falkensteiner Strand und philosophieren. Schließlich kommen sie auch auf menschliche Schwächen und Fehler zu sprechen, wie das Trinken, Rauchen, Kartenspielen und so weiter. Da meint der eine: „Tschä, miene Herren. Kieken Se maal mi an! Ik drink keen Alkahool, smöök nich, gah nich in de Speeldeel un driew mi ook nich mit de Wiewerlüüd rüm!" „Is ja wull nich möglich!" wundern sich da die anderen. „Daar mutt Se een Minsch ahn Fehlers sien." Da schmunzelt der Mann und sagt: „Nu, eenen Fehler mutt de Minsch doch hebben, ans weer he ja 'n Engel." „Un wat is dat för een Fehler, den Se hebben?" fragen die anderen gespannt. „Ik löög 'n beten!"

✽

Mareike ist auf dem Land aufgewachsen. Vor einem Jahr ist sie nach Hamburg gezogen, um dort zu studieren. Zu Weihnachten kommt sie zum erstenmal wieder nach Hause. Ihre Eltern freuen sich natürlich sehr, und ihr Vater meint: „Na, mien Deern? Worüm hest du denn dien Früünd nich mitbröcht?" Da erwidert Mareike überrascht: „Früünd, wat för'n Früünd?" Da sagt ihr Vater überrascht: „Nu segg bloots, du hest keen. Wat hest du denn daar in Hamborg dat ganze Johr maakt?"

✽

Der kleine Sönke wünscht sich zum Geburtstag so gerne eine Trommel. Damit ist seine Mutter allerdings ganz und gar nicht einverstanden. „Nee, mien Jung, dat geiht nich", sagt sie. „Du wettst doch, dat dien Vadder dat Trummeln nich hören mag!" Da überlegt Sönke kurz und sagt dann: „Denn trummel ik eenfach, wenn Vadder slöppt!"

✾

Tante Trine besucht ihre Familie auf dem Land. Sie kommt höchstens zweimal im Jahr, und deshalb fragt sie ihren kleinen Neffen Peter, nachdem sie ihn begrüßt hat: „Na, mien Lütt, kennst mi wedder?" „Kloor!" sagt Peter. „Du hest mi al das letztemaal nix mitbröcht!"

✾

Frau Jensen trifft ihre Nachbarin und erzählt ihr völlig aufgebracht: „Dat künnen Se sik nich vörstellen, Fru Jakobsen, hüüt heff ik en anonymen Breef kregen, de graadto utverschaamt weer." „Nu laaten Se maal de Steert nich hangen", sagt die Nachbarin. „Wat steiht denn daar in?" – „Daar steiht in, dat ik en ool Kinkelwief un Ziepeltrien bün, un een Stuuthaspel un Lögenmuul un Snarrpott noch daarto! Un dat dat in mien Köök un Stuuv utkiekt as in een Swienstall!" Da meint die Nachbarin: „Dat mutt een schrewen hebben, de Se bannig good kennt!"

✾

Nach der Taufe ist der Pastor sichtlich erleichtert und etwas überrascht und sagt zu den Eltern: „Dat is ja man fast 'n Wunner! De Lütt hett öwerhaupt nich schregen!" „Tschä", meint der Vater stolz. „Wi hebbt ja ook dree Daag mit de Geetkann prövt."

✾

Klaas Hansen betrachtet sich eines Morgens im Spiegel und stellt fest, daß es mal wieder an der Zeit wäre, zum Friseur zu gehen und sich den Bart mal ordentlich schneiden zu lassen. Leider hat der Friseurmeister gerade keine Zeit für ihn, so daß sich der Geselle um ihn kümmert. Der Geselle jedoch ist noch etwas unerfahren und schneidet dem guten Klaas dreimal in den Hals. Als der Junge fertig ist, bittet Klaas ihn um ein Glas Wasser. „Ganz schön dröge Luft hier, wat?“ fragt der Geselle. „Dat ook, awers ik will bloots sehn, ob mien Hals dicht blewen is!“

✻

Mareike, die Tochter von Bauer Brunk aus Kellinghusen, hat vor kurzem beim Tanzen einen netten jungen Mann kennengelernt und ihn sehr liebgewonnen. Sie möchte ihn jetzt natürlich auch gerne ihren Eltern vorstellen, und so wird er zum Abendessen eingeladen. Mareikes Tante Trude ist an diesem Tag auch zu Besuch. Am späteren Abend, als der junge Mann sich schon verabschiedet hat, meint Mareikes Mutter: „Du, Mareike, een Saak is mi bi dien Frünnd awers upfullen. Sien Hoot, de weer ornlich stöwig!“ Da grinst Tante Trude und meint: „He warrd woll sien Hoot in juun Fluur up de Kummood leggt hebben!“

✻

Zwei Bauern unterhalten sich im Dorfkrug über die Berufswünsche ihrer Söhne. Sagt der eine: „Mien Jung will Dokter warden. Awers he weet noch nich so recht, wat he nu leewer warden schall, Ogendoktor oder Tähndokter.“ „Denn schall he man beter Tähndokter warden“, meint sein Gegenüber. „Un worüm glöövst du, dat dat beter is?“ – „Na, du wettst doch, dat jede Mensch tweeundörtig Tähn hett, awers man bloots twee Ogen.“

✻

Im Biologieunterricht fragt der Lehrer seine Schüler: „In der letzten Stunde haben wir den Storch durchgenommen. Nun will ich mal sehen, was ihr noch darüber wißt. Was habe ich euch zum Beispiel über seinen Kopf erzählt, na Paulchen?“ Paul steht auf und sagt: „Se hebbt seggt, de Kopp vun een Stork, de is lütt!“ „Nein, nein!“ schüttelt der Lehrer den Kopf. „Das war nicht ganz richtig. Stefan, kannst du vielleicht Paul weiterhelfen?“ Stefan steht nun auf, denkt kurz nach und sagt dann: „Se hebbt seggt, de Kopp vun een Stork is nich groot!“ Da lächelt der Lehrer und meint: „Fein, mein Junge, so ist das richtig!“

✻

Bauer Petersen hilft seinem Nachbarn beim Umpflügen seines Ackers. Als er am Abend nach Hause kommt, sagt er zu seiner Frau: „Du, Gerda, ik heff villicht en ornlich Döst!“ „Schall ik di een Glas Water bringen?“ fragt ihn seine Frau. Erstaunt erwidert der Bauer: „Vun Waschen heff ik nix seggt, ik heff man bloots vun Döst snackt!“

✻

Meike ist mit ihrem Dirk schon einige Monate befreundet. Er ist ein netter Kerl, und sie hat ihn auch sehr gern. Das einzige, was Meike ein bißchen stört, ist, daß Dirk so wenig redet. So gerne hätte sie öfter mal etwas Schönes und Liebes von ihm gehört. Eines Nachmittags sitzen die beiden im Stadtpark nebeneinander auf der Bank, und Dirk sitzt da, blickt geradeaus und sagt mal wieder kein Wort. Da will Meike ihm ein wenig auf die Sprünge helfen und sagt: „Hest du mi würklich leev, Dirk?“ – „Ja, heff ik,“ antwortet Dirk. „Finnst du eegentlich, dat ik doch ook ganz hübsch bün?“ – „Ja, finn ik ook.“ – „Un heff ik nich ook dichte Haar un een schööne Frisuur?“ – „Ja hest du ook.“ – „Na, un mien brunen Oogen, gefallt de di denn?“ – „Ja, doot se.“ – „Un mien Been, daar kann ik mi doch ok mit sehn laten?“ – „Ja, kannst du.“ – „Un wat seggst du to mien nien Kleed? Heff ik nich ook een goden Gesmack?“ – „Ja, hest du.“ Da fällt Meike ihm um den Hals, küßt ihn und sagt: „Leevster Dirk, ik heff jo noch gar nich wüßt, wat du een Deern für schööne Kumpelmente maken kannst.“

✻

Richard Paulsen ruft den Elektriker an und erzählt ihm, daß irgend etwas mit dem Stromkreis in seiner Wohnung nicht in Ordnung ist und daß er gleich mal vorbeikommen soll. Der Elektriker macht sich auch gleich auf den Weg. Als er vor der Wohnung steht, klingelt er und erhält einen Stromschlag, daß sich ihm alle Haare sträuben. Da öffnet sich die Haustür, und Richard meint: „Dat is ja man dull, Se hebben wull de Stell funnen, woneem wat mit'm Strom nich stimmt!“

✿

Frau Poggenstohl geht zum Arzt, um sich mal wieder richtig durchsehen zu lassen. Während er sie gründlich untersucht, erzählt sie ihm lang und breit, wie schlecht sie sich doch in letzter Zeit fühlt, was sie alles für Beschwerden hätte und wie schlimm das Altwerden doch im Grunde sei. Zuletzt sagt der Arzt: „So Fru Poggenstohl, nu steken Se maal Ehr Tung ruut, so wied as mööglich.“ Frau Poggenstohl tut wie ihr geheißen, während der Doktor sich an seinen Schreibtisch setzt und einige Dinge aufschreibt. Dann sagt er: „Nu, Fru Poggenstohl, hier is dat Rezept. Düsse Saken laten Se sik in de Afteek gewen.“ „Awers Herr Doktor“, sagt Frau Poggenstohl erstaunt. „Se hebbt sik mien Tung jo man gar nich ornlich ankiekt.“ „Dat deit ook nich not“, schmunzelt der Doktor. „Ik wull bloots en beten Ruh hebben, solang ik dat Rezept upschriev.“

✿

Die Mitglieder der Bürgerinitiative „Unser Dorf soll schöner werden“ treffen sich im Dorfkrug zu einer Versammlung. Der Vorsitzende steht auf, bittet um Ruhe und fängt an, eine Rede zu halten. Nachdem er schon über eine Stunde gesprochen hat und die ersten schon schüchtern gähnen, meint er: „Nehmt mi dat nich för öwel, dat ik so lang schnacken do, leewe Frünns. Awers lieder is mien Klock güstern tweigangen.“ „Dat maakt gaar nix!“ ruft einer der Zuhörer. „Wenn du man bloots af un to up den Kalenner an de Wand kiekst!“

Der kleine Uwe Petersen hat einen Goldhamster, der ihm viel Freude macht. Leider leben Goldhamster nicht sehr lange, und so stirbt eines Tages auch Uwes kleiner Liebling. Uwe ist natürlich sehr traurig. Um ihn ein wenig zu trösten, schlagen seine Eltern vor, den kleinen Hamster im Garten feierlich zu begraben. Uwes Vater steckt das Tier in eine Zigarrenkiste, und nach einer schönen Zeremonie, an der die ganze Familie teilnimmt, wird er anschließend bestattet. Später beim Abendessen fragt Uwe plötzlich: „Du Vadder, kümmt uns lütte Hamster nu ook in'n Himmel?" „Ja, natürlich", sagt der Vater. „Hm!" meint Uwe nachdenklich. „Denn wüll ik maal sehn, wat Petrus för Glupers maakt, wenn he de Zigarrenkist süht. Daar denkt he villicht, daar is för em wat to smöken in!"

✻

Fiete und Hein haben sich nach längerer Zeit mal wieder getroffen. Der Abend wird lang und länger, denn sie haben sich ja auch viel zu erzählen. Die beiden können kaum noch gerade stehen, als sie sich in Fietes Auto auf den Heimweg machen. Plötzlich ruft Hein: „Fiete, Fiete, wohr di! Kümmst vun de Straat af!" „Wat, wat?" ruft Fiete zurück. „Ik heff glöövt, dat du fahrst?!"

✻

Alfred und Helga sind jung verheiratet und verbringen ihre Flitterwochen auf Rügen. Sie sind beide sehr ineinander verliebt, und vor allem Helga kann von ihrem Alfred nicht genug bekommen. Eines Abends kuschelt sich Helga ganz eng an Alfred heran und säuselt: „Du, Alfred, mien lütter Snutenlicker, segg, wat wüllt wi denn hüüt awend maken? Wüllt wi noch utgahn oder hüüt maal fröh to Bedd gahn?" „Och, ik bün hüüt awend schoon bannig mööd", sagt Alfred. „Laat uns man lewer noch utgahn. Dat strengt mi lang nich so dull an."

✻

Nach längerer Arbeitslosigkeit hat Werner Arbeit bei der Eisenbahn gefunden. Dort soll er am Bahnhof in Neumünster die Schrauben an den Schienen auswechseln. Am nächsten Tag erscheint Werner nicht zur Arbeit, und alle wundern sich, wo er wohl sein mag. Als er nach zwei Wochen immer noch nichts von sich hören läßt, glauben alle bei der Bahn, daß er einfach keine Lust mehr zu arbeiten hatte. Da klingelt das Telefon, und es ist tatsächlich Werner, der anruft. Er meint: „Ik bün nu in Elmshorn ankamen. Awers de Schruwen sünd mi utgangen, ji mööt mi niege schicken!"

✽

Bauer Jessen und seine Frau haben sich Gäste eingeladen. Dabei darf der Lehrer Spöölkumm, der mit seinem Wissen immer gerne ein wenig prahlt, auch nicht fehlen. Als dann alle gemütlich zusammensitzen, fragt der Lehrer seinen Tischnachbarn, den Hinnerk Reimers: „Seggen Se maal, Herr Reimers, weten Se eegentlich, wat een Punkt is?" „Kloor, een Punkt is een lüerlütten Placken", sagt Hinnerk mit zuckenden Schultern. „Nee", widerspricht der Lehrer. „Mathematisch is een Punkt een Winkel, den man all twee Schenkel uträten hett." Da fragt Hinnerk den Lehrer Spöölkumm. „Tschä, Herr Lehrer. Weten Se denn ook, wat de Spitz vun eenen Kreis is?" „Een Kreis is rund un kann also gor keen Spitz hebben!" sagt der Lehrer. „Kann he", lacht Hinnerk. „De Spitz vun eenen Kreis, dat is de Landrat."

✽

In der Schule sagt der Lehrer zum kleinen Paul: „Segg maal, Paul. Mi fallt dat up, dat dien Huusupgawen all siet veerteihn Daag veel beter sünd as bet hernto. Wo mag dat wull an liggen?" Da erwidert Paul ganz unschuldig. „Tschä, dat liggt villicht daaran, dat mien Vadder siet veerteihn Daag verreist is!"

✽

Der kleine Fiete ist in der Schule unartig gewesen. Deshalb

nimmt ihn der Lehrer ordentlich ins Gebet. Zuletzt meint er: „Na Fiete, denn segg doch maal sülven. Wat för een Straaf hest du nu eegentlich verdeent?“ Daraufhin sagt der freche Dreikäsehoch: „Ik gah na de School, üm wat to lernen, un nich, üm wat to verdeenen.“

✾

Eines Morgens im Büro fragt Hans seinen Kollegen Manfred, wie es gestern abend denn so gewesen sei. „Ach, ik kann di seggen“, seufzt Manfred. „Düssen Petersen laadt ik nich noch maal in!“ „Un worüm nich?“ will Hans wissen. „As he güstern to uns kamen is, heff ik em seggt, dat he sik as to Huus föhlen schall. Un na korte Tied hett he mien Fruu en Sabbeldasch schimpt, mien Jung anbölkt un toletzt noch all mien Beer utsuppt!“

✾

Anna hat schon ein paarmal an einem plattdeutschen Theater mitspielen dürfen. Auch in dem Stück, das zur Zeit auf dem Spielplan steht, hat sie eine Rolle. Allerdings hat sie sich diese Rolle wohl etwas anders vorgestellt. Deshalb geht sie zum Regisseur und sagt: „Mit de Rull, de ik in düsse Stück kregen heff, bün ik nich so recht tofreden. Ik mutt bloots eenmaal een Emmer Water up de Bühn bringen un dat anner Maal een Buddel Beer holen. Kann ik nich een grötere Rull kregen?“ „De schüllt Se man hebben“, sagt der Regisseur. „Maal kieken, wat sik maken lött. Ik heff dat all! Wi maakt dat so, dat Se twee Emmer Water un dree Buddel Beer up de Bühn bringt“!

✾

Uwe wird von seinen Eltern ziemlich streng erzogen. Eines Nachmittags nimmt ihn die Mutter mit in die Stadt zum Einkaufen. Als der Kleine dann am Abend im Bett liegt, unterhalten sich seine Eltern. „Du Paul“, meint die Mutter. „Ik glööv, dat wi in letzter Tied uns Uwe en beten to dull anfaten haarn. Hüüt heff ik em maal koorts in dat Koophuus verloren. Un as em een vun de Deerns, de daar arbieden, fraagt hett, woans denn sien Naam weer, hett he to ehr seggt: Uwe-laat-dat!“

✿

Der Dorfschullehrer nimmt in seiner Klasse gerade den schönen lateinischen Spruch - Audiatur et altera pars - durch. Das heißt auf deutsch: Auch die andere Seite muß angehört werden. Er ist sehr ernst bei der Sache und meint, daß dieser Satz besonders in der Rechtsprechung eine wichtige Rolle spielt. Dann sagt er zu seinen Schülern: „Un nu gifft mi maal een Bispill, wo man düsse Sprichwoort ook in de praktische Leben insetten kann!“ Da meldet sich der kleine Hannes und sagt: „Ja, dat is vör allem bi de Schallplatten so!“

✿

Joost Petersen hat seine Arbeitsstelle gewechselt und hat jetzt einen Job in der Stadt, der ihm großen Spaß macht. Auch mit seinen neuen Kollegen versteht er sich sehr gut und geht mit ihnen auch schon mal nach der Arbeit, sehr zum Leidwesen seiner Frau, noch einen Trinken. Einmal ist es so richtig spät geworden, und die Sonne geht schon auf, als er nach Hause kommt. Da sieht er seine Frau mit dem Nudelholz im Hausflur stehen und sagt: „Dat is ja man wat! Ik mak Öwerstunnen, un du büst noch an't Backen!“

✿

Klaas ist Schauspieler an der niederdeutschen Bühne in Husum. In seinem letzten Stück spielt er eine Rolle, in der er ein junges Mädchen ein paarmal auf den Mund küssen muß. Als mal wieder seine Großmutter zu Besuch kommt, sieht sie sich natürlich auch das Theaterstück an, bei dem ihr Enkel mit auf der Bühne steht. Am anderen Morgen beim Frühstück sagt sie zu ihm: „Klaas, mien Jung, wo du nu güstern awend düsse Deern in alle Öffentlichkeit een paarmal küßt hest, muttst du ehr nu ook friegen.“

Völlig aufgelöst kommt Paul in die Apotheke gelaufen. „Nun beruhigen Sie sich erst einmal!“ meint der Apotheker. „Und dann sagen Sie mir, was ich für Sie tun kann.“ „Snell, snell, ik bruuk en Middel gegen Wörm!“ „Für Erwachsene?“ will der Apotheker wissen. Da sagt Paul: „Wat weet ik, wo oold de Worm is!“

✾

Bernd trinkt oftmals gerne ein bis drei Bier und Korn über den Durst. Und wenn er dann betrunken nach Hause kommt, hat seine Frau oft ihre Schwierigkeiten mit ihm. Alles hat sie schon versucht, ihm die Trinkerei mit Gewalt abzugewöhnen, aber es hat nichts genützt. Diesmal will sie es auf die sanfte Art versuchen. Nach dem Abendbrot wird Bernd schon ganz unruhig, und seine Frau merkt, daß er es kaum noch aushält, in den Dorfkrug zu kommen. Da sagt sie mit ganz sanfter Stimme zu ihrem Bernd: „Mien lewer gooder Bernd, wullt du nich de verflixte Superee mi toleev upgeven?“ „Di toleev drink ik ja gor nich!“ sagt Bernd und geht aus der Tür.

✾

Johann hat im Rathaus einiges zu erledigen. Er erkundigt sich beim Pförtner nach der richtigen Zimmernummer und steht auch kurz darauf vor der entsprechenden Bürotür. Leise klopft er an, doch es kommt keine Antwort. Er klopft wieder, diesmal ein bißchen lauter, doch wieder rührt sich nichts. Da öffnet er vorsichtig die Tür, tritt ein, sieht sich um und sagt: „Moin, Moin!“ Plötzlich schreckt ein Mann hinter dem Schreibtisch hoch, und Johann sagt: „Mien Dokter hett seggt, dat dat nich good för'n Rüüch sien schall!“ „Was?“ fragt der Mann. „Na, in'n Sitten to slapen!“

✾

Zwei Männer sitzen in der Hafenkneipe. Da sagt der eine: „Na, Willem, de olle Otto Klüterkamp is ja nu ook dood. Wo is he eegentlich an storwen?" – „Daarto kann ik man bloots seggen: Die Liebe und der Suff, die reiben den Menschen uff." – „Dat de olle Otto af un an bi de Buddel sitten is, weet ik. Awers de Leew? Ik heff em ni nich mit frömde Fruuns rümtrecken sehn. Un mit sien eegen Fruu weer he as de Hund mit de Katt. Un denn seggst du, de Leew!" Da grinst Willem und sagt: "Ik meen ja ook sien Leew to Kööm un Beer!"

✾

Der alte Kapitän Wallbeen sitzt in einer Flensburger Hafenkneipe und erzählt Geschichten aus seiner Zeit bei der Handelsmarine. „Und denn weer ik ook maal mit mienen Damper in de Südsee. Und daar weer ik doch ook nieschierig, woans een vun de Inseln so utkieken deit. Ik güng daar an Land un wanner daar so'n beten rüm. Awers ik haar Pech! De Tageboren, richtige Menschenfreters, kregen mi bi de Slafitten un wüllen mi doch wohrraftig upfreten! Awers to'n Glück hebbt se dat denn doch nich daan!" Da sagt einer der Zuhörer: „Daar kannst maal sehn, jeden Schiet un Dreck freet de ook nich."

✾

Rudi ist kein besonders guter Schüler. Am Zeugnistag muß er zu seinem Lehrer. „Tja, Rudi", meint dieser. „Das sieht nicht besonders gut aus. Deinem Vater werden sich sämtliche Haare sträuben, wenn er dieses Zeugnis sieht." Da sagt Rudi: „Ui, daar waard he sik awers bannig freien, wo he doch siet Johrn keen mehr up'n Kopp hett!"

✾

Der kleine Fritz ist gerade mal fünf Jahre alt geworden und das erstemal bei seiner Großmutter in Lelkendorf in der Mecklenburger Schweiz zu Besuch. Dort gibt es viele Dinge zu sehen und zu erleben, deshalb hört der Kleine auch gar nicht mehr auf, seiner Großmutter Löcher in den Bauch zu fragen. Sogar beim Essen kann er nicht still sein. Da fragt ihn die Großmutter: „Woans kann dat bloots angahn, dat du sogaar mit vullen Mund snacken kannst?“ Da antwortet ihr Fritz: „Dat mutt man veel öven, Oma, öven, öven, jümmers öven!“

✿

Im Café Ostseeblick in Binz auf Rügen sitzt ein junger Maler, trinkt eine Tasse Kaffee und sieht sich alle Leute genau an. Schließlich steht er auf und geht an den Tisch eines hübschen jungen Mädchens. Er stellt sich vor, macht ihr nette Komplimente und fragt sie zuletzt, ob sie ihm für ein Aktbild Modell stehen würde. „Mutt ik mi daarbi ganz nackicht uttrecken?“ fragt das Mädchen draufhin schüchtern. „Ja, bei einem Aktbild geht das leider nicht anders.“ – „Na good, ik bün inverstahn. Se mööt mi bloots een Saak verspreken. Wenn ik daar nu so spliddernackicht stah, dann dörft Se daar awers nich hinkieken!“

✿

Kaptiän Klaasen setzt sich nach über fünfzig Jahren christlicher Seefahrt endgültig zur Ruhe. Nach seiner letzten Fahrt fragt ihn der Schiffskoch, was ihm schon seit langem auf der Seele liegt: „Kaptein, nu mutt ik Se doch man fragen. Ik heff Se nu all en poor Johr beluert: All Morgens na’n Upstahn sünd Se an Ehr Schapp gahn, hebbt up so’n lütten Zeddel kieken und sünd denn in’t Stüerhuus gahn! Wat steiht denn nu up den Zeddel?“ Der Kapitän lacht, gibt ihm den Schlüssel für den Schrank und verabschiedet sich. Der Schiffskoch schließt den Schrank auf, liest den Zettel und grinst. Auf dem Zettel steht: „Backbord = links; Steuerbord = rechts“.

✿

Jan geht mit seiner Braut Irmgard in den Parkanlagen der Kieler Forstbaumschule spazieren. Ab und zu bleiben die beiden stehen, küssen und umarmen sich. Nach einer Weile sagt Irmgard zu Jan:

„Du Jan, segg mi doch maal. Wat maagst du eegentlich leewer lieden, dat een Deern schöön is or dat se klook is?“ Da nimmt Jan Irmgard in den Arm und sagt: „Ach, Irmgard, ik geev up beides nix. Du wettst doch, dat ik di lieden maag.“

✽

Dörte und Hans sind schon seit zwanzig Jahren verheiratet und haben sich nicht mehr allzuviel zu erzählen. Wieder einmal sitzen sie am Sonntagmorgen beim Frühstück, und Dörte beklagt sich bei ihrem Mann, daß sie sich die Ehe mit ihm ganz anders vorgestellt hat, wo er doch früher so ein Kavalier war, und wie langweilig er im Laufe der Jahre geworden ist. Zuletzt meint sie: „Wenn du man dien Zeitung lesen kannst, büst du tofreden. Awers di maal mit mi ünnerholen, dat gifft dat nich. Ik glööv, wenn ik maal dood bün, warrst du dat nich maal marken.“ Da blickt Hans über den Rand seiner Zeitung und sagt: „Awers Dörte. Du wettst doch, dat ik alldags an’n Morgen de Zeitung lees. Und wenn du maal starven deist, denn waard dat doch bestimmt instahn.“

✽

Annette erzählt ihrer Freundin Berta wütend, welch schreckliche Dinge ihre Nachbarin ihr gestern an den Kopf geworfen hat, und fragt sie, was sie wohl dagegen machen könne. „Wat hett se denn to di seggt?“ fragt Berta. „Dat ik een Fettswien, een vullfreten Schaap un een dumme Goos weer, un in mien Bregen, dat daar wull de Kraihn rinschieten un dat Ümrögen vergeten harn!“ – „Tschä, dat weet ik ook nich, wat du daar maken kannst.“ – „Ob ik maal na’n Afkaat gah?“ fragt Annette. „Nee“, sagt Berta. „Na allens, wat se so to di seggt hett, wöör ik lever na’n Veehdokter gahn!“

✽

Hein Schröder sitzt mit seinem Freund Paul in Jever in seiner Stammkneipe und fragt ihn: „Segg maal Paul, magst du eegentlich Fruuns lieden, de bloots de Kledaaschen in ehr Kopp hebben?“ „Nee!“ sagt Paul. „Oder magst du leever Fruuns, de ehr Mann alltieds wat vortünt?“ „Nee!“ sagt Paul. „Oder sünd di Fruuns leever, de vun Etenkaken nix verstahn?“ „Nee!“ sagt Paul. „Oder öwerhaupt Fruuns, de tämlich wat tump sünd un noch daarto en slechten Charakter hebben?“ „Nee!“ sagt Paul. „Tschä, dann wunnert mi dat awers, dat du so achter mien Fruu her büst!“

✽

Stefan holt seinen Freund Uli mit dem Auto ab. Die beide wollen noch ein bißchen die Schweriner Innenstadt unsicher machen. Als sie so auf der Straße langfahren, sagt Uli nach jeder Kurve zu Stefan: „Minsch, Stefan, segg maal, muttst du jümmers so gau üm de Kurven fohrn, ik maak schoon jümmers mien Ogen to!“ Da sieht Stefan ihn überrascht an und sagt: „Wat, du ook?“

✽

Georgs Frau singt leidenschaftlich gerne. Wann immer sie die Möglichkeit hat, gibt sie ein Lied zum besten, obgleich einige Leute sagen, daß sich das alles eher nach Kreischen anhört. Eines Tages fragt sie ihren Mann: „Du Georg, nu segg mi maal, worüm geihst du jümmers up’n Balkong, wenn ik singen do?“ „Nu“, sagt Georg. „Ik gah jümmers up’n Balkong, dat de Lüüd up de Straat mi ook sehn könnt, ans glöövt se jo womööglich, dat ik di vertobacken do!“

✽

Drei einheimische Maler sitzen zusammen, trinken ein Glas Bier und unterhalten sich. „Ik heff nülich een Bild maalt“, erzählt der erste. „Daar is’n lütten Dörpsdiek up. Un jümmers, siet ik dat Bild in mien Stuuv heff, kaamt de Vagels to mi rinflegen un wullt vun dat Water drinken, so echt heff ik den Diek maalt!“ Daraufhin sagt der zweite: „Un ik heff körtens een schööne spaansche Landschaft maalt mit een dulle Middagssünn up. Vun düsse Sünn hebbt wi noch den ganzen Winter dat Füer spoort.“ Schließlich meint der dritte: „Un ik heff maal een Fruu maal. Un de Hoor vun de Fruu heff ik so goot henkreegen, dat nu alle acht Daag de Frisör to uns kaamt un ehr de Hoor nasnieden mutt!“

✾

Großvater Willenbrink fährt nicht besonders gerne in die Stadt. Doch ab und zu besucht er seine Tochter Dörthe in Hamburg. Einmal, als er wieder zu Besuch ist, schickt seine Tochter ihn mit dem Einkaufszettel in die Stadt, da sie selbst noch arbeiten muß. Als Opa Willenbrink schließlich an der Kasse steht und alle Einkäufe bezahlt hat, nimmt er das Wechselgeld und zählt es mit skeptischem Gesichtsausdruck sorgfältig nach. Da fragt der Kaufmann: „Stimmt irgend etwas nicht, mein Herr?“ „Doch, doch!“ erwidert Opa Willenbrink. „Awers man jüst eben so!“

✾

Zwei Männer sitzen am Samstagabend im Farchauer Dorfkrug und sind ins Gespräch vertieft. Natürlich kommen sie auch auf das Thema Frauen zu sprechen. „Ach, je“, seufzt der eine. „Dat is villicht een Kruuz mit de Fruunslüüd. Wenn ik maal up'n Beer in'n Kroog gah, dennso snackt mien Fruu ganze acht Daag nich mehr mit mi!“ „Un wo oft gahst du denn in'n Kroog?“ will der andere wissen. „Ooch, man bloots jeden Sünnawend.“

✾

Peter kommt am Sonnabendmorgen vom Bäcker zurück, als er einen Zeitungsjungen rufen hört: „Sonderausgabe - großer Schwindel, schon sechzig unschuldige Opfer!“ Das interessiert Peter, und er kauft sich ein Exemplar. Er blättert die Zeitung kurz durch, aber der Bericht über den großen Schwindel kann er nicht finden. Er geht zu dem Zeitungsjungen und fragt ihn, wo das denn steht. „Dat is jüst de Swindel, und dat eenunsößtigste Opfer, dat sünd Se sülvst!“